面向21世纪普通高等院校规划教材·教师教育系列

课堂教学设计

KETANG JIAOXUE SHEJI

主　编　何荣杰　张艳明

副主编　徐秀珍　荆　雪　薛　颖　裴香兰

北京邮电大学出版社
www.buptpress.com

内容简介

本书是赤峰学院教育技术学教研室组织编写的教师教育专业系列教材之一。全书力求反映多年教改成果和教育技术学专业发展的新动向，全书充分体现了新课改的教育思想和教师教育的新观念，在注重培养学生基本的教学设计理论知识的同时更加突出学生的课堂教学实践能力训练。

本书共6章。内容包括教学设计内涵、教学设计前期分析与实践、教学设计要素的设计与实践、主题单元教学设计、探究性学习设计以及课堂教学设计的评价。

本书可作为高等学校教育技术学专业的本科生教材和教师教育专业通识教育的选修课程教材，也可为广大中小学教师和教育技术学领域工作者的参考书。

图书在版编目（CIP）数据

课堂教学设计 / 何荣杰，张艳明主编 .--北京：北京邮电大学出版社，2014.8

ISBN 978-7-5635-3831-7

Ⅰ. ①课… Ⅱ. ①何… ②张… Ⅲ. ①课堂教学－教学设计－师范学校－教材 Ⅳ. ①G424.21

中国版本图书馆 CIP 数据核字（2014）第 133313 号

书　　名：课堂教学设计
主　　编：何荣杰　张艳明
责任编辑：卢昌军
出版发行：北京邮电大学出版社
社　　址：北京市海淀区西土城路 10 号（邮编：100876）
发 行 部：电话：010-62282185　传真：010-62283578
E-mail：publish@bupt.edu.cn
经　　销：各地新华书店
印　　刷：北京源海印刷有限责任公司
开　　本：787 mm×1 092 mm　1/16
印　　张：14.5
字　　数：355 千字
印　　数：1—3 000 册
版　　次：2014 年 8 月第 1 版　2014 年 8 月第 1 次印刷

ISBN 978-7-5635-3831-7　　定　价：29.00 元

前　　言

北京师范大学乌美娜教授所著《教学设计》(1994)是我在赤峰学院2004年为教育技术学本科生选用的教材。该教材理论性、系统性很强。必修这门课的学生不仅要认真阅读本教材,还要求学生分别利用网络、书刊查阅相关内容,提高对这门课程的认知水平。2008年,在乌美娜教授的《教学设计》基础上我又为学生选用高等教育出版社出版,由何克抗、林君芬、张文兰编著的《教学系统设计》一书,该教材在教学改革试验和最新成果案例分析上有重大改进。教学时还为学生推荐由R·M·加涅、L·J·布里格斯、W·W·韦杰著,皮连生、庞维国所译的《教学设计原理》一书为参考教材。2010年赤峰学院教育技术学教研室的老师们为全校师范生开设《课堂教学设计》选修课,该课所选用的教材是由北京师范大学出版社出版,华南师范大学曾文婕博士编著的《课堂教学设计》一书。该教材更加侧重教师课堂教学的实战性。经过十多年的教学实践,一边学习一边研究,终于在2011年形成了适合赤峰学院的教学设计课程体系,并开始组织教育技术学教研室的老师们编写《教学设计》教材。2013年5月得知北京邮电大学出版社要出版这类教材,并委托我编写,我便组织老师们边学边著,本教材还得到内蒙古民族大学多年从事教学设计的一线教师徐秀珍老师的大力支持,并与徐老师共同合作完成。

本教材的编写吸收了国内外教学设计研究成果,国外学者如加涅、皮亚杰、布鲁纳等的学习理论与教学理论成果,国内如乌美娜、何克抗、皮连生、曾文婕、祝智庭等的教学设计研究成果以及更多相关教学案例,这些都为本教材的编写提供有益借鉴。我们向所有研究成果被引用的作者表示衷心感谢!

本教材由何荣杰、张艳明主编,教材的框架体系和内容都来自赤峰学院教育技术教研室的老师们长期从事教学设计领域的本土化研究。全书共分六章,各章编写人员分别为:何荣杰、裴香兰(第一章),张艳明、贾丽美、荆雪(第二章),张艳明、荆雪、朱海波(第三章),徐秀珍(第四章、第五章),薛颖、赵晓清(第六章)。

本教材重点满师范类院校的学生学习教学设计课程使用,也希望本教材为教育技术学教师、教育技术学专业的学生提供帮助。本教材的编写结合了当前的新课改内容,把体现信息技术与学科教学有效整合的教学设计方法也作为教学设计的一部分。为方便读者学习,每一章都配有相应的案例分析指导。

赤峰学院已将"教学设计"这门课程评定为校级优秀课,该教材的出版也是赤峰学院教育技术学教学领域研究史上的一件大事。其编著的质量将显著影响该书中的思想在教学设计领域的推广。作为作者,我和我的同行们深知自己责任重大。全书编写历时三年,尽管我们尽了很大努力,由于水平有限,出版时间紧迫,因此,本书在编写过程中仍可能有错误和不妥之处,敬请广大读者批评指正。

最后要感谢赤峰学院各级领导对本教材的大力支持。感谢北京邮电大学出版社的大力支持。

何荣杰

2014年6月18日

目　　录

第一章 教学设计概述

【学习目标】

学习本章后你应能：

1. 比较准确地叙述教育技术、教学设计、课堂教学设计几个概念的内涵。
2. 明确教学设计与备课之间的联系与区别。
3. 了解教学设计的主要理论基础。
4. 熟悉教学设计的一般模式。

【本章知识导图】

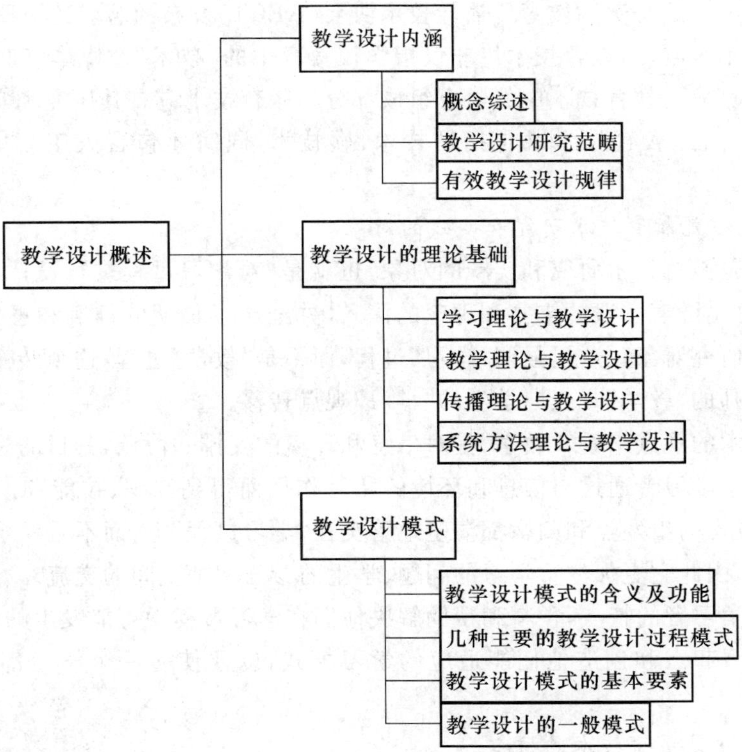

无论你是教师还是学生，都经历了十几年甚至几十年的教与学，作为课堂教学中的一分子，你或者执行，或者参与了课堂教学设计。然而，由于教学中涉及的因素是多方面的、动态

变化的，由此导致在教学中产生的问题可能是复杂的、难以预见的，另外，我国新一轮基础教育改革已经步入全面实施阶段，新课改对课堂教学提出了一系列新的要求，所有这些均使得课堂教学实施前的"设计"显得越发重要。

教学设计是以解决教学问题、优化学习为目的的一项复杂的技能，涉及教育学、心理学、系统科学及其他相关学科知识和技能，是一个跨学科研究的领域。作为本书纲领性的一章，本章主要介绍了教学设计的内涵、教学设计的理论基础、常见的教学设计的过程模式并指定了本书所采用的教学设计一般模式。

第一节　教学设计内涵

一、概念综述

（一）教育技术

教育是一种有目的的对人传授知识、技能和培养良好道德品质的社会活动。为了达到预定的教育目的，就需要采用一定的教育方式、方法和手段，而这种方式、方法和手段实质上就是教育技术。因此，教育行为一出现，就伴随着教育技术的产生。目前，教育技术被学术界广泛承认，并定义为："教育技术是关于学习过程与学习资源的设计、开发、利用、管理和评价的理论与实践。"这是美国教育传播与技术协会（AECT）发布的著名的 AECT1994 定义。

根据定义不难看出，教育技术绝非仅指学校教育中的"技术"、"媒体"和"手段"等，因为"媒体"和"手段"只是教育技术中的一个组成部分。教育技术应有其研究和实践的领域及理论体系和方法，因此教育技术既包括硬技术、软技术，同时还包含人工智能的技术，其内涵是：

1. 学习过程是教育技术研究和实践的对象

学习过程是教育技术研究和实践的对象，也就是"对学习过程进行设计、开发、利用、管理和评价"。这是随着实践的丰富和理论的深入，并经历了长期的徘徊和思索才明确、简洁地提出了这个研究对象。这里强调"学习"过程，而不是"教学"过程，这个转变促使教育技术工作者要从教师的"教学"观点向学生的"学习"观点转移。

从教育技术的观点来看，"教学"是对信息和环境的安排和协调，其目的是达到学习的促进。"学习"是指学习者通过与信息和环境的相互作用而得到知识、技能和态度的长进。不言而喻，教育技术的出发点和归宿都清楚地落实在"学习过程"上，而不是模棱两可地落实在"教学过程"上，因此它更加注重学习的问题、学生的参与和师生间的交流。并花费更多的精力去分析研究学习者的特点，预料和帮助解决他们在学习过程中可能发生的困难，以及找到他们真正的学习起点和创造他们能适应的学习模式，以便使每一个学生都成为成功的学习者。

2. 系统方法是教育技术的核心

教育技术是以系统方法为核心而展开其全部教育实践的，即对学习过程和教学资源进行全面设计、开发、利用、管理和评价。

3. 教学资源是优化学习过程的必要条件

教学资源是指提供给学习者使用,并能帮助和促进他们学习的信息、人员、教材、设备、技术和环境等。对教学资源进行科学而富有创造性的设计、开发、利用、管理和评价是优化学习过程的必要条件,因此,每一个教育技术工作者都应把我们有限的人力、物力和时间资源切实投入优化学习过程中去。

4. 教育技术的目的是为了促进学习

教育技术的目的是促进、影响并完成学习。阐明了学习是教学的目的,教学是完成学习的一种手段。学习是检验教学的标准,它表现为知识技能或态度的改变。

十年后,教育技术领域发生了重大变化。为了更好地概括这一领域,AECT 又在酝酿新的定义。2004 年 6 月,AECT 定义与术语委员会在充分讨论的基础上,提出了新的定义,并于当年 10 月获得通过。新定义在互联网上一面世,立刻引起了我国教育技术专业人士的热切关注。这就是 AECT2005 定义。在 AECT *Definition and Terminology Committee Document* 中,把教育技术定义为:Educational technology is the study and ethical practice of facilitating learning and improving performance by creating, using, and managing appropriate technological processes and sources. 华南师范大学的焦建利老师把该定义翻译为:教育技术是指通过创建、运用和管理适当的技术过程和资源来促进学习和提升绩效的研究和符合职业道德规范的实践。北京师范大学刘志波博士翻译为:教育技术是通过创设、使用、管理合适的技术性的过程和资源,以便利学习和提高绩效为目的的合乎职业道德规范的研究与实践。AECT 2005 定义把 AECT 1994 定义的提法中“教学技术”改为“教育技术”,将教育技术的五个领域合并为三个领域,新定义强调的几个主要的关键词引起了人们的极大兴趣,带给我们诸多启示:新的定义特别强调了“提高绩效”与“符合伦理道德”,这是对 AECT 1994 定义的进一步完善和发展。新定义指出:所有的教育教学活动必须是“符合伦理道德”的实践。新定义强调指出,长久以来,教育技术一直坚持符合伦理道德的立场,并有一系列道德规范实践要求。教育技术领域对伦理道德的关注正在日益增强。伦理道德并不仅仅只是一些“规定和要求”,它是行为实践的基础。事实上,与其说符合伦理道德的实践是一系列的要求、界定和新的规则,还不如说它是一种工作的方法或构想。新定义将符合伦理道德的实践视为教育技术的核心,如果缺乏伦理道德的考虑,教育技术是不可能成功的。

新的定义对伦理道德的理解不仅仅是知识产权、版权意识等,更重视社会责任感。定义一再强调,从批判性的视角而言,从事教育教学的专业人士必须质问自己的实践活动,对自身在恰当的、符合伦理道德应用方面加以关注。从批判性的视角而言,我们无论是对那些最基本的概念,如传统的系统方法和教学技术的效力,或是对那些强势的理论,如设计和开发技术方案等,都要加以质问:是否符合伦理道德?采取一种后现代主义的姿态可以推动教育技术工作者在实践中考虑学习者、学习环境和社会对“好”的需求。考虑应当包括谁、向谁授权以及谁拥有权威是设计和开发学习方案中的新问题,但是,一种注重伦理道德的立场,广大教育教学工作者除了考虑那些传统的有效性和效率的概念之外,还必须坚持对自己的实践行为提出质问,在整个教学活动的过程中必须符合伦理道德。

(二) 教育技术学

教育技术与教育技术学不是一回事,就像符号与符号学、信息与信息学一样,前者是后者研究的对象。就其发展的实际来看,教育技术学是在教育技术发展到一定阶段后才形成的学科。所以教育技术是教育中所应用的一切手段和方法的总称，而教育技术学是关于教育中应用教育技术的理论。目前，在我国国务院学位委员会公布的学科专业目录中，已将教育技术学列入教育学科的分支学科。

教育技术学的定义：教育技术学是应用技术学的概念、观点、方法以及方法论，研究教育、教学过程及其管理过程的优化的技术手段、操作方法和方法论的一门学科。其目的是为了获得更有效的教学。它以教学理论、学习理论、传播理论和系统理论为基础，依据教育过程的客观性、可测量性、可再现性和可操作性，应用科学技术的研究成果和技术学研究方法，在确定的教育目的下探索提高教育、教学效果的技术手段和操作方法，是优化教育、教学过程的理论与方法。其基本内容包括：

① 媒体传播教学的理论与技术；

② 个别化教学的理论与技术；

③ 教育系统设计的理论与技术；

④ 教育技术的基本概念、定义、指导思想、理论基础、学科性质；

⑤ 教育技术、教育技术学的发展历史；

⑥ 教育技术的管理；

⑦ 教育技术学的研究方法；

⑧ 教育传播新技术、新方法。

教育技术学形成两大理论，首先是教学设计理论，其次是媒体开发理论。因此，教学设计的产生和发展是建立在多种学科的理论基础之上的，是由许多学科相互交叉、相互渗透而形成的一门综合性的应用学科。这种学科的性质，决定了构成教学设计的理论是多方面的。这里就视听教育理论与教学设计、学习理论与教学设计、教学理论与教学设计、传播理论与教学设计和系统科学理论与教学设计进行简要介绍。

（三）教学设计

教学系统设计（Instructional System Design，ISD）也称作教学设计（Instructional Design，ID），其理论和实践是当前教育技术学研究的热点问题之一。教学设计兴起于20世纪60年代末的美国，80年代中期传入中国，其根本目的是通过学习过程和学习资源所做的系统安排，创设各种有效的教学系统，以促进学习者的学习。目前较权威的教学设计定义，主要强调教学系统设计是一种"过程"或"程序"，即教学设计指运用系统方法分析教学问题和确定教学目标，建立解决教学问题的策略方案、试行解决方案、评价试行结果和对方案进行修改的过程。

在整个教学过程的分析、设计中，要以"系统论"的思想来解决教学过程中的实际问题，只有这样，整个教学设计才会具有整体性和可操作性，对实践有更强的指导意义。教学过程是一个由教师的"教" 和学习者的"学"组成的动态开放系统，认真对该系统各要素进行分析，才能搞好教学过程的整体设计。我们可以将课程计划、单元教学计划、课堂教学计划、媒体教学材料等看作是不同层次的教学系统加以设计。教学设计者必须以帮助每个学习者实现有效学习，保证没有人处于教育的劣势之中，使每个学习者都能有机会利用自己的潜能获得令人满意的发展（包括认知、情感、技能多个方面）。

教学设计作为一个系统计划的过程，要应用系统方法研究、探索教学系统中各个要素（如教师、学生、教学内容、教学条件以及教学目标、教学方法、教学媒体、教学组织形式、教学活动等)之间的本质联系,并通过一套具体的操作程序来协调、配置,使各要素有机结合完成教学系统的功能。而且系统计划过程中每一个程序都有相应的理论和方法作为科学依据,每一步"输出"的决策均是下一步的"输入",每一步又均从下一步的反馈中得到检验,从而使教学设计具有很强的理论性、科学性、再现性和操作性。

需要指出的是,教学设计不同于教学论,教学论研究的是教学的本质与教学的一般规律并通过教学本质与规律的认识来确定和优化学习的教学条件与方法。而教学系统设计本身并不去研究教学的本质和教学的一般规律,它只是在教学理论、学习理论指导下,运用系统方法对各个教学环节进行具体的设计,换句话说,它是介于教学理论、学习理论与教学实践之间的桥梁或中间环节。

在这里还应指出的是,在整个教学系统设计实践过程中必须符合伦理道德,必须强调教学的绩效。

(四) 课堂教学设计

教学设计是大概念、大系统,根据教学中的问题范围、大小的不同,教学设计也相应地具有不同的层次,即教学设计的基本理论与方法可用于设计不同层次的教学系统。到目前为止,教学设计一般可归纳为三个层次(乌美娜,1994)。以"产品"为中心的层次:它把教学中需要使用的媒体、材料、教学智能包、网络教学系统等当作产品来进行设计、开发;以"课堂"为中心的层次:这个层次的设计范围多指课堂教学,课堂教学设计是研究教学设计的微观层次,是学校教育中最基本的单元,是针对一堂课如何教学进行设计。它是根据教学大纲的要求,针对一个班级的学生,在固定的教学设施和教学资源下进行教学系统设计,其设计工作的重点是充分利用已有的设施和现有的教学材料,选择、开发适合的教学资源和策略来完成任务目标;以"系统"为中心的层次:按照系统观点,上面两个层次中的课堂教学和教学产品也可看作是教学系统,但这里所指的系统是特指比较大、比较综合和复杂的教学系统。例如,一所学校或一门新专业的课程设置、某行业的职工培训方案、远程教学方案等。这一层次的设计通常包括系统目标的确定、实现目标方案的建立、试行、评价和修改等。

本书则重点对以"课堂"为中心进行编写。另外,随着时代的发展,人们开始关注学校教育的课外延伸,也出现了专题式学习、研究性学习、协作性学习、社会实践等多种学习方式,因此,在理解这一层次的教学设计的内涵与外延时要赋予时代的特征,而不能仅仅关注固定的教室课堂,还要关注室外课堂。这个层次的教学系统设计一般由教师自己来完成,必要时,也可由教学设计人员辅助进行。

二、教学设计研究范畴

根据对教学设计概念和性质的基本认识,教学设计至少要对以下三个方面进行具体研究。

1. 教与学的研究

教学过程是由许多教学因素构成的,因此,教学过程存在着错综复杂的各种关系。其中,教师、学生、教学内容和手段是主要因素,而教师与学生又是主要因素中最为活跃的因素,是教学活动的主导和主体,两者之间的关系是教学过程中最本质的关系。在教学活动中,教师和学生、教与学两者相互依存,相互促进、相互制约,共同构成了教与学的矛盾运动过程。教与学的矛盾是贯穿教学过程始终的主要矛盾,这一矛盾的发展,确定了教学的本质和规律。因此在教学设计研究中，抓住这一本质关系，就是抓住了教学设计研究的根本，探索教与学关系的过程，也就是揭示教学本质，总结教学规律和形成教学理论的过程。只有摆正了教与学关系的位置，才能使教学原理转换成教学材料和教学活动计划，才能使教学设计成为实施教学计划的指南。

2. 教与学的目标研究

教学设计不论是对整个一门课程的设计，还是对一个单元、一节课的设计，最终目的是要完成教学任务，实现教学目标。因此，对教学目标的研究就显得格外重要了。影响教学目标确立的因素很多，如哲学家、社会学家、心理学家和教育学家考虑教学目标的角度和观点并不一致，即使是中小学教学大纲规定的教学目的和目标，由于它所具有的滞后性，同样存在信度问题。这就要求教学设计研究者，既要研究外在目标，又要研究内在目标，做到外在目标与内在目标的统一，教的目标与学的目标的事例，以保证教学设计的效度。

3. 教与学的操作程序研究

当前我国教学论研究中一个突出的薄弱环节就是理论与实践脱节，理论不能转化为能够对实践产生直接指导意义的操作技术、方法、策略、规范和模式。而教学设计恰恰有媒介的作用，是连接教学理论与教学实践的桥梁。因此，将教学原理和规律运用于教学实践是教学设计研究的核心问题。教学设计要研究解决教学问题和需求的各种方法及适用范围和操作要求、教学媒体运用的程序纲要、课堂管理的技术和方法、教学效果的评价工具和方式的编制技术及使用规范、教学调控策略等。概言之，就是要研究教师怎样教、学生怎样学的技术问题。对第一方面的研究可以产生教学设计理论；对后两方面的研究可以产生媒体应用理论和管理理论；对最后两方面的研究可以产生教学设计的知识与技术。这三方面的研究成果就构成了相对完整的教学设计体系。概括上述三方面内容我们认为，研究教学过程的系统程序就是教学设计的研究对象。

三、有效教学设计规律

所谓“有效”是指通过教学活动学生所获得的具体进步或发展。也就是说通过一系列的教与学的活动让学生在认知能力上、操作技能上和态度方面有进步或有发展。学生有无受益是教学有无效果的唯一指标。

所谓“教学”是教师的教和学生的学的双边活动。教师充分发挥教的主导作用和学生充分发挥学的主体积极作用相结合。教师必须确立学生的主体地位，树立“一切为了学生的发展”和“以学生发展为本”的教学观。在教学过程中学生是学习者、实践者，是“主角”，教师是引导者、帮助者，是“导演”。

所谓“规律”，列宁曾以最概括的语言指出：“规律就是关系。”就是“本质的关系或本质之间的关系。”列宁在其《哲学笔记》一书中指出：“规律是宇宙运动中本质的东西的反映。”他还指出：“规律是现象中的巩固的东西。”“规律是现象中同一的东西”。也就是说，规律是事物本身所固有的、巩固的、同一的、本质的关系。同时规律是不以人们的意志为转移的，存在于事物现象背后，支配事物发展变化的东西。因此，违背了规律是要受到惩罚的。

所谓“有效教学”是指教师遵循教学活动的客观规律，花最少的时间、精力和物力，利用最有效的教学资源，充分调动学生的主体作用，取得尽可能多的教学效果，获得最大的教学效益。

鉴于此，本书重点归纳整理课堂教学设计中如何遵循有效教学规律，重点从以下几个方面作深入总结：一是教学设计理论指导规律；二是教学设计模式研究；三是教学设计要素分析与实践；四是教学设计实践规律研究；五是教学设计评价规律；六是课堂教学技能实践研究；七是教学设计案例分析。

七条规律涵盖了教学的有效论、过程论、主体论、课程论、方法论、信息论、实践论和技术论。

第二节　教学设计的理论基础

随着现代信息技术成果在教育领域的广泛应用，教育技术学得以迅速发展。在多年的教育实践过程中，教育技术由于吸收了教育学、心理学、系统科学、传播学、信息技术学等相关知识，目前已发展成为以系统方法为核心的教育学层次的应用型交叉学科，在教育实践过程中对教育改革和发展产生了重要的、深远的影响。

一、学习理论与教学设计

学习理论是探究人类学习的本质及其形成机制的心理学理论，心理学家们在长期探讨学习规律的过程中形成了四大流派：一是行为主义学习理论；二是认知主义学习理论；三是认知-行为主义学习理论；四是人本主义学习理论，在这基础上又发展产生了建构主义学习理论。

（一）行为主义学习理论

行为主义学习理论亦称刺激-反应学习理论，早期的代表人物有桑代克（Edward L. Thorndike）、华生（John Broadus Watson），新行为主义的代表人物是斯金纳（B. F. Skinner）等。他们把环境看作是刺激，把伴随而来的个体行为看作是反应，主张将人的外显行为作为研究对象，反对内省，认为行为的多次的愉快的或痛苦的后果改变了学习者个体的学习行为，或使学习者模仿他人的行为。学习者学到些什么，是受环境控制的，而不是由个体决定的。因此他们重视环境在个体学习中的重要性，强调对刺激和反应的联结。

1. 基本观点

（1）学习是刺激与反应的联结。

（2）学习过程是一种渐进的、尝试错误的过程。随着错误的反应逐步减少，正确的反应逐渐增加，而最终形成固定的刺激反应，直至最后成功的过程。

（3）强化对学习格外重要。如果一个行为发生后，给一个强化刺激，行为的强度会增加，因此良好的教学与教育，实际上就是提供最好的强化程序，以诱发和增强学生的正确行为和认识。根据以上观点，总结出以下公式：

反应＋强化——增强反应

反应无强化——减弱反应

反应＋惩罚——压抑反应

根据以上理论，现代教育技术得以向前推进一大步，20 世纪 50 年代程序教学法的提出，程序教学机的问世说明了此道理。

程序教学法的基本思想是：

① 把教学内容分成具有联系的小步子；

② 要求学生做出积极反应；

③ 对学生的反应要做出及时的反馈和强化；

④ 学生在学习中可根据自己的情况，自定步调，进度不必一致；

⑤ 学生尽可能地做出正确的反应，使错误率降到最小限度，目前，计算机辅助教学系统的程序编制就是基于这种思想。

强化理论、程序教学、教学机器在 20 世纪 60 年代末逐渐走入低潮，但留下了深远的影响。

(1) 根据学习结果而非教学方法来评价教学。

(2) 使人们认识到开发教学资源的设计过程。

(3) 再次引起人们对个别化学习方式的兴趣。

(4) 促进了后来教学系统设计模式的发展。

2. 特点

(1) 强调知识、技能的掌握。

(2) 重视外显行为的研究。

(3) 教师的职责是要创设环境，尽可能在最大程度上强化学生的合适行为。

(二) 认知主义学习理论

认知主义学习理论中具有代表性的有瑞士心理学家皮亚杰(J. P. Piaget)提出的“认知-结构说”学习理论、美国心理学家布鲁纳(J. S. Bruner)的“认知-发现说”学习理论和美国教育心理学家奥苏伯尔(David Ausubel)的“认知-同化说”学习理论。他们认为，是个体作用于环境，而不是环境引起人的行为。环境只是提供潜在刺激，至于这些刺激是否受到注意，这取决于学习者内部的心理结构。认知学习理论主要研究个体处理环境刺激时的内部过程，而不是外显的刺激和反应。

1. 基本观点

(1) 学习是知觉的重新组织，而不是刺激与反应的联结；

(2) 学习过程不是渐进的尝试与错误的过程，而是突然顿悟；

(3) 学习的外在强化不是学习产生的必要因素，应该强调的是学习内在动机与学习活动本身带来的内在强化作用。

它把知觉、表象、记忆等基本内部过程作为研究对象，而且把决策、策略等高级心理活动也纳入了自己的研究范围，并十分重视主体的内部逻辑结构。

2. 特点

(1) 强调智能的培养；

(2) 重视内部心理活动的研究；

(3) 强调要根据学习者已有的心理结构，提供适当的问题情境；

(4) 重视学习的迁移极为重要。

(三) 认知-行为主义学习理论

认知-行为主义学习理论也可以称为折中主义学习理论。这种理论既要赞同行为主义的基本假设，同时又对行为主义心理学不屑一顾的领域(如思维、认知和情感等)做了某种程度的探索。这种理论即强调外部刺激的作用与外在的反应，又强调内部过程的内在条件的作用。显然，这种学习理论是融合了认知学派和行为主义两种观点来解释学习的。

美国心理学家加涅(R. M. Gagne)是认知-行为主义学习理论的主要代表人物，他将学习理论用于教学实践，他根据学习的信息加工理论提出了学习过程的基本理论模式(如图 1-1 所示)，该模式说明了学习过程中信息的加工过程。

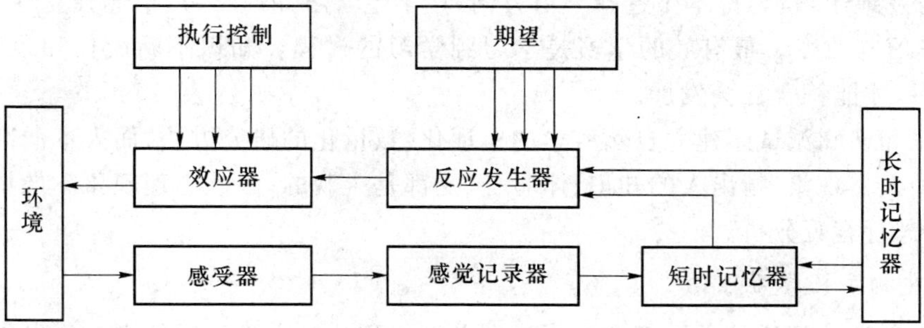

图 1-1　加涅的信息加工学习模式

加涅以他的学习模式为基础，提出以下几个基本观点：

(1) 学习是人的倾向或能力的变化，但这种变化要能保持一定时间，且不能单纯归于生长过程。这个学习定义强调变化、保持，并排除生理成熟的作用，这些都是吸收了行为主义的观点。不同的是加涅把行为变化改为内在的能力和倾向的变化，不仅承认外部行为的变化，也承认内部能力的改变。

(2) 学习的结果即教学目标，可分为言语信息、智力技能、认知策略、态度和动作技能等五大类。任何一个智力技能的学习都依赖于过去学习到的技能，每种类型的智力技能所要求的学习条件都有所不同。

(3) 学习发生的条件分为内部条件和外部条件。教学就是要安排外部条件，从而促进内部学习过程的发展。两种不同类型的学习，肯定有两种不同的外部条件，两个具有不同能力(内部条件不同)的学生，所需要的外部条件也不同。

加涅的学习理论吸收了行为主义学习理论和认知主义学习理论的优点，是一种代表性的理论，对教学与学习实践有较大的影响。

(四) 人本主义学习理论

人本主义心理学家认为，心理学应该探讨的是完整的人，而不是把人的各个从属的方面如行为表现、认知过程等割裂开来加以分析。其主要代表人物有卡尔·罗杰斯(C. R. Rogers)，马斯洛(A. H. Maslow)。

人本主义者认为："行为与学习是知觉的产物。一个人大多数的行为都是他对自己看法的结果，真正的学习涉及整个人，而不仅仅是为学习者提供事实。"

1. 基本观点

(1) 学习是丰满人性的形成，它的根本目的是人的"自我实现"。

(2) 学习者是学习的主体，应受到尊重。

(3) 人际关系是最有效的学习条件。

(4)"意义学习"是最有效的学习。

2. 基本特点

(1) 强调个性的培养。

(2) 重视人际关系和学习气氛的研究。

(3) 创造有意义学习环境。

(4) 无胁迫地学习。

(5) 自发地学习,容许学生选择学习方向,让学生学习如何学习,培养独立性、自主性。

(6) 学习与改变。最有效的学习是学习到学习的过程。知识不断成长和改变,唯有知道如何学习,才能符合社会发展。

行为派和认知派试图建立自然科学的实证化、数量化的研究方法,而人本派则认为心理现象是一种人文现象,指出人的知识、体验、感受都是主观的,因此心理现象不像物理现象那样,很容易进行客观分析。

(五) 建构主义学习理论

建构主义学习理论是学习理论由行为主义发展到认知主义以后的进一步发展。建构主义理论从认识论的高度揭示了认识的建构性原则,强调了认识的能动性。目前,一般认为建构主义学习理论是皮亚杰、布鲁纳和维果斯基理论的进一步发展。

皮亚杰认为学习不是消极被动的过程,而是一个主动的积极的建构过程。这种建构过程是在学习主体与环境的相互作用中产生和完成的。(学习是环境和个体相互作用产生的)决定学习的因素既不是外部因素,也不是内部因素,而是两者的相互作用。

在皮亚杰的理念中,人类的认知活动是一个"认知主体"和"认知客体"交互作用的过程。在此过程中,主体主动建构知识,并通过与环境相互作用,逐渐发展和精细化新的认知方式和图式。

建构主义学习理论对学习的基本理解如下:

(1) 以学习者为中心。

(2) 学习是学习者主动建构内部心理表征的过程,强调学习过程中要充分发挥学习者的主动性。

(3) 学习过程同时包括两方面的建构,既包括对旧知识的改造和重组,也包括对新信息的意义进行建构。

(4) 学习既是个别化行为,又是社会性行为,学习需要交流与合作。

(5) 强调学习的情境性,重视教学过程对情境的创设。

(6) 强调资源对意义建构的重要性。

随着多媒体和网络技术的发展,建构主义学习理论得到了强有力的技术支持,为这一理论的实际应用提供了广阔的舞台。以"学"为主的教学设计理论正是顺应建构主义学习的上述要求而发展起来的,它为克服传统教学设计的不足(传统的教学设计往往是单向传输的、被动的和封闭的)提供了新的设计与传输教学的思路与途径,所以建构主义学习理论被认为是革新传统教学理论的理论基础(何克抗,1997)。

以上几种学习理论,各有其优缺点。行为派学习理论关注的是环境在个体学习中的重要性,强调刺激与反应的联结;认知派学习理论关注的是学习者个体作用于环境,强调学习者个体内部心理结构的完善;人本主义学习理论关注的是学习者个体作为一个完整的人出现，强调有意义学习；建构主义学习理论关注的是如何以原有的经验、心理结构和信念为基础来自主建构知识，强调学习者的主动性、社会性和情境性。

我们从学习理论对教学设计的影响看，列出了学习理论各学派之间的关系，如表 1-1 所示。

表 1-1　学习理论对教学设计的影响

学派	代表人物	主要观点	对教学设计的影响
行为学派	华生 John Broadus Watson	刺激-反应（C-R）由刺激得到反应来完成学习	控制学习环境，重视客观行为，及时强化刺激，把学习内容分割成许多小步子，不定期实现学习目标，合理安排教学过程，从而开始有目的的尝试教学设计
	斯金纳 B. F. Skinner	操作条件反射理论。主张"及时强化""小步子反应呈现信息"，实现程序教学	
认知学派	皮亚杰 J. P. Piaget	认知结构说——认识是主体转变客体过程中形成的结构性动作和活动。认识活动的目的在于取得主体对客观环境的适应，达到主体与环境之间的平衡。主体通过对客体的适应推动认识发展。 S-AT-R 公式——强调了认识过程中，主体（学习者）的能动作用，表明了只有把外来的刺激同化于原有的认识才能发生有效的学习	学习过程是学习者主动接受刺激，积极参与和积极思维的过程。 学习要依靠学习者的主观构造作用，把新的知识同化到他原有的认知结构中去，以引起原有的认知结构的重新构建，才能发生有效的学习。因此，学习必须以原有的知识为基础来接受和理解新的知识，也只有丰富的知识才能启迪智力的发展，形成良好的认知结构。 要重视学科知识结构与学习者认知结构的关系，以保证发生有效的学习
	布鲁纳 J. S. Bruner	认知发现说——人的认知活动是按照一定的阶段和顺序形成和发展的心理结构来进行的，这种心理结构就是认知结构。 学习者通过把新的信息和以前构成的心理框架联系起来，构成自己的知识。 赞成行为主义关于强化作用的观点，但认为启发学习者自我强化更重要	

续表

学派	代表人物	主要观点	对教学设计的影响
认知—行为学派	加涅 R. M. Gagne	既要强调外部刺激（条件）的作用与外在反应（行为），又要强调内部过程的内在条件的作用	学习是人的倾向或能力的改变，学习目标可以用精确的行为术语来描述。 学习结果可分为言语信息、智力技能、认知策略、态度（情感）、动作技能五大类。 学习发生的条件有内部条件和外部条件。 提出了学习层次分析和信息加工分析法

学习理论是对教学过程的本质和规律的总结，它涉及教学的基本原理、教学内容、教学方法和教学评价等各个要素。但它们多数都是相对独立的，没有完整地反映整个教学过程的规律性。教学设计在现代教学理论的基础上，以系统方法来研究整个教学过程，探讨教学过程最优化，从而获得最佳教学效果的途径。

二、教学理论与教学设计

学习理论虽然为教学设计提供了许多有益的启示，但它本身并不研究教学，揭示教学的本质和规律是教学理论的任务。要进行教学设计，不但要有正确的学习观，还要对教学规律有比较清楚的认识和了解。

（一）赞可夫的发展教学理论

1. 基本观点

(1) 以最好的教学效果，促进学生的一般发展。应把一般发展作为教学目标。

(2) 只有当教学走在发展前面的时候，才是最好的教学。应把教学目标确定在学生的“最近发展区”之内。

2. 基本原则

(1) 高难度进行教学。

(2) 高速度进行教学。

(3) 理论知识起主导作用。

(4) 使学生理解教学过程。

(5) 使全班学生都得到发展。

（二）布鲁纳的结构-发现教学理论

1. 基本观点

(1) 学好一门学科，最重要的是掌握它的基本结构。

(2) 任何学科都能用在智育上是正确的方式，有效地教给任何发展阶段的任何儿童。

(3) 要学习好，必须采取发现法。

2. 基本原则

(1) 动机原则。

(2) 结构原则。

(3) 启发原则。

(4) 反馈原则。

(三) 巴班斯基的教学最优化理论

1. 基本观点

(1) 应该把教学看成一个系统,用系统观点、方法来考察教学。

(2) 教学效果取决于教学诸要素构成的合力,对教学应综合分析、整体设计、全面评价。

(3) 教学最优化,在现有条件下,用最少的时间精力,取得最好效果。

2. 基本原则

(1) 方向性。

(2) 科学性和实践性。

(3) 系统性和连贯性。

(4) 可接受性。

(5) 激发动机。

(6) 自觉性、积极性、独立性。

(7) 各种方法最优结合。

(8) 各种教学形式最优结合。

(9) 为教学创造最佳条件。

(10) 巩固性和效用性。

(四) 加涅的学习行为分解教学理论

加涅认为,教学是一种旨在影响学习者内部过程的外部事件,因此,教学的程序应该与学习的各个阶段以及学习者内部活动过程相吻合。他把每个学习行为分解成九个阶段,相应的教学基本过程也有九个步骤。其中教与学的对应关系如表 1-2 所示。

表 1-2　教学活动与学习活动关系

教学活动步骤	学习活动步骤
1. 引起注意	1. 接受
2. 告诉学生目标	2. 期望
3. 刺激对先前知识的回忆	3. 工作记忆检索
4. 呈示刺激材料	4. 选择性知觉
5. 提供学习指导	5. 语义编码
6. 诱发学生行为产生	6. 反应
7. 提供反馈	7. 强化
8. 评定行为	8. 检索和强化
9. 促进记忆和迁移	9. 检索和归纳

教学理论的研究和发展为教学设计提供了丰富的科学依据。如上所述,教学理论研究的范围涉及诸多方面,其研究成果极其丰富。教学设计从其指导思想到教学目标、教学内容

的确定和学习者的分析，从教学方法、教学活动程序、教学组织形式等一系列具体教学策略的选择和制订，到教学评价，都从各种教学理论中吸取精华，综合运用。除此之外还有如斯金纳的程序教学理论，布卢姆的目标分类教学理论，奥苏伯尔的“先行组织者”教学理论等，都在教学设计的实践中被接纳和融合。

我国古代以孔子为代表的儒家教学思想中关于教的方法和学的方法有很多观点，如“学而知之”、“举一反三”、“学而不思则罔，思而不学则殆”、“因材施教”等。近代一些进步思想家和教育家如梁启超、蔡元培、陶行知等倡导的教学要重视发展儿童的个性，从他们的特点出发，发挥儿童的主观能动性。这些主张对今天的教学设计仍有很重要的指导作用。

三、传播理论与教学设计

传播理论的模型有许多种，各自的理论框架也不尽相同，代表人物有戴尔、拉斯韦尔、韦斯特莱、香农、魏佛和贝罗等人。

(一) 视听传播理论

20 世纪初期，随着视听教育的兴起和发展，视听教育受到教育工作者的广泛重视，许多著名学者发表论文或出版书籍，论述视听教育的实质，其中美国心理学家爱德加·戴尔于 1946 年出版了《教学中的视听方法》一书，比较系统地阐述了视听教育的理论和方法。他把人类学习的经验分为有目的的直接做的经验、观察的经验和抽象的经验三大类，并按抽象程度分为十个层次，排列呈一个锥形的塔，如图 1-2 所示，被称为戴尔“经验之塔”理论。

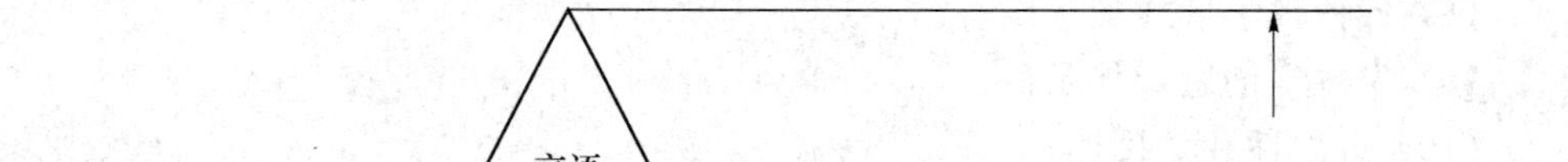

图 1-2 戴尔“经验之塔”理论

1. “做”的经验，包括三个层次

(1) 有目的的直接经验。是指直接地与真实事物本身接触取得的经验，是通过对真实事物的看、听、尝、摸和嗅等，即通过直接感知事物来获得具体经验。

(2) 设计的经验。是指通过模型、标本等间接材料来获得学习经验。模型、标本等是通过人工的设计、仿造出来的事物，多与真实事物的大小和复杂程度有所不同，但在教学上应用比真实事物易于领会。

(3) 演戏的经验。是指把一些事情编成戏剧，让学生在戏中扮演一个角色，使他们在尽可能接近真实的情景中去获得经验。参加演戏与看戏不同，演戏可以使人们参与重复的经验，而看戏是获得观察的经验。

2. “观察”的经验包括五个层次

(1) 观摩示范。看别人怎么做，通过这种方式可以知道一件事是怎么做的，以后，他可以自己去做。

(2) 见习旅行。可以到现场看到真实事物的各种景象。

(3) 参观展览。展览是供人们看的，能使人们通过观察获得经验。

(4) 电影电视。银屏上的事物是真实事物的替代，通过看电影电视可以获得一种替代的经验。

(5) 广播、录音、图片和幻灯。它们可以分别提供听觉的和视觉的经验，与电影和电视相比，它所提供的经验抽象层次更高一些。

3. “抽象”的经验包括两个层次

(1) 视觉符号。主要指图表、地图等，它们已看不到事物的实在形态，是一种抽象的代表，如地图上的曲线代表河流，线条代表铁路等。

(2) 言语符号。包括口头语言和书面语言符号。言语符号是一种更抽象的代表符号，它代表了某种事物或观念。

4. 在理解戴尔“经验之塔”理论时还要注意以下几点

(1) 经验之塔最底层的经验最具体，越往上越趋于抽象，但并不是说获得任何经验都必须经过从底层到顶层的所有阶层。划分层次，只是为了说明各种经验的具体与抽象的程度。

(2) 教育应从具体经验入手，逐步过渡到抽象。有效的学习方法应该首先给学生丰富的具体经验，只让学生记忆许多普遍法则和概念，而没有具体经验做他们的基础，这是教育上的最大失败。

(3) 教育不能满足于获得一些具体经验，而必须向抽象和普遍化发展，要形成概念，概念是进行思维、探求知识的工具，它可以指导进一步的实践。

(4) 学校教育中运用各种教育、教学工具，可使教育更为具体、直观，从而获得更好的抽象。

(5) 位于“经验之塔”中层的视听教具，较言语、视觉符号更能为学生提供具体的和易于理解的经验，可能突破时空的限制，弥补学生直接经验的不足。

(6) 把具体的直接经验看得过重，使教育过于具体化，而忽视达到普遍化的充分理解是危险的。

十个层次分为三大类，学习者开始是在实际活动中作为一名参与者，获得“做”的经验；然后是一名观察者，获得直接的和间接的“观察”的经验；最后，学习者得到的是抽象的经验。戴尔认为：学习者积累了一些具体经验，并能理解真实事物的抽象表现形式，在这个基础上，才能有效地参加更抽象的教学活动去获取知识。

"经验之塔"指明了教学设计必须遵循的一些规律，这个理论特别是在选择教学媒体、教学方法及确立认知策略等方面均有独到的指导作用。

心理学家布鲁纳提出的动作性、形象性和抽象性学习的概念，完全和戴尔的观点相吻合。布鲁纳认为：理想的学习是学习者应该从直接经验过渡到形象经验，再到符号经验。没有前两种学习方式背景，学习者就不可能掌握抽象经验。

(二) 拉斯韦尔(H. D. Lasswall)传播理论模式

拉斯韦尔于1948年在他的《社会传播的构造与功能》一书中提出了著名的典型线性传播理论，即"5W"理论。

① 谁 WHO
② 说什么 SAYS WHAT
③ 通过什么渠道 IN WHICH CHANNEL
④ 对谁说 TO WHOM
⑤ 产生什么效果 WITH WHAT EFFECT

人们对以上五项进行了专门研究，即控制研究、内容研究、媒介研究、受众研究、效果研究。把这种方法引入教育，就是对教师、教学信息、教学媒体、学生和教学效果的研究。如图1-3拉斯韦尔传播理论模式所示。1958年布雷多克(Bradock)又在此基础上发展成"7W"模式(如表1-3所示)，其中每个"W"都类同于教学过程中的一个相应要素，这些要素自然也成为研究教学过程、教学资源所关心和考虑的重要因素。

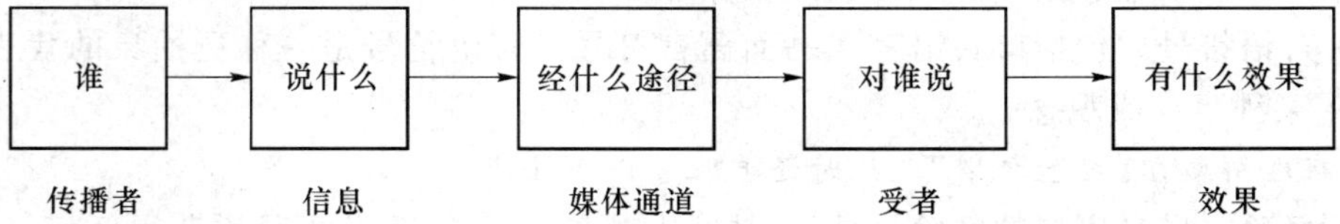

图1-3 拉斯韦尔传播理论模式

表1-3 "7 W"模式

Who	谁	教师或其他信息源
Says what	说什么	教学内容
In which channel	通过什么渠道	教学媒体
To whom	对谁说	教学对象即学习者
With what effect	产生什么效果	教学效果
Why	为什么	教学目标
Where	在什么情况下	教学环境

(三) 香农-魏佛(Shannon-Weaver)传播理论模式

这是一个分为七部分的模式，带有反馈系统，并且用图解型去表达的模式。信源(传播者)和编码器往往是同一人，信宿(受播者)和译码器也是同一个人。当传播者将信息以语言、文字、图画、动作和表情等各种方式，通过空气、纸张、身体、面部表情等传播媒体(信道)传递给受播者，受播者收到这些信号后，必然在生理、心理上产生反应，并运用各种方式，通过媒体，再"反馈"传回传播者一个信息，这样产生周而复始的传播过程，如图1-4所示。

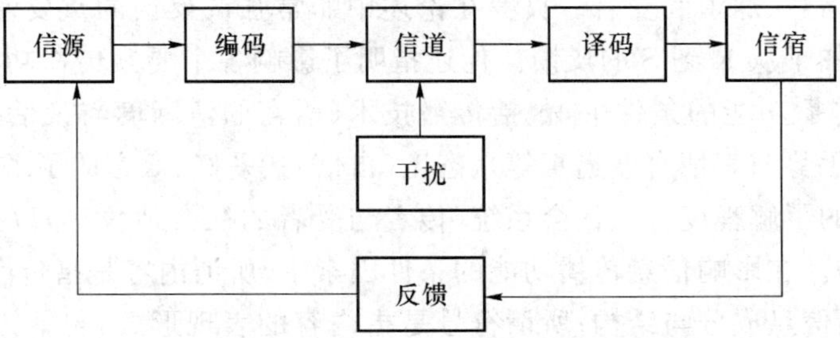

图 1-4　香农-魏佛传播模式

一个优秀的传播者,应经常注意受播者的反应,修正传播内容。使之更适合受播者的需要,提高传播的效果。这个理论指出了教学过程的双向性,揭示出教学过程中各要素之间的动态的相互联系。

（四）韦斯特莱(Westley)传播理论模式

韦斯特莱的传播理论是一种控制论的模式,强调传播行为应有目的、有计划地进行,如图 1-5 所示。

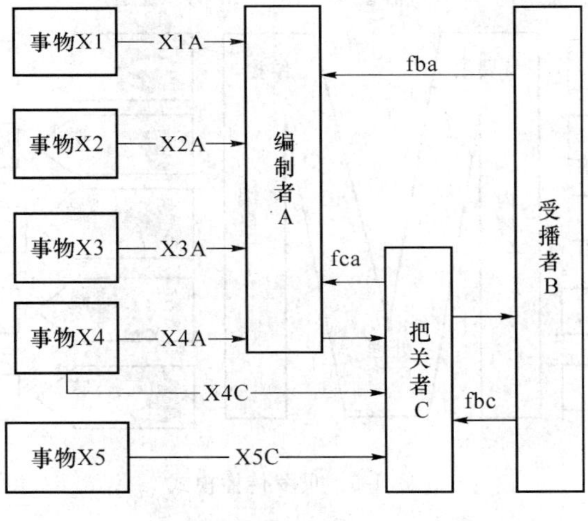

fba 表示受播者向编制者反馈

fca 表示把关者向编制者反馈

fbc 表示受播者向把关者反馈

图 1-5　韦斯特莱传播模式

韦斯特莱传播理论的特点是传播的信息必须经过“把关者”的过滤,且要注意反馈,现代教育是利用现代教育媒体传播教育信息的,这种教育信息也应由把关者来选择、过滤。在教育信息的传播过程中,A 为软件的编制者,C 为授课的教师,B 为学习者,在这过程中,教师起了把关者的作用,教师要获得最佳的教学效果必须听取来自各方面的意见,即必须及时分析各个渠道的反馈信息,软件的编制者也应获取教师和学习者的反馈信息,提高教材的质量,只有从教学的整体观点来考虑,才能使教学过程最优化。

（五）贝罗(D. K. Berlo)传播理论模式

贝罗模式是用以阐明思想传播系统结构的一个静态模式,如图 1-6 所示。它由四个要素构成，即信源、信息、通道和受者。贝罗在论述中非常强调反馈的重要性，因此，有学者又在他的模式中增加了从 R 到 S 的反馈。他还指明了影响各个要素传播功能的条件，在影响传、受双方本身传播功能的条件中，包括传播技术（语言的清晰度与说话技巧、文字描写技巧、思维缜密性、手势与表情自然逼真等）、态度（自信心、爱好、双方的了解程度等）、知识（传者与受者对内容的了解程度等）、社会系统（传者与受者的社会地位等）以及文化（传者与受者的文化背景）等。在影响信息传播功能的条件因素中，所谓内容是指传者为达到目的而选取的材料，它包括信息成分与结构；所谓符号是指内容的表现形式，包括语言、文字、图像与音乐等；所谓处理是指传者对选择并安排符号所做出的决定。通道是指传播信息的各种方式，如口耳相传方式、书写与阅读方式等。

这一模式比较适用于研究和解释教育、教学传播系统的要素与结构，其中的 S-M-C-R 相当于教师-内容-媒体-学生。如果按照该模式来揭示影响教学传播的教师、内容、媒体和学生的各种条件，联系教学实际、传播场合及各要素的具体情况，对教育传播的效果进行预测，发现可能存在的问题并有针对性地加以改进，具有重要的指导意义。

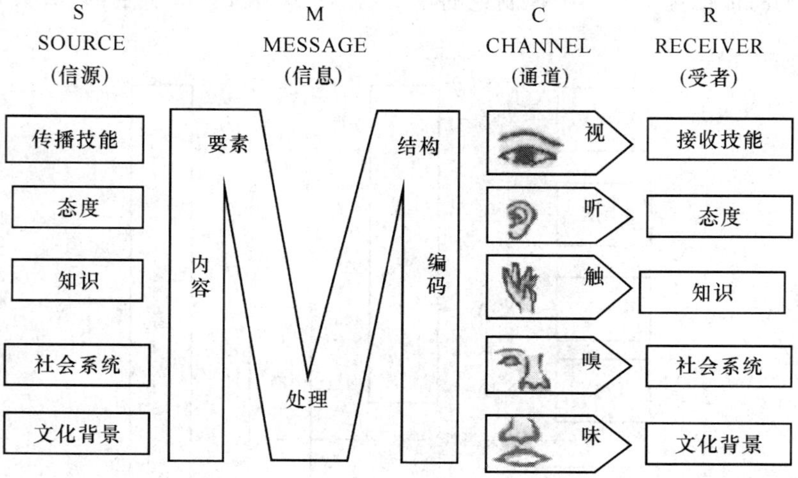

图 1-6 贝罗传播模式

在教育传播中教育者、教育信息、受教育者和媒体是最基本的四个要素。教育传播过程中可分为确定教育传播信息、选择教育传播媒体、通道传送、接收与解释、评价与反馈、调整再传送等阶段。教育传播要取得好的效果，必须遵循传播原理。

四、系统方法理论与教学设计

教学设计是针对人的学习活动进行设计，人是它的第一因素，人通过培养得到了知识和能力正是教学设计的产品，同时教学设计所能确保和从事的也是人，而人又是最复杂的，这就造成了在进行教学设计时对教师和学生进行相互作用的教学过程的研究也是复杂的。因此，从心理学角度出发，系统分析教学中的多种因素来解决教学中的问题。到目前为止，人们在长期探索中确立了以系统思想和系统方法作为教学设计的根本指导思想。

面对各种要素组成的复杂教学系统，该如何综合考察、协调和控制各要素，以确保教学系统顺利运行并完成整个系统的功能，其关键是要掌握运用系统方法。

系统方法就是运用系统理论的观点、方法，研究和处理各种复杂的系统问题而形成的方法，即按照事物本身的系统性把研究对象放在系统的形式中加以考察的方法。系统方法侧重于对系统的整体性分析上，从组成系统的各要素规律出发，探索解决问题的方法及操作程序。教学系统设计的系统方法操作程序如下：

① 系统地阐明所要解决问题的目标、背景、约束条件和假设，其目标就是完成任务的目的；

② 调研、收集与问题有关的资料和数据，分析各种可能性，提出各种可供选择的方案；

③ 对方案做出分析，权衡利弊，选出最佳方案并提出优化方案准则；

④ 具体设计出最佳方案的操作系统；

⑤ 对该系统进行研究、试验评价，分析是否达到预期结果，发现问题及时纠正，直到实现或接近理想设计为止；

⑥ 运用并推广。

系统方法的这一操作程序给教学设计实践提供了有效的指导思想，是教学设计解决问题的基本方法。

系统科学理论包括控制论、信息论和系统论，简称“三论”。

（一）控制论

其创立者是美国数学家维纳，其特征是在控制作用下，它能改变自己的运动而进入某种状态，达到一定的预期目的。控制过程是建立在信息反馈基础上的，运用信息反馈来调节和控制系统的行为，从而达到既定目标。

现代教育技术实施的出发点和归宿在于教育最优化，要达到此目标，系统除了具备丰富的学习资源外，还必须要有“优化”的教学设计和教学过程，这两者的“优化”关键在于“信息反馈”，有了反馈，才能使信息更加真实，教学目标才能不断得到改进和完善，教学过程才能得到有效控制和调节。

（二）信息论

其创立者是美国数学家香农等人。信息论是研究信息的传递、处理、储存等规律和技术的科学。在教育领域中的应用而形成的理论，称为教育信息论，是研究教学过程中的“人-人”关系系统（师生间的教学关系系统），研究教育信息如何传递、变换和反馈的理论。

教学过程实质上是教育信息传播和反馈的过程。教师备课就是将教育信息的储存状态重新组合，变换成输出状态，并思考以怎样的表达方式和顺序传递给学生，在传递过程中，要运用反馈原理，不断从学生的及时反馈和延时反馈信息中获得调节和控制的依据，了解情况、发现问题、改进教法、优化教学。

（三）系统论

系统论是关于研究一切系统的模式、原理和规律的科学。其创立者是美籍奥地利生物学家贝塔朗菲。系统论认为自然界就是一个巨大的系统，人类思维也是一个复杂的系统，世界上任何事物都以系统的形式存在与发展。教育系统论则把教育视为一个系统，组成要素是教师、学生、媒体等。

教育系统论就是采用系统的研究方法，即从系统的观点出发，坚持在系统与部分之间，整体与外部环境之间的相互联系、相互作用、相互制约等关系中考察、研究系统，以求得最优化的处理问题。教育是一个复杂的系统,教育要优化,它不是从教师或学生一方来考虑,而是从整个系统来考虑,要理顺各要素之间的关系,相互理解、相互支持,动作协调、齐心合力。

“三论”统一在“系统”中,对人类认识世界、改造世界有着深远的影响。用“三论”的理论和方法指导教育科学,特别是从中提炼和抽象出来的系统科学的基本原理,即反馈原理、有序原理和整体原理,对研究现代教育技术和指导其实践有着重要的意义。现将这“三个原理”在现代教育技术中的应用简要介绍如下:

① 反馈原理。指任何系统只有通过反馈信息才能实现控制。在教学实践中主要强调信息传递必须具有双向性。

② 有序原理。简单地说任何系统只有开放,与外界进行信息交换才能有序。在学习过程中,有序是最有效的学习方法,学习从易到难,从低到高属于有序,反之则无序。任何系统与外界交换信息属于开放,是有序,闭关自守不与外界来往,就不可能有序。

在现代教育的实施过程中,以生动直观的教育信息与方法,更能启发学生积极思维,从感性到理性、从直观到抽象、从简单到复杂、从个别到系统的认知过程,是有序。有序原理是一个重要的方法论,它对现代教育技术的实施是一个重要原理。

③ 整体原理。整体原理即是任何系统都是有结构的,系统的整体功能不等于各孤立部分的功能之和,也就是系统的整体功能应等于各部分功能之和加上各部分相互联系而形成结构产生的功能。优化的课堂教学十分重视从教学整体进行系统分析,综合考虑课堂教学过程中各个要素,包括教学目标的确定,优化的教授方法、优化的媒体选择,组合和资源利用,并注意各要素间的配合,协调、发挥系统的整体功能才能达到优化的目的。

以上三“原理”是系统科学思想的重要内容,它已渗透到了教育科学的各个领域,它的观点和方法对教学设计的形成和发展有着广泛而深远的影响。

第三节　教学设计模式

教学设计模式是一套程序化的步骤,不同的教学设计模式所含的步骤不尽相同。

一、教学设计模式的含义及功能

(一) 含义

模式是再现现实的一种理论化的简约形式,通常是指可以使人模仿的系统化的、稳定的操作样式,它表现为某种规范的结构或者框架。教学设计模式是经过长期的教学设计实践活动所形成的教学设计的系统化、稳定的操作样式,它用简约的方式,提炼和概括了教学设计实践活动的经验,解释和说明了教学设计的理念和有关理论。教学设计模式是在教学设计的实践当中逐渐形成的一套程序化的步骤,其实质是说明做什么,怎样去做,而不是为什么要这样做。教学设计过程模式指出了以什么样的步骤和方法进行教学系统的设计,是关于设计过程的理论。

（二）功能

教学设计模式的功能主要有以下几个方面：

① 教学设计模式可以为教学设计的实践提供直接的指导。

② 教学设计模式可以为教学设计的理论研究提供资料、素材。教学设计模式包含了关于教学设计的特定的理论、指导思想，这些教学理论可以转化为教学设计的理论，成为教学设计理论研究的来源。

③ 教学设计模式可以为教学实践活动提供指导。

④ 教学设计模式可以为教学管理决策提供指南和依据。因为教学设计模式提供了关于教学实践活动过程的各个环节、各个方面的信息。

二、几种主要的教学设计过程模式

由于教学设计实践中所涉及的教学系统的范围和任务的层次（课程、一门课、课程计划、甚至国家教育系统）有很大的差别，而且设计的具体情况和针对性也不同，再加上设计人员教学工作环境的不同和个人专业背景的差异等均可能导致不同的教学设计过程模式产生。从理论基础和实施方法看，教学设计模式分为三大类：以“教”为主的教学设计模式、以“学”为主的教学设计模式、以“教师为主导、学生为主体”的教学设计模式。

（一）以“教”为主的教学设计模式

通常认为以“教”为主的教学设计的理论基础包括四个组成部分，即系统论、学习理论、教学理论和传播理论。由于学生是认知主体，任何教学的目的都是促进学生学习质量与学习效率的提高，因此研究人类学习过程内在规律的学习理论，显然在教学设计过程中起着关键性的指导作用，即学习理论应当是四种理论中最重要的理论基础。另外，在这四种理论中，系统论、教学理论和传播理论的研究内容和理论体系近 30 年来的发展相对稳定，因而对教学设计理论发展的影响也比较稳定。

根据特定的学习理论作为理论基础对教学设计模式进行划分，以“教”为主的教学设计模式的发展经历了两代。第一代是以“肯普模型”为代表，在学习理论方面它是以行为主义的联结学习（即刺激-反映）作为其理论基础；第二代以“史密斯-雷根模型”为代表，在学习理论方面以加涅的“联结-认知”学习作为其理论基础。

1. 肯普模型

该模型是由肯普在 1977 年提出，后来又经过多次修改才逐步完善，如图 1-7 所示。该模型的特点可用三句话概括：在教学设计过程中应强调四个基本要素，需着重解决三个主要问题，要适当安排十个教学环节。

（1）四个基本要素：是指教学目标、学习者特征、教学资源和教学评价。肯普认为，任何教学设计过程都离不开这四个基本要素，由它们即可构成整个教学设计模型的总体框架。

（2）三个主要问题：肯普还认为，任何教学设计都是为了解决以下三个主要问题：

① 学生必须学习到什么（确定教学目标）；

②为达到预期的目标应如何进行教学（即根据教学目标的分析确定教学内容和教学资源，根据学习者特征分析确定教学起点，并在此基础上确定教学策略、教学方法）；

③ 检查和评定预期的教学效果（进行教学评价）。

(3) 十个教学环节：

① 确定学习需要和学习目的，为此应先了解教学条件(包括优先条件和限制条件)；

② 选择课题和任务；

③ 分析学习者特征；

④ 分析学科内容；

⑤ 阐明教学目标；

⑥ 实施教学活动；

⑦ 利用教学资源；

⑧ 提供辅导性服务；

⑨ 进行教学评价；

⑩ 预测学生的准备情况。

为了反映各环节之间的相互联系、相互交叉，肯普没有采用直线和箭头这种线性方式来连接各个教学环节，而是采用环形方式来表示 ID 模型。图 1-7 中把确定学习需要和学习目的置于中心位置，说明这是整个教学设计的出发点和归宿，各环节均应围绕它来进行设计；各环节之间未用有向弧线连接，表示教学设计是很灵活的过程，可以根据实际情况和教师自己的教学风格从任一环节开始，并可按照任意的顺序进行；图中的“形成性评价”、“总结性评价”和“修改”在环形圈内标出，这是为了表明评价与修改应该贯穿在整个教学过程的始终。

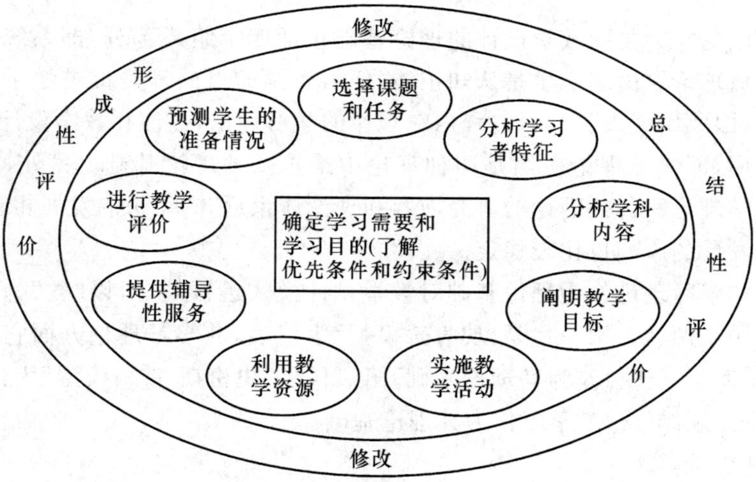

图 1-7 肯普模型

由图 1-7 可见，在十个教学环节中有九个环节(即①、②、③、④、⑤、⑦、⑧、⑨、⑩)皆由教师自己完成，另有一个环节⑥是在教师主讲或起主导作用的前提下由师生共同完成。整个教学过程主要靠教师向学生传递(灌输)知识，教师处于教学过程的中心地位，其指导思想就是通过教师的教来促进和实现“刺激-反应”联结，学生是教师所提供的外部刺激的被动接收器，在学习过程中其主动性、积极性较难发挥。显然，这是一个典型的以“教”为中心的、以行为主义学习理论为指导的教学设计模型。

以四个要素、三个问题和十大环节为标志的肯普模型，尽管因为基于行为主义而带来较大的局限性，但是由于它具有较强的实用性和可操作性，加上它允许教师按自己意愿来安排教学的各个环节,即具有灵活性,所以多年来,它在世界范围内产生过较大影响,并成为第一代教学设计模型的代表。

2. 史密斯-雷根模型

“史密斯-雷根模型”是由 P. L. Smith 和 T. J. Ragan 于 1993 年提出,并发表在他们两人合著的“教学设计”一书中,如图 1-8 所示。该模型是在第一代教学设计中有相当影响的“狄克-柯瑞模型”的基础上,吸取了加涅在“学习者特征分析”环节中注意对学习者内部心理过程进行认知分析的优点,并进一步考虑认知学习理论对教学内容组织的重要影响而发展起来的。由于该模型较好地实现了行为主义与认知主义的结合,较充分地体现了“联结-认知”学习理论的基本思想,并且 T. J. Ragan 本人又是美国 AECT 现任的理论研究部主席,是当代较著名的教育技术与教育心理学家,因此该模型在国际上有较大的影响。下面介绍史密斯-雷根模型的主要特点。

(1) 把“学习者特征分析”和“学习任务分析”(包括“教学目标分析”和“教学内容分析”两部分)合并为“教学分析”模块,并对这一模块补充了“学习环境分析”框;“学习者特征分析”除了考虑学习者的学习基础和知识水平外,还强调考虑学习者的学习动机、认知策略与认知能力,这一点主要是通过对“组织策略”部分做较深入的解剖达到的。此外,还取消了以前的教学设计模式中常见的、较为具体的、琐碎的“行为目标”表述框。显然,这一改进不仅将模型的“教学分析”模块更充实,而且在结构上也显得更为简洁、合理。

(2) 该模型中明确指出应设计三类教学策略,即教学组织策略、教学内容传递策略和教学资源管理策略。组织策略是指有关教学内容应按何种方式组织、次序应如何排列以及具体教学活动应如何安排的策略。教学组织策略通常可进一步分成“宏策略”和“微策略”两类。宏策略组织教学的原则是要揭示学科知识内容中的结构性关系,也就是各个部分之间的相互作用及相互联系;微策略则强调按单一主题组织教学,其策略部分包括定义、例题和练习等在实际教学中,宏策略用来指导对学科知识内容的组织和对知识点顺序的排列,它是从全局来考虑学科知识内容的整体性以及其中各个部分之间的相关性;微策略则是如何为特定的知识内容提供“处方”,它考虑的是一个概念或原理的具体教学方法。

教学信息以什么样的媒体形式、按照什么样的顺序传递给学习者以及教学过程如何开展有效的交互活动,是传递策略应该考虑的内容。这里的传递只是表示一种信息流向,不等于讲授和灌输。媒体选择比较简单,只需根据教学目标、学习者特征以及各种媒体的教学特征就可以选择正确的媒体形式。教学顺序的确定则稍微复杂些。加涅提出了直线式教学顺序,奥苏贝尔则为确定教学顺序提出了渐进分化和综合贯通的原则。瑞格鲁斯等人综合了加涅和奥苏贝尔等人的研究成果提出了确定教学顺序的精细加工理论。精细加工理论关注的是概念、步骤和原理的教学。该理论主张教学内容应该结构化,先给学生呈现一种特殊的总述,也叫作一般概念,其中包含比较概括和基本的观点。然后,再通过呈现对这些观点的详加解释的方式来进行教学。总的来说,教学顺序的安排要符合从整体到部分,一般到个别,从已知到未知的规律,同时要充分注意学习内容之间的相互联系。

管理策略考虑的是在教学过程中如何运用组织策略和传递策略,从而达到预定的教学效果。教学管理策略主要包括教学活动的控制管理、教学进度管理和教学资源管理等策略。其中最主要的是教学活动的控制管理策略,因为影响学生学习活动的最主要因素是——谁是控制者?是教师、学生、媒体,还是三者共同完成?

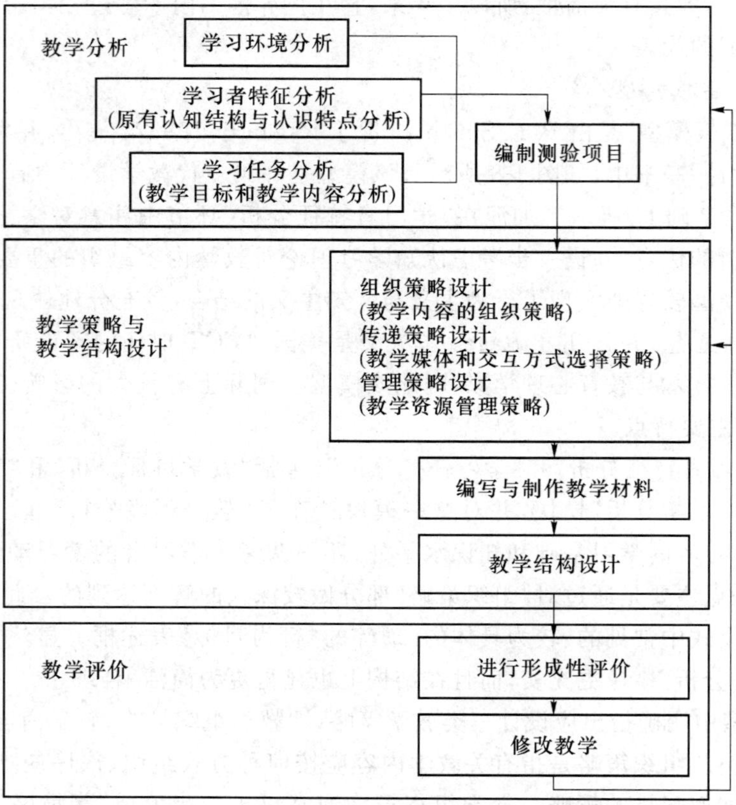

图 1-8 史密斯-雷根模型

在上述三类策略中，由于“教学组织策略”涉及认知学习理论的基本内容(对教学内容的组织和相关策略的制订必须充分考虑学生的原有认知结构和认知特点)，所以对这一模块的扩充就不仅仅是对以前教学设计模型在内容上的扩充，而是将使该模型在性质上发生变化——由纯粹的行为主义联结学习理论发展为“联结-认知”学习理论。

(3) 以前教学设计模型并未将教学的“修改”放在评价模块中，这是不合理的，因为修改必须以评价所得的反馈为依据；该模型对此做了调整，不仅把“修改教学”框置于教学评价模块中而且是在“形成性评价”之后，这一改进就使该模型明显地更为科学。

(二) 以“学”为主的教学设计模式

以“学”为主的教学设计是进入 20 世纪 90 年代以后随着多媒体和网络技术的日益普及以及建构主义学习理论被理解才逐渐发展起来的。这种设计模式的理论基础是建构主义。其设计原则是：强调以学生为主；其设计思想倾向于以学生为中心，特别强调学习者的自主建构、自主探究、自主发现，容易培养学习者的创新精神和能力。

《教育技术学》一书给出了基于建构主义的教学设计模式，如图 1-9 所示。该模式以问题(或项目、案例、分歧)为核心，建立学习“定向点”，然后围绕这个“定向点”，通过设计“学习情景”、“学习资源”、“学习策略”、“认知工具”、“管理和帮助”而展开，它们共同服务于由教学目标、学习者、学习内容而决定的学习任务(问题、案例、项目、分歧)这一核心。结束部分的教学评价也是设计过程的重要环节，它是修改的基础，是教学设计成果趋向完善的调控环节。

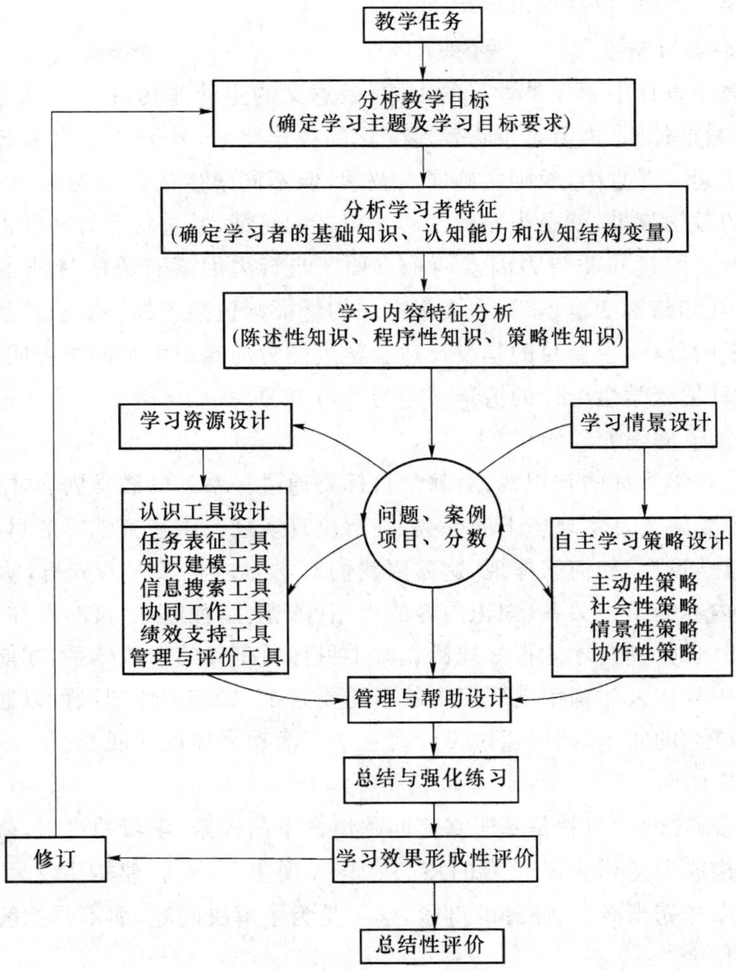

图 1-9　基于建构主义的教学设计模式

1. 分析教学目标

教学是促进学习者朝着目标所规定的方向产生变化的过程，它贯穿于教学活动的始终。建构主义指导下的学习同样要遵循这一基本原则。

分析教学目标是为了确定学生学习的主题，即与基本概念、基本原理、基本方法或基本过程有关的知识内容。分析教学目标首先要考虑学习者这一主体。教学目标不是设计者或教学者施加给学习过程的而是从学习者的学习过程中提取出来的。其次，还应尊重学习主题本身的内在逻辑体系特征。

建构主义在哲学上强调学习内容的自主建构，强调事物的多样性、复杂性，不同人对同一事物可得出不同的理解，因此是无法预先设立学习目标的，但事物有其复杂的一面，也有其客观的一面，事物的某些属性在一定条件下是可能达到共同理解的，所以，我们在以建构主义理论指导教学设计时，一定要考虑教学目标的确定，避免陷入非理性主义的陷阱，但同时也应注意避免将教学目标简单化的倾向，不能采用传统的行为式的教学目标。教学目标的编写应有一定的弹性、可变化性。建构主义强调要在真实情景与学习环境中体现学习知识，对所学知识结构的详细分析，将有助于设计更合理的真实任务与真实的学习环境，减少非学习范围的错误探索、提高学习效率。

2. 学习者特征分析

建构主义教学设计中学生是学习的主体、是意义的主动建构者。从哲学角度看学习者是内因，外界影响是外因，内因是事物发展变化的决定因素，外因通过内因起作用。这就可以解释为什么在同一课堂中，教师实施同一教学，但不同学生的学习结果却存在较大差异。为了取得较好的教学效果，就必须充分了解学习者的特征，并进行有针对性的设计。学习者特征分析涉及智力因素和非智力因素两个方面。与智力因素有关的特征主要包括知识基础、认知能力和认知结构变量；非智力因素有关的特征则包括兴趣、动机、情感、意志和性格。

对于学习者的分析，主要目的是设计适合学生能力与知识水平的学习问题，提供适合的帮助和指导，设计适合学生个性的情景问题与学习资源。

3. 学习内容特征分析

学习内容是教学目标的知识载体，教学目标要通过一系列的教学内容才能体现出来，建构主义强调学习要解决真实环境下的任务，在解决真实任务中达到学习的目的，但真实的任务是否会体现教学目标，如何来体现，这需要我们对学习内容做深入分析，明确所需学习的知识内容、知识内容的结构关系、知识内容的类型(陈述性、程序性、策略性知识)，这样，在后面设计学习问题(任务)时，才能很好地涵盖教学目标所定义的知识体系，才能根据不同的知识类型，将学习内容嵌入建构主义环境中的不同要素中，如陈述性知识可以通过学习资源的方式提供，而策略性的知识，则可通过设计自主学习活动来体现并展开。

4. 设计学习任务

建构主义所阐述的学习就是基于真实问题情景下的探索、学习的过程，就是解决实际问题的过程，问题构成了建构主义学习的核心。与客观主义不同，建构主义用问题来驱动学习，而不像原来那样充当概念、原理的例子，学习是为了解决问题，而不是把解决问题看成是学习的一个应用。

提出学习任务，是整个建构主义教学设计模式的核心和重点，它为学习者提供了明确的目标、任务，其他辅助设计使得任务更加明确具体，使得学习者解决问题成为现实的可能，使得学习者在解决问题过程中，确实能够达到教学目标的要求。学习任务可以是一个问题、案例、项目或是观点分歧，它们都代表连续性的复杂问题，能够在学习的时间和空间维度上展开，均要求采用主动的、建构的、真实的情景下的学习。

5. 学习情景设计

建构主义强烈推荐学生要在真实的情景下进行学习，要减少知识与解决问题之间的差距，强调知识的迁移能力的培养。因此，建构主义的教学设计需要将设计的问题具体化，教科书上的知识内容是对现实生活的抽象和提炼，而设计学习情景则是要还原知识的背景，恢复其原来的生动性、丰富性，同一个问题，在不同的情景背景中(不同的工作环境、社会背景)，其表现是不相同的。

学习情景指为学生提供一个完整、真实的问题背景，以此为支撑物启动教学，使学生产生学习的需要；同时支撑物的表征、视觉本质又促进了学习共同体中成员间的互动、交流，即合作学习，驱动学习者进行自主学习，从而达到主动建构知识意义的目的。

6. 学习资源设计

为了了解问题的背景与含义、建构自己的智力模式和提出问题解决的假设，学习者需要知道有关问题的详细信息，并需要学习必要的预备知识，因此在教学设计时，必须详细考虑学生要解决这个问题需要查阅哪些信息、需要了解哪方面的知识，这些都可以以学习资源的方式为学生提供。

学习资源是指提供与问题解决有关的各种信息资源（包括文本、图形、声音、视频和动画等）以及通过万维网从 Internet 上获取各种相关资源。学生自主学习、意义建构是在大量信息的基础之上进行的，所以必须在学习情景中嵌入大量的信息。丰富的学习资源是建构主义学习的一个必不可少的条件。另外还要注意怎样才能从大量信息中找寻有用信息避免信息污染，因此教学设计中要建立系统的信息资源库（或使用现有的资源管理系统），提供引导学生正确使用搜索引擎的方法。

7. 提供认知工具

认知工具是支持、指引扩充使用者思维过程的心智模式和设备（Derry，1990）。在现代学习环境中，主要是指与通信网络相结合的广义上的计算机工具，用于帮助和促进认知过程，学习者可以利用它来进行信息与资源的获取、处理、编辑、制作等，并可用其来表征自己的思想，替代部分思维，与他人通信协作等。

认知工具可帮助学习者更好地表述问题（如视频工具），更好地表述学习者所知道的知识以及正在学习的客体（如图表工具），或者通过认知工具自动实现一些低层任务或代替做一些任务来减轻某些认知活动（如计算工具）。最终，认知工具帮助学习者搜集并处理解决问题所必需的重要信息。

认知工具在帮助和促进认知过程，在培养学生批判性思维、创造性思维和综合思维中起着重要作用。常用的认知工具有六类：问题/任务表征工具、静态/动态知识建模工具、绩效支持工具、信息搜集工具、协同工作工具、管理与评价工具。

8. 自主学习策略设计

自主学习策略是指为了支持和促进学生有效学习而安排学习环境中各个元素的模式和方法，其核心是要发挥学生学习的主动性、积极性，充分体现学生的认知主体作用。从整体上来讲，学习策略分为四类：主动性策略、社会性策略、协作式策略和情景性策略。常见的自主学习策略有：教练策略、建模策略、支架与淡出策略、反思策略、支架策略、启发式策略、自我反馈策略、探索式策略；讨论策略、角色扮演策略、竞争策略、协同策略、伙伴策略；抛锚策略、学徒策略、随机进入策略等。

9. 管理与帮助设计

建构主义学习中，学习者是学习的主体，但并没有无视教师的指导作用，任何情况下，教师都有控制、管理、帮助和指导的职责。教师需要在学习环境中确定学习任务，组织学习活动，提供帮助和指导，引导学生正确使用认知工具。教师是教学过程的组织者、指导者、意义建构的帮助者、促进者。

在传统的教学中，课堂教学管理包括合理安排课程内容、最大限度地发挥教学资源的潜能、调动学生的积极性等。但在建构主义学习中，教师由舞台上的主角变为幕后导演，这一转变极具挑战性，对教师提出了更高的要求：学习过程是一种发散式的创造思维过程，不同的学生所采用的学习路径、所遇到的困难也不相同，教师需针对不同情况做出适时反馈；学生自主学习中，面对丰富的信息资源易出现学习行为与学习目标相偏离的情况，教师要在教学实践中设置关键点，规范学生学习，同时也有利于学生反思、升华所学知识；为了使意义建构更有效，教师应在可能的条件下组织协作学习，并对协作学习过程进行引导使之朝有利于意义建构的方向发展。引导的方法包括：提出适当的问题以引起学生的思考和讨论；在讨论中设法把问题一步步引向深入以加深学生对所学内容的理解；要启发诱导学生自己去发现规律、自己去纠正和补充错误或片面的认识。

10. 总结与强化练习

适时的进行教学总结可有效的帮助学生将自学的、零散的知识系统化。但总结时不能太细，应为知识体系串讲，简明扼要，否则会重蹈传统教育的覆辙，限制学生的思维。教师总结之后，应为学生设计出一套可供选择并有一定针对性的补充学习材料和强化练习，检测、巩固、拓展所学知识。这类材料和练习应经过精心的挑选，既要反映基本概念、基本原理又要能适应不同学生的要求，以便通过强化练习纠正原有的错误理解或片面认识，最终达到符合要求的意义建构。

11. 教学评价

评价意味着根据某些标准对一个人或他的业绩所进行的一种鉴定或价值判断。建构主义结果评价中最基本的变化或许就是在确定评价的目标方面。如果学习是知识自我建构的过程，那么是否还需提出最适宜的目标？事实上，有谁能比建构者更好地评价知识的建构呢？因此，源于建构观的评价应该较少使用强化和行为控制工具，而较多使用自我分析和元认知工具。建构主义的学习并不是用以支持学习者像镜子一样反映现实的，而是支持对富有意义的解释进行建构。但评价是应参照目标的，否则便会陷入无标准的虚无主义，对于一些基本的教学要求，评价要依据客观的教学目标，但这不能是评价的全部，更多的应该包括学习任务的整体性评价、学习参与度的评价等。

（三）以“教师为主导、学生为主体”的教学设计模式

以“教”为主和以“学”为主的教学设计模式各有其优缺点，为此，何克抗教授在着重分析了两者的优缺点之后指出，以“教”为主的教学设计模式的优点是有利于教师主导作用的发挥，便于教师组织、监控整个教学活动进程，便于师生建立情感交流，因而有利于系统的科学知识的传授，并能充分考虑情感因素在学习过程中的重要作用。其弊端则是完全由教师主宰课堂，忽视学生的学习主体作用，不利于具有创新思维和创新能力的创造型人才的成长。以“学”为主的教学设计模式由于强调学生是学习过程的主体，是意义的主动建构者，因而有利于学生的主动探索、主动发现，即有利于创造型人才的培养。但是，由于此模式强调学生的“学”，在相应的教学设计过程中也存在着忽视教师的主导作用、忽视教学目标的设计、忽视情感因素等缺陷。可见，这两种教学设计模式都有其优点与不足，而“主导-主体”教学模式（如图 1-10 所示）是结合了以上两种模式优点的基础上提出来的。

何克抗教授提出的“主导-主体”教学模式具有如下特点：

(1) 可根据教学内容和学生的认知结构情况灵活选择“发现式”或“传递-接受”教学分支。

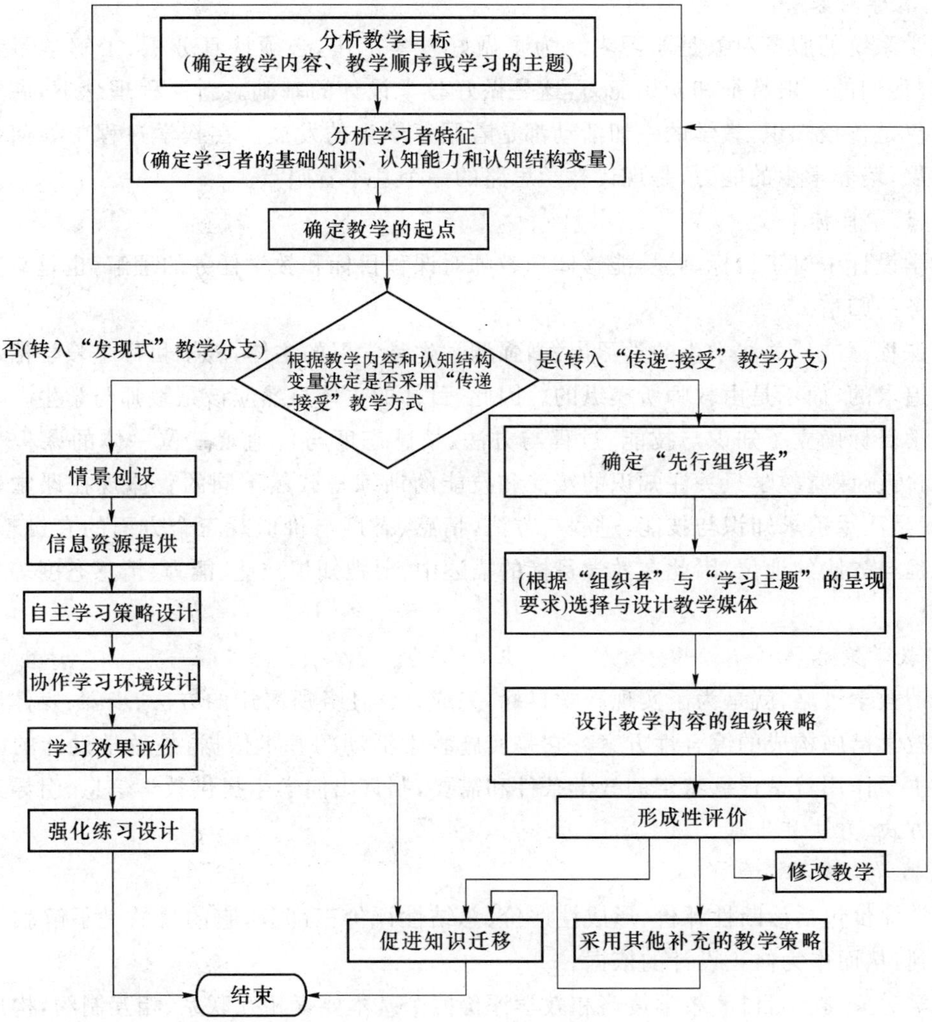

图 1-10　“主导-主体”教学模式

(2) 在“传递-接受”教学过程中基本采用“先行组织者”教学策略，同时也可采用其他的“传递-接受”策略作为补充，以达到更佳的教学效果。

(3) 在“发现式”教学过程中也可充分吸收“传递-接受”教学的长处(如进行学习者特征分析和促进知识的迁移等)。

(4) 便于考虑情感因素的影响：在“情境创设”框(左分支)或“选择与设计教学媒体”框(右分支)中，可通过适当创设的情境或呈现的媒体来激发学习者的动机，而在“学习效果评价”框(左分支)或取决于形成性评价结果的“修改教学”框(右分支)中，则可通过将评、小结、鼓励和表扬等手段促进学习者三种内驱力的形成与发展(视学习者的年龄与个性特征决定内驱力的种类)。

三、教学设计模式的基本要素

不论哪一种教学设计模式，都包含有下列四个基本要素。

1. 教学对象

教学系统的服务对象是学习者。为了做好教学工作，必须认真分析、了解学习者的情况，掌握他们的一般特征和初始能力，这是做好教学设计的基础。新课程理念下，课堂教学不再仅仅是传授知识，教学的一切活动都是着眼于学生的发展。在教学过程中如何促进学生的发展，培养学生的能力，是现代教学思路的一个基本着眼点。

2. 教学目标

教学设计中对于目标阐述，能够体现教师对课程目标和教学任务的理解，也是教师完成教学任务的归宿。

新课程标准从关注学生的学习出发，强调学生是学习的主体，教学目标是教学活动中师生共同追求的，而不是由教师所操纵的。因此，目标的主体显然应该是教师与学生。

教学目标确立了知识与技能、过程与方法、情感态度与价值观三位一体的课程教学目标，它与传统课堂教学只关注知识的接受和技能的训练是截然不同的。体现在课堂教学目标上，就是注重追求知识与技能，过程与方法，情感、态度与价值观三个方面的有机整合，突出了过程与方法的地位，因此在教学目标的描述中，要把知识技能、能力、情感态度等方面都考虑到。

3. 教学策略

所谓教学策略，就是为了实现教学目标，完成教学任务所采用的方法、步骤、媒体和组织形式等教学措施构成的综合性方案。它是实施教学活动的基本依据，是教学设计的中心环节。其主要作用就是根据特定的教学条件和需要，制订出向学生提供教学信息、引导其活动的最佳方式、方法和步骤。

4. 教学评价

教学评价包括诊断性评价、形成性评价、总结性评价三部分，它的目的是了解教学目标是否达到，从而作为修正设计的依据。

教学对象、教学目标、教学策略和教学评价四个基本要素相互联系、相互制约，构成了教学设计的总体框架。

四、教学设计的一般模式

1994 年乌美娜总结了当时出现的各种教学设计模式，从中抽取出七个基本组成部分，即学习需要分析、学习内容分析、学习者分析、学习目标的阐明、教学策略的制订、教学媒体的选择和利用以及教学设计成果的评价，见表 1-4。这七个基本组成部分可以构成一般的教学设计过程模式，如图 1-11 所示。这个模式既适用于以“教”为主的教学设计模式，也适用于以“学”为主的教学设计模式，同时又适用于教师主导学生主体的“双主”教学设计模式，因此该模式具有通用性、普遍性。从这七个基本组成部分中还可以进一步抽取出四个最基本的环节（或要素）：分析教学对象、制订教学目标、选择教学策略、开展教学评价。各种完整的教学设计过程都是在这四个基本要素的相互联系和相互制约所形成的构架上建立的。

表 1-4 教学设计过程模式的基本组成部分

序号	模式的共同特征要素	模式中出现的用词
1	学习需要分析	问题分析，确定问题，分析、确定目的
2	学习内容分析	内容的详细说明，教学分析，任务分析
3	学习者分析	教学对象分析、预测，学习者能力评定
4	学习目标的阐明	目标的详细说明，陈述目标，确定目标，缩写行为目标
5	教学策略的制订	安排教学活动，说明方法，策略的确定
6	教学媒体的选择和利用	教学资源选择，媒体决策，教学材料开发
7	教学设计成果的评价	试验原形，分析结果，形成评价，总结性评价，行为评价，反馈分析

教学设计过程的一般模式描述了教学设计的基本过程。这个过程可以分为四个阶段，即前端分析阶段、设计阶段、评价阶段和修改阶段。

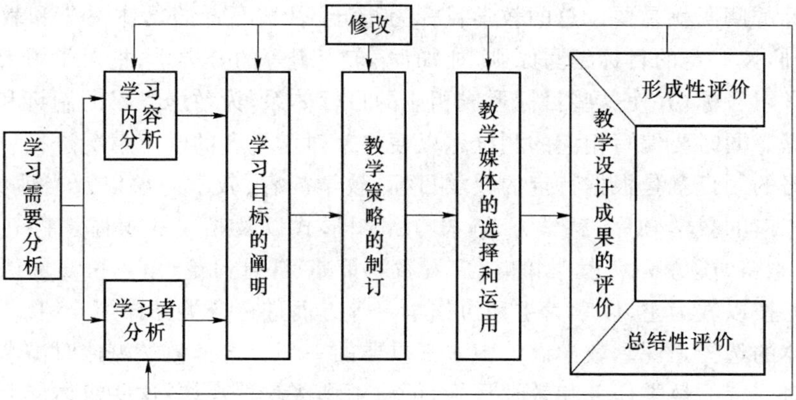

图 1-11 教学设计过程的一般模式(乌美娜)

(一) 前端分析阶段

前端分析是美国学者哈利斯(Harless)在 1968 年提出的一个概念，指的是在教学设计过程开始的时候，先分析若干直接影响教学设计但又不属于具体设计事项的问题，主要指学习需要分析、教学内容分析和学习者特征分析。现在前端分析已成为教学设计的一个重要组成部分。

学习需要分析就是通过内部参照分析或外部参照分析等方法，找出学习者的现状和期望之间的差距，确定需要解决的问题是什么，并确定问题的性质，形成教学设计项目的总目标，为教学设计的其他步骤打好基础。

教学内容分析就是在确定好总的教学目标的前提下，借助于归类分析法、图解分析法、层级分析法、信息加工分析法等方法，分析学习者要实现总的教学目标，需要掌握哪些知识、技能或形成什么态度。通过对学习内容的分析，可以确定出学习者所需学习内容的范围和深度，并能确定内容各组成部分之间的关系，为以后教学顺序的安排奠定基础。

教学设计的一切活动都是为了促进学习者的学习，因此，要获得成功的教学设计，就需要对学习者进行很好的分析，以学习者的特征为教学设计的出发点。学习者特征是指影响学习过程有效性的学习者的经验背景。学习者特征分析就是要了解学习者的一般特征、学习风格，分析学习者学习教学内容之前所具有的初始能力，并确定教学的起点。其中学习者的一般特征分析就是要了解那些会对学习者学习有关内容产生影响的心理的和社会的特点，主要侧重于对学习者整体情况的分析。学习风格分析主要侧重于了解学习者之间的一些个体差异，要了解不同学习者在信息接收加工方面的不同方式；了解他们对学习环境和条件的不同需求；了解他们在认知方式方面的差异；了解他们的焦虑水平等某些个性意识倾向性差异；了解他们的生理类型的差异等。

（二）设计阶段

课堂教学设计的核心在于“设计”，教学设计一般模式中的基本组成部分中，有一些环节是需要精心设计的，“正如航空学要研究不同的设计是如何帮助升空、缓行和机动性一样，教育中的设计科学必须决定学习环境的不同设计如何帮助学习、合作和动机激发。”（杨南昌，2007）这一阶段主要包括教学目标的阐明，教学策略的制订，教学媒体的选择及教学过程的设计。

学习目标的阐明就是要以总的教学目标为指导，以学习者的具体情况和教学内容的体系结构为基础，按一定的目标编写原则，如加涅、布卢姆等的分类学，把对学习者的要求转化为一系列的学习目标，并使这些目标形成相应的目标体系，为教学策略的制订和教学评价的开展提供依据。同时要编写相应的测试题以便将来对学习者的学习情况进行评价。

教学策略的制订就是根据特定的教学目标、教学内容、教学对象以及当地的条件等，来合理地选择相应的教学顺序、教学方法，教学组织形式以及相应的媒体。将五环节教学策略、发现学习策略、模仿-示范教学策略、启发教学策略、课堂讨论、角色扮演等课堂教学中常用的教学策略按以教为主、以学为主和协作学习等方面进行分类并详细介绍。

教学媒体的选择是课堂教学设计中非常重要的一环。选择教学媒体时需考虑各方面的因素，如：针对一定的教学任务和教学目标，可使用哪些教学媒体；这些媒体能否引起学生的兴趣；这些媒体能否与学生已有的知识水平和未来的发展要求相符合；在技术质量方面，这些媒体是否令人满意；教师能否熟练驾驭这些媒体等。

（三）评价阶段

经过分析阶段和设计阶段的工作，就形成了相应的教学设计方案，然后实施。最后要确定教学和学习是否合格，即进行教学评价。具体在教学设计成果的评价阶段，就是要依据前面确定的教学目标，运用形成性评价和总结性评价等方法，分析学习者对预期学习目标的完成情况，评价是教学设计的一个重要组成部分。

（四）修改阶段

修改环节是在评价和反馈的基础上，对上述各环节进行不断修正，以使整个教学设计过程趋于完善。

教学设计的四个阶段之间是相互联系、相互作用，密不可分的。这里应强调说明的是，我们人为地把教学设计过程分成诸多要素，是为了更加深入地了解和分析，并发展和掌握整个教学设计过程的技术。因此，在实际设计工作中，要从教学系统的整体功能出发，使各要素间相辅相成，产生整体效应。

另外，还要清醒地认识到所设计的教学系统是开放的，教学过程是个动态过程，涉及的如环境、学习者、教师、信息、媒体等各个要素也都是处于变化之中，因此教学设计工作具有灵活性的特点。我们应在学习借鉴他人模式的同时，充分掌握教学设计过程的要素，根据不同的情况要求，决定设计从何着手、重点解决哪些环节的问题，创造性地开发自己的模式，因地制宜地开展教学设计工作。

由于乌美娜的教学设计一般模式具有普遍指导意义，因此，本书以下几章的设计与实践主要以此模式为依据进行编排。

【自我评价】

1. 什么是课堂教学设计？试分析教学设计与备课之间的联系与区别。
2. 结合实际谈谈你对教学设计研究范畴的理解。
3. 综述教学设计的主要理论基础及其对教学设计的影响。
4. 比较本章介绍的几种教学设计模式，说出教学设计过程的基本要素。

【资源链接】

[1] 乌美娜. 教学设计[M]. 北京：高等教育出版社，1994.
[2] 何克抗，林君芬，张文兰. 教学系统设计[M]. 北京：北京师范大学出版社，2006.
[3] 加涅，等. 教学设计原理[M]. 上海：华东师范大学出版社，1999.
[4] 皮连生. 教学设计——心理学的理论与技术[M]. 北京：高等教育出版社，2000.
[5] 何克抗. 教学设计理论的新发展[OL]. http://www.etc.edu.cn
[6] 张华. 教学设计研究：百年回顾与前瞻[J]. 教育科学，2000(4).
[7] 曾文婕. 课堂教学设计[M]. 北京：北京师范大学出版社，2011.
[8] 李龙. 教学设计[M]. 北京：高等教育出版社，2010.
[9] 戴克斯特拉，西尔等. 教学设计的国际观(第二册)[M]. 北京：教育科学出版社，2007.
[10] 孔凡哲. 上好课有效新技能[M]. 长春：东北师范大学出版社，2009.
[11] 何克抗. 建构主义一革新传统教学的理论基础[J]. 电化教育研究，1997(3)(4).

第二章
教学设计前期分析与实践

【学习目标】

学习本章后你应能：

1. 了解课程标准的基本框架，能够对自己所教学科的课程标准进行深入分析。
2. 对学生的学习需要进行分析。
3. 根据教学要求完成教学内容分析。
4. 分析学习者的认知特征、学习风格。

【本章知识导图】

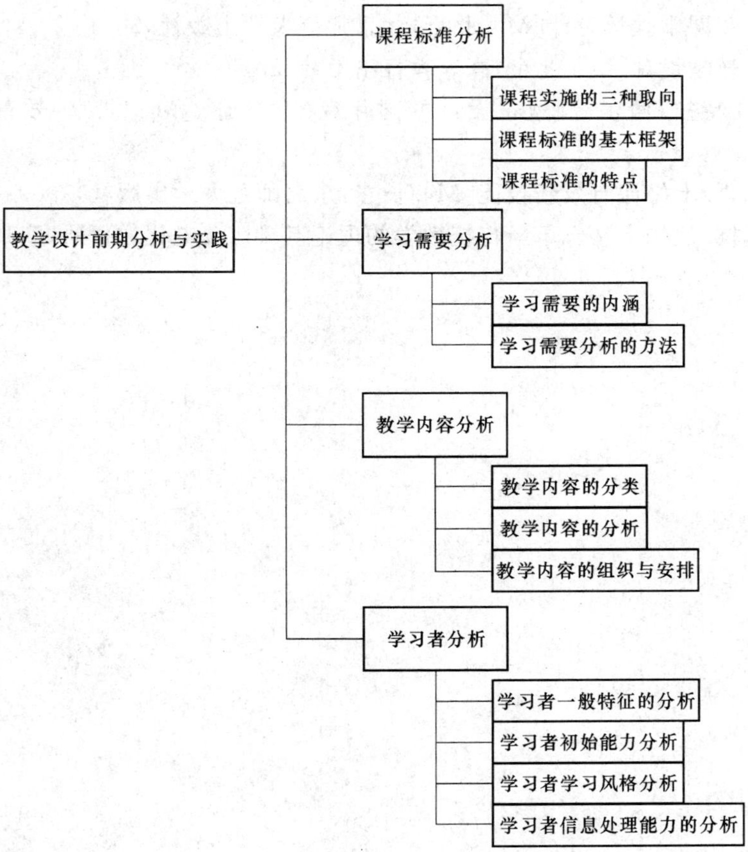

教学设计不是各个教学环节的简单拼凑，它涉及教学系统中各个要素（如教师、学生、教学内容、教学目标、教学方法、教学媒体、教学过程、教学评价等）的安排与组织，本书所提倡的课堂教学设计框架为“分析——设计——评价——修改”，因此，在内容编排上，将“教学设计前端分析”作为课堂教学设计的开端。在这一章中，将详细阐述课堂教学设计中的前端分析部分，主要涉及课程标准分析、学习需要分析、教学内容分析、学习者特征分析及相关实践。

第一节　课程标准分析

2001 年 9 月，新的基础教育改革开始实施，历时近两年的时间，义务教育阶段 17 个学科的 18 种课程标准正式公布。这是新课程改革的重要成果，新课程标准规定了课程的性质、任务以及课程内容的框架和要点，既是国家管理和评价课程的基础，也是教材编写、教师教学和评估考试的依据，新课程标准体现国家对不同阶段学生在认知、技能、能力、态度等方面的基本要求。

一、课程实施的三种取向

从历史的角度来看，我国的教学主要有三种类型：一是基于教师经验的教学；二是基于教科书的教学；三是基于课程标准的教学。

（一）基于教师经验的教学

基于教师经验的教学就是教师凭借自身所具备的知识和所信奉的理念开展教学，“教什么”“怎么教”主要依赖于教师自身的经验，而“为什么教”“教到什么程度”还没有真正进入教师关注的领域。这种课程实施取向主要存在于普及教育和教科书（正式的学生课本）出现以前。

（二）基于教科书的教学

到了 19 世纪三四十年代，由于普及教育的需要，“教科书”开始在西方出现。在我国，真正的教科书在 20 世纪初“废科举，兴学校”以后才出现。教科书的不断运用和完善，极大地改变了教学的面貌，日益成为课程实施的主要依据，对“教什么”“怎么教”起着决定作用。曾有学者指出“教科书是学校教育的心脏，没有教科书就没有学校”，教科书是“支配性的教室资源”，“甚至决定该学科 80％的课程内容”，这些论断反映了教科书在 20 世纪的大部分时间里所体现的主导作用和深远意义。

（三）基于课程标准的教学

随着社会的不断发展，人们对教育的需求也发生了变化，不再满足于“有书读”，而且希望“读好书”，于是教育质量就成了人们关注的焦点。我国在第八次课程改革出台了国家课程标准之后，正在倡导基于课程标准的教学。

课程标准反映了国家对学生学习结果的统一的基本要求，是对学生在校期间应达到的知识与技能、过程与方法、情感态度价值观的阐述。基于课程标准的教学，就是教师根据课程标准对学生规定的学习结果来确定教学目标、设计评价、组织教学内容、实施教学、评价学生学习、改进教学等一系列设计和实施教学的过程。基于课程标准的教学给了教师一种方向感，它既为教学确立了一定的质量底线，又为教学预留了灵活实施的空间，因此它要求教师根据教学目标适当处理教学内容，根据课程标准倡导的理念选择适合的教学方法，而且还要求教师开展基于课程标准的评价。

长期以来，基于教科书的教学占据着主导地位，因此，当前尽管有了国家课程标准，倡导教师应该基于课程标准开展教学，但事实上绝大部分教师还是依据教科书来实施课程。实现基于课程标准的教学，还需人们不断探索和努力。

二、课程标准的基本框架

首次颁布的义务教育阶段 17 个学科的 18 种课程标准，尽管各有特色，但结构基本上是一致的，大致包括前言、课程目标、内容标准、实施建议、附录等各部分，其课程标准与教学大纲框架如表 2-1 所示。新课程标准吸收了各国课程标准制订的优秀经验，同时又考虑到我国的实际特点，在总体结构框架上与教学大纲有很大不同。

表 2-1　课程标准与教学大纲的框架结构比较

课程标准		教学大纲
前言	课程性质	
	课程基本概念	
	标准设计思路	
课程目标	知识和技能	教学目的
	过程与方法	
	情感态度与价值观	
内容标准	学习领域、目标及行为目标	教学内容及要求
实施建议	教学建议	教学建议 • 课时安排 • 教学中应注意的问题 • 考核与评价
	评价建议	
	教材编写建议	
	课程资源开发与利用建议	
附录	术语解释	
	案例	

比如《物理课程标准》的框架结构如图 2-1 所示。

下面对课程标准的框架结构各部分做简要分析。

（一）前言部分

课程标准的前言部分对课程的性质、价值与功能做了定性的描述，阐述了本课程领域改革的基本理念，并对课程标准设计的思路做了详细的说明。以物理课程标准为例，其课程的基本理念主要概括为：

① 注重学生发展，改变学科本位；

② 从生活走向物理，从物理走向社会；

③ 注重科学探究，提倡学习方式多样化；

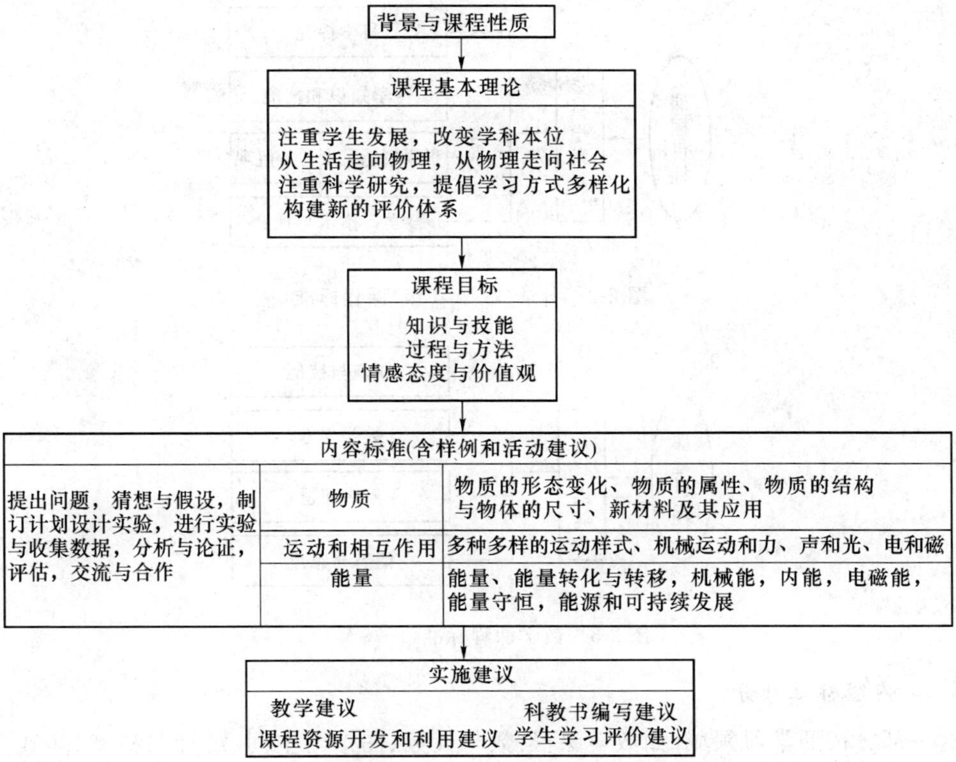

图 2-1　《物理课程标准》的框架

④ 注意学科渗透，关心科技发展。

而地理课程标准的基本理念是：

① 学习对生活有用的地理；

② 学习对终身发展有用的地理；

③ 改变地理学习方式；

④ 构建开放式地理课程；

⑤ 构建基于现代信息技术的地理课程；

⑥ 建立学习结果与学习过程并重的评价机制。

（二）课程目标部分

这一部分内容明确了各门学科在知识与技能、过程与方法、情感态度与价值观三方面共同而又各具特点的课程总目标和学段目标；学段的划分大致规定在 1～2 年级、3～4 年级、5～6 年级、7～9 年级。学段太短，与以前的教学大纲一样，不利于教材多样化和教师创造性地教学；学段太长，教师难以把握和驾驭课程标准、实施教学。

比如《科学(7～9 年级)课程标准》如图 2-2 所示。

把过程与方法作为课程目标之一是课程标准的突出特点。如图 2-3 所示《数学课程标准》(1～9 年级)，数学思考、解决问题即是“过程与方法”目标维度在数学课程目标上的具体体现。

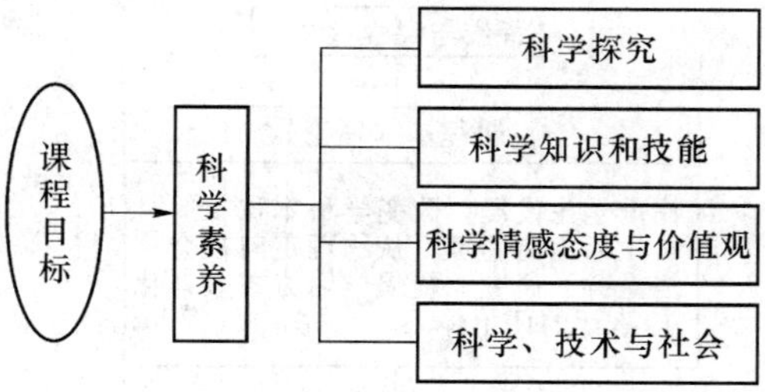

图 2-2　科学(7～9 年级)课程标准

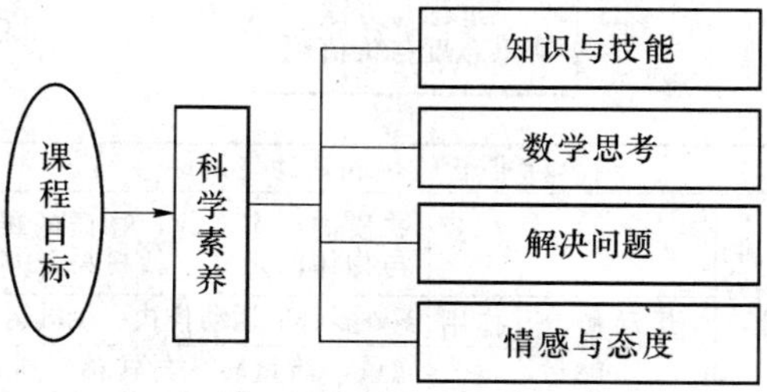

图 2-3　数学课程标准(1～9 年级)

(三) 内容标准部分

这一部分按照学习领域(如数学课程:数与代数、图形与空间、统计与概率、实践与综合运用)、主题(如生物课程:生物与环境、生物圈中的人、生物的多样性、健康地生活等 10 个一级主题)或目标要素(如英语课程:语言技能、语言知识、情感态度、学习策略、文化意识)阐述学生在不同阶段应实现的具体学习目标。对于学生的学习结果,用尽可能清晰的、便于理解及可操作的行为动词从知识与技能、过程与方法、情感态度与价值观三方面进行描述。如对于知识的了解,"内容标准"没有仅仅停留在简单地以"了解"一词描述对有关知识内容的要求上,而是以"说出"、"背诵"、"辨认"、"列举"、"复述"等操作性较强的动词来进一步刻画"了解"的具体含义,以便教师在教学和评价过程中把握要求。

课程标准中的目标主要是按结果性目标和体验性目标来描述的。结果性目标主要用于对"知识与技能"目标领域的刻画,而体验性目标则主要用于反映"过程与方法"、"情感态度与价值观"等目标领域的要求。无论是结果性目标,还是体验性目标,都尽可能地以便于理解、便于操作和评估的行为动词来刻画。

另外,由于课程标准最终要检验的是学生是否达到了预期的学习结果,而不是教师有没有完成某一任务或是否达到了某一目标,因此,"内容标准"的陈述是以学生为出发点的,目标的行为主体是学生,而不是教师。所以,"内容标准"通常不采用"使学生……"、"提高学生……"、"培养学生……"等陈述方式。

(四) 实施建议部分

考虑到课程实施的各个环节,课程标准提供了教与学的建议、教材编写建议、评价建议、课程资源开发与利用建议等。例如:……要善于引导学生从真实的情景中发现问题,有针对性地开展讨论,提出解决问题的思路……如组织小组辩论:"常用的几种燃料中,哪一种最理想";试验"活性炭和明矾的净术作用";观看录像"硬水对人们生活的影响"……(化学课程标准)

各项建议力图体现本次课程改革的基本理念，为改善教学行为，变革学习方式，提高教材编写质量，体现评价的发展功能提供指导。

此外，课程标准中的“内容标准”和“实施建议”均提供了典型案例，便于使用者（教师、教材编写人员、教育管理者等）准确理解课程标准，切实感受到课程标准的理念及其设计思想，为具体实施课程标准提供可借鉴的案例，从而尽可能减少课程标准在实施过程中的落差。

（五）附录部分

附录部分对课程标准中出现的一些主要术语进行解释和说明，便于使用者能更好地理解与把握。

这种课程标准框架，是经过学习和借鉴各国的课程标准，并结合我国的教育传统及教师的理解和接受水平，反复研究所形成的，将课程目标、内容及要求、课程实施放在同等重要的地位。

三、课程标准的特点

1. 课程标准主要是对学生经过某一学段之后的学习结果的行为描述，而不是对教学内容特别是知识点和单项技能的具体规定。

2. 课程标准主要规定某一学段或年级所有学生在教师的帮助下或在自己的努力下都能达到的要求，它是面向全体学生的共同的、统一的基本要求，而不是最高要求。

3. 课程标准主要服务于评价，是对国家或地方的课程质量、学校的教育质量、教师的教学质量、学生的学习质量进行评价的依据，它统领课程的管理、评价、督导与指导，具有一定的严肃性和正统性。

第二节　学习需要分析

教学设计是一个问题解决的过程，学习需要分析则是这一过程的起点。只有深入教学实际进行调查研究，发现教学中存在的问题，明确教学问题的性质，才能着手对它进行解决。同时，学习需要分析也是学习内容和学习者分析的基础，并为教学目标、教学策略的制订以及教学评价奠定坚实的基础。

一、学习需要的内涵

（一）学习需要

根据伯顿（Burton）和梅里尔（M. D. Merrill）在其《需要的评价：目的、需要和优先考虑的需要》中对与教育有关的需要的分类，可以看出，当“现状是什么”和“应该是或必须是什么”之间存在差距时，就产生需要。由此推知，学习需要是指学习者学习方面的当前状况与被期望达到的状况之间的差距，或者说，是学习者目前水平与期望学习者达到的水平之间的差距，如图 2-4 所示。

期望达到的学习状况 - 目前学习状况 = 差距(学习需要)

图 2-4 学习需要

期望达到的状况是指学习目标要求学生达到的知识、能力、素质水平等。目前的学习状况是指学习者现有的知识、能力、素质水平。而差距指出了学习者在知识、能力、素质水平方面的不足,指出了教学中实际存在和要解决的问题,这正是经过教育或培训可以解决的学习需要。例如,某计算机培训机构希望自己的学生中95%能够达到在1分钟之内输入60个汉字,且错误率不超过2%的汉字输入技能测试,而目前的记录表明只有81%的学生通过了考试,这样就找到了14%的学生还没有达标的差距,指出了对学生集体而言的学习需要,这也正是教学中要解决的问题。

(二)学习需要分析

学习需要分析是教学设计前端分析中的一个重要组成部分,是系统思想运用于教学设计实践的结果。在教学设计实践发展过程中,人们从最初只关注"如何教"即教学策略的选择与运用,到后来关注"教什么"即教学内容的确定与安排、"教到什么程度"即教学目标的确定,现在又开始顾及"为什么教"即学习需要的分析。学习需要分析可以使教学设计有的放矢。

学习需要分析是指通过系统化的调查研究过程,发现教学中存在的问题,通过分析问题产生的原因确定问题的性质,论证解决该问题的必要性和可行性。其实质是分析教学设计的必要性和可行性,其核心是发现问题,而不是寻求解决问题的方法,具体包括三方面的工作:

① 通过调查研究,分析教学中是否存在要解决的问题;

② 分析存在问题的性质,以判断教学系统设计是否是解决这个问题的合适途径;

③ 分析现有的资源及约束条件,以论证解决该问题的可能性。

通过学习需要分析,我们可以获得有关"差距"的资料和数据,由此可形成教学系统设计的总目标(即解决了"为什么"和"是什么")。有了总目标,就可以寻找相应的解决问题的方法即达到目的的手段(解决"如何"),从而最终解决问题。通过学习需要分析,论证了教学系统设计是否是解决问题的必要途径,以及在现有资源和约束条件下是否可解决问题。这就避免了只需较少投资和人力,却动用大量人力、物力来设计和开发教学而效果不佳的情况;也避免了动用大量人力、物力来设计教学但在现有条件限制下不能实施,甚至设计的是学生已经具备而不需要教学的情况。所以说,通过学习需要分析,可以让教师与学生的精力、时间以及其他资源被有效地利用来解决教学中真正的问题,从而提高整个教学效益。

二、学习需要分析的方法

以不同的期望值作参照系分析学习需要,便形成了两种不同的确定学习需要的方法,即内部参照需要分析法和外部参照需要分析法。

(一)内部参照需要分析法

内部参照需要分析法是由学习者所在的组织机构内部以已经确定的教学目标对学习者

的期望与学习者学习现状做比较，找出两者之间存在的差距，从而鉴别学习需要的一种分析方法。这种方法是以接受既定的目标作为期望值来分析学习需要为前提的，通常比较普遍用于我国普通学校教育当中。运用该方法需要注意下面几点：

① 学习者的期望状态是既定的，体现为新课程标准中所规定的教学目标；

② 把期望的状态用可测量的行为术语描述出来，使教学目标具体化，形成完备的指标体系；

③ 重点收集能够反映学习者目前状态的资料和数据，收集方法可采用测验、问卷、座谈等。

以下的数据收集方法可供参考：

① 按照形成的指标体系来设计测验题、问卷或观察表，然后通过分析试卷和问卷以及观察记录直接从学习者处获取信息；

② 根据指标体系，分析学习者近期的测试成绩等相关的现成材料；

③ 召开教师等有关人员的座谈会或对他们做问卷调查，按形成的指标体系询问学习者目前的状况。

各种方法均具特色，在实际进行时可结合使用。现状的信息也应以学习者的行为术语描述出来。

运用内部参照需要分析法分析学习需要往往局限于教育系统内部，即在某一特定教育或培训组织机构所规定的教学目标之内考虑教学设计问题，而对该目标的设定与社会实际要求是否相符却不够关心，这就存在一个内部目标是否合理的问题。因此，为避免教学活动与社会要求脱节，内部参照需要分析法和外部参照需要分析法需要结合起来使用。

（二）外部参照需要分析法

外部参照需要分析法是根据机构外社会（或职业）的要求来确定对学习者的期望值，以此为标准来衡量学习者学习的现状，找出差距，从而确定学习需要的一种分析方法。外部参照需要分析法的期望值是根据社会需要而制订的，所以首先要通过一定的途径收集、确定与期望值相关的社会需求信息，其被我国的职业技术培训学校较多采用。

由于期望值是根据社会需要而制订的，所以首先要收集和确定与期望值相关的社会需求的信息。收集信息主要有以下途径：

① 对毕业生进行跟踪访谈、问卷调查，获取他们对社会需求的感受，以及工作后对学校教育或培训教学的意见和建议，从中不仅获得关于社会期望的信息，也获得学习者现状的信息；

② 分析毕业生所在单位对毕业生的工作记录，了解他们对职工的要求和对毕业生的评价，获得工作需要和对教学的改进信息；

③ 设计问卷发放到与所学专业相关的工作岗位，得到社会对人才能力素质的要求信息；

④ 现场调研，深入到工作第一线，获得对人才能力素质要求的第一手信息；

⑤ 专家访谈，了解专家对社会目前及未来发展对人才需求的信息。

有关学习者现状的信息收集方法与内部参照需要分析法相同，也可采用测验、问卷、座谈等。

综合以上论述，可知两种方法的主要区别是期望值的参照系不同，以及由此带来的信息收集方法也略有差异。相对来说，内部参照分析法容易操作，省时省力、但却无法保证机构内部目标的合理性；而外部参照分析方法，操作上比较难，要耗费大量的精力和时间，但却能保证所定目标与社会需求直接发生联系，因而有其合理性。在实际运作时，可采取内外结合的方法。如图 2-5，也就是根据外部社会需求调整修改已有的教学目标，并以修改后目标所提出的期望值与学习者的现状相比较找出差距。

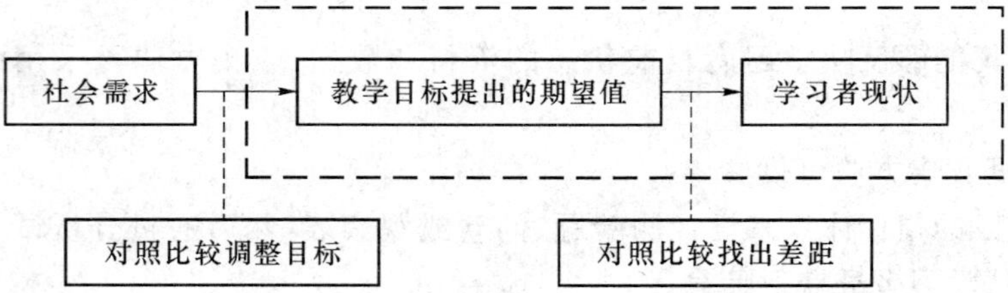

图 2-5 内外结合学习需要确定方法

第三节 教学内容分析

一、教学内容的分类

教学内容是指为了实现教学目标要求学习者系统学习的知识、技能和行为规范的总和。

美国当代著名教育心理学家加涅在《学习的条件》一书中将人类学习分成五类，分别是言语信息、智力技能、认知策略、动作技能和态度。这五类学习代表了个体所获得的所有学习结果。实际上加涅给我们一个提示，就是学习不是单一的，学习有多种形式。而如果有了一定的形式之后，它们会得到哪些结果？学生通过学习将要学到的是什么？

（一）言语信息

加涅所说的言语信息，俗称知识，是指学生通过学习后，能记忆诸如事物的名称、符号、地点、时间、定义、对事物的描述等具体的事实，能够在需要时将这些事实陈述出来，不需要过多的思维和加工，即“知道什么内容”。例如，叙述某作家最著名的著作及出版日期。当代认知心理学家把言语信息称为陈述性知识。实际上都旨在表明人所获得的能力中一种最为熟悉的能力，即人用语言来表述信息的能力。加涅认为言语信息的学习不但是使学过的东西能逐字逐句地回忆出来，而且是要用自己的语言表达出来。

根据言语信息本身所具有的不同复杂程度，加涅区分出三类不同的言语信息形式：符号学习、事实学习、有组织的言语信息的学习。

言语信息主要有三个方面的作用：一是掌握言语知识，这是日常生活、社会交往和职业学习中必不可少的内容；二是学习其他能力类型的先决条件，无论智力技能的学习，还是认知策略、态度这些类型的学习，都是在言语信息的背景中发生的；三是思维的工具。

（二）智力技能

加涅认为，智力技能的实质是人们应用符号办事的能力，即“知道怎样、如何”。由简单到复杂分别分为四类，即辨别、概念、规则和高级规则。

1．辨别

辨别是最简单的智力技能，即区分物体差异的能力。主要指利用视、听、嗅、触、味觉去区分事物或符号之间差异的能力。例如，儿童能辨别圆和椭圆等几何图形。辨别技能是学习其他技能的前提。

2．概念

概念是较高一级的智力技能，即对同类事物的共同本质特征的认识。由此具有对事物做出分类的能力。形成概念是从一系列事物中找出同类事物的共同特征，并把它们归在一起，赋予同一个名称的能力。分为具体概念和定义性概念，其中，具体概念只需指出物体所具有的特征，学生就可建立起相应概念的一类概念（如水果、花）。定义性概念是一种抽象的概念，必须经过定义才能获得（如安全、教育、勇敢）。

3．规则

规则是再高一级的智力技能，是揭示两个或更多概念之间关系的言语表述，如公式、定律、原理、程序等都是规则。当规则支配人的行动时，我们便说，人在按规则办事。运用概念、规则办事的能力就是技能的本质。如物理公式 $I=U/R$ 由三个概念及其关系组成的规则。

4．高级规则

高级规则是最高级的智力技能，在运用规则的过程中，把两条或更多的规则有机地结合在一起，就形成了一个解决问题的高级规则，即运用简单规则解决复杂问题的能力。它是学生在解决问题过程中进行思维的产物。在形成高级规则的同时，学生也获得了解决问题的能力。例如，推导平行四边形面积公式时可以运用长方形面积公式来解决。

每一种智力技能的学习，都以前面较简单的技能为先决条件。通过学习迁移，个体便从每一种新习得的智力技能中增添了智慧的潜能。

（三）认知策略

认知策略是学生内部组织起来的借以调节和控制他们自己的注意、学习、记忆和思维等内部过程的技能，俗称方法。它是学生学会如何学习的核心成分。加涅认为认知策略是一种特殊的智力技能，它与智力技能的区别是：智力技能是个体学会使用符号与环境发生作用，是处理外部世界的能力，而认知策略是对内进行组织的技能，它的功能是调节监控概念和规则的使用，是处理内部世界的能力，是个体对认知过程进行调节与控制的能力。认知策略使用的先决条件是具备相应的智力技能。认知策略还同自我意识发展水平有关。它并不指向于具体的外部内容，但也不能离开一些具体的知识来加以学习和应用。因为认知策略"不可能在真空中操练"。加涅认为，如何促成认知策略的改善，从而使每位学习者"发挥其潜能"，乃是教育面临的挑战之一。

（四）动作技能

学习者协调自身肌肉活动的能力，表现在身体运动的速度、精度、流畅和娴熟等方面，是一种必须通过学习才可获得的能力。加涅认为动作技能有两个成分：一是操作规则，二是肌肉协调能力。动作技能的学习就是使一套操作规则支配人的肌肉协调。是指个体不仅仅完成某种规定的动作，而且指这些动作组织起来构成流畅、准确的整体行为。控制动作技能不是简单的外显反应，而是受内部心理过程控制。如能正确、迅速地操作某种实验仪器。动作技能最显著的特征是可以通过练习而改进,但这种练习不适用于智力技能、言语信息和态度的学习。

（五）态度

态度是指学习者通过学习形成的影响个体行为选择的有组织的内部准备状态。加涅认为态度是一种能够影响人对某一类物、某一类事或某一类人做出个人选择的内部状态。它是通过学习而建立起来的一种影响人选择自己行动的内部状态。态度包括认知、情感和行为三种成分。例如,认知成分中的学生对人、事物或活动的认识;情感成分中的对人、事物的好恶;行为倾向成分中的选择行为的可能性。

态度的学习和改变对每一种教育计划都非常重要。态度以多种多样的方式被习得,其中最可靠的方式就是模仿。而行为选择后的成功体验对学习者的态度常常有直接的积极影响。

加涅还分析了影响这五类学习的不同的学习条件。他把学习条件分为必要条件与支持性条件。必要条件是学习必不可少的前提条件,缺少它学习便无法产生;支持性条件是一般有助于学习的条件。缺少它,学习不一定不能产生,但其效率可能不高。支持性条件则像化学中的"催化剂",有助于加速或减缓新的学习的进行。例如,学习"三角形的内角和等于180度"这一规则,必须先掌握什么是"三角形"和"内角"等概念。只有先掌握了基本概念,才能进一步掌握这些概念构成的规则。因此,基本概念的掌握乃是该规则学习的必要条件。而动机、态度等条件,虽然有助于这一规则的学习,但不是非有不可的,属于支持性条件。加涅揭示了五种学习结果的必要条件和支持性条件可供我们教学设计时参考,如表2-2所示。

表2-2 五种学习结果的必要条件和支持性条件

学习结果分类	必要条件	支持性条件
言语信息	一套有组织的有意义的信息	言语技能;认知策略;态度
智力技能	较简单的智力技能的构成成分(辨别、概念、规则)	态度;认知策略;言语信息
认知策略	某些基本心理能力和认知发展水平	态度;智力技能;言语信息
动作技能	部分技能(有时);操作程序规则(有时)	态度;言语信息
态度	智力技能(有时);言语信息(有时)	其他态度;言语信息

总之,加涅的学习结果的分类研究反映了最新的心理学和教学研究的成果,并且在综合行为主义和认知心理学的基础上有所创新。他不仅将信息加工的学习和记忆的理论与教学实践联系起来,而且系统地描述了学习结果和教学事件的关系,揭示出了教学事件的本质。在他看来,教学不外乎是针对不同的学习结果而精心设计的学习的外部条件系统。这一思想正在改变人们对教学及教学设计的传统看法。加涅的学习结果分类的研究不仅为我们提供了一个新的视角,而且还为我们提供了教学设计的原则、方法、技术与依据。

二、教学内容的分析

教学内容分析是规定学生经过学习以后必须掌握的知识的广度和深度,以及将要获得的能力的范围和质量水平,然后按照学生能够理解和接受的顺序安排出最佳教学顺序。教学内容分析揭示了教学内容的广度和深度,以及各知识点之间的本质联系,即分析如何将学习者的实际水平转化为教学目标的期望水平所需要的各项知识内容的过程。

（一）教学内容分析的目的

(1) 确定教学内容的范围与深度，解决“教什么”的问题。

(2) 揭示教学内容中各项知识与技能的相互关系，为“如何教”提供依据。

(3) 了解为达到规定的目标，学生必须掌握哪些相应的知识、技能和态度。

(4) 根据学科内容的结构，安排最佳的教学顺序。

教学设计中，把教学内容划分为课程(单指一门课程)、单元和课堂级(可以是知识点或一项技能等)三个分析层次。对每一个层次，依据言语信息、智力技能、认知策略、动作技能和态度五种学习结果分类，区别学习任务的性质，并为进一步细化提供依据，确定教学目标的类型。

（二）分析教学内容的步骤

教学设计中至少用到两类目标：学习结束时应该达到的目标(即教学目标)和学习过程中必须达到的多个阶段目标。前一种称“终点目标”，后一类称为“单元目标”。教学内容分析采用的步骤是从“终点”目标开始，然后“由上到下”、“按部就班”分析确定达到终点目标的一系列的前提条件，并把它们作为按分类层次建立起来的系统的“单元目标”，如图 2-6 所示。

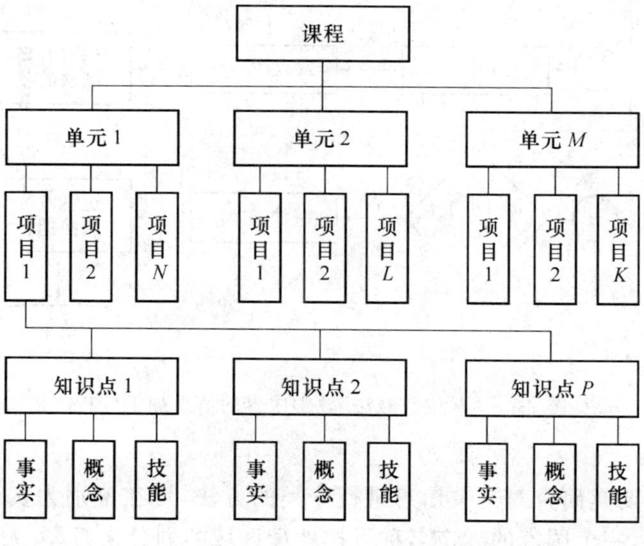

图 2-6　教学内容分析的步骤

1. 确定教学内容

确定教学内容的依据是学生要达到这些目标所经过的全部心理操作过程，以及在这个过程中的每一个步骤所需要的知识或技能的准备。

2. 安排教学内容

先分析教学内容中各个组成部分之间的关系，再按原则去安排教学内容。原则一：从已知到未知，从具体到抽象的原则；原则二：按照事物发展的客观规律安排教学内容。安排教学内容还要注意教学内容之间的横向联系。

3. 进行初步评价

初步评价可以论证教学内容的有效性和必要性，考察教学内容是否适合学生的情况，最重要的是可以保持学习需要、学习目标、教学内容的一致性。

（三）分析教学内容的方法

1. 信息加工分析法

信息加工分析又称“过程任务分析”，是以学习需要分析过程中得到的教学目标和学习者分析中得到的学生的起点状态为依据，逐步分析列出一系列的信息加工的内容和单元目标，从教学的终端状态一直延续至学习者的起点状态。

信息加工分析完成后，教学内容分析的另一项任务就是鉴定从起点到终点之间所必须掌握的先决条件。先决条件包括必要条件和支持性条件两类。必要条件是指决定下一步学习必不可少的条件，也就是使能目标，如图 2-7 所示。

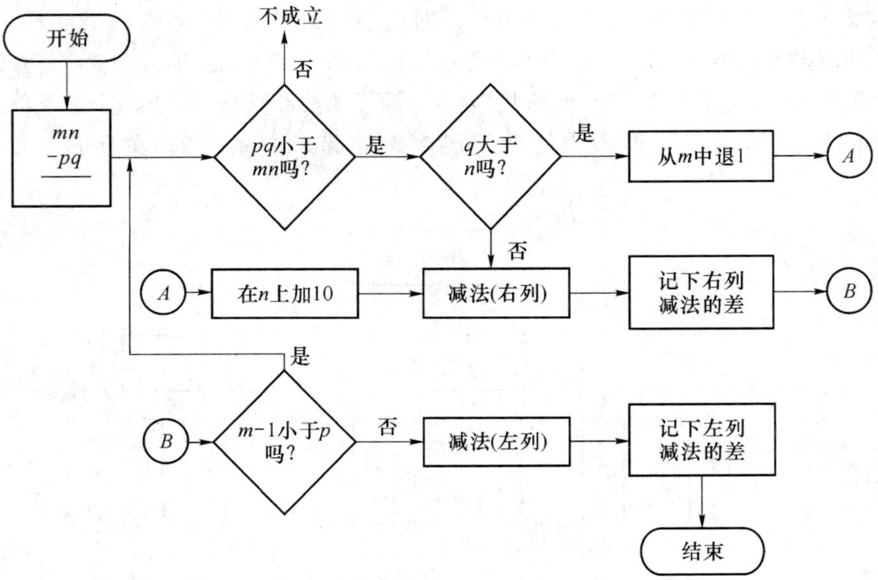

图 2-7 “两位数减法”教学内容的信息加工分析

2. 归类分析法

归类分析法主要是研究对有关信息进行分类的方法，旨在鉴别为实现教学目标所需学习的知识点。例如，一个国家的省市名称可按地理区域的划分来归类，人体外表各部位的名称可由上向下，按头、颈、躯干、上肢、下肢分类等。确定分类方法后，或用图示、或列提纲，把实现教学目标所需学习的知识归纳成若干方面，从而确定教学内容的范围，如图 2-8 所示。

需要说明的是：从形式上看，该示意图与后面将讨论的层级分析图相似，但在归类分析中，各知识点之间本质上不存在难度的层级关系（参看后面的层级分析）。

3. 图解分析法

图解分析法是一种用直观形式揭示教学内容要素及其相互联系的内容分析方法，用于对认知教学内容的分析。图解分析的结果是一种简明扼要地从内容和逻辑上高度概括教学内容的一套图表或符号。如历史教学中，可以用几条带箭头的线段及简洁的数字、符号来剖析一次著名战役的全过程，其起因、时间、地点、参战各方人数、结果等都被反映在图解之中。

这种方法的优点是，使分析者容易觉察内容的残缺或多余部分以及相互联系中的割裂现象，如图 2-9 所示。

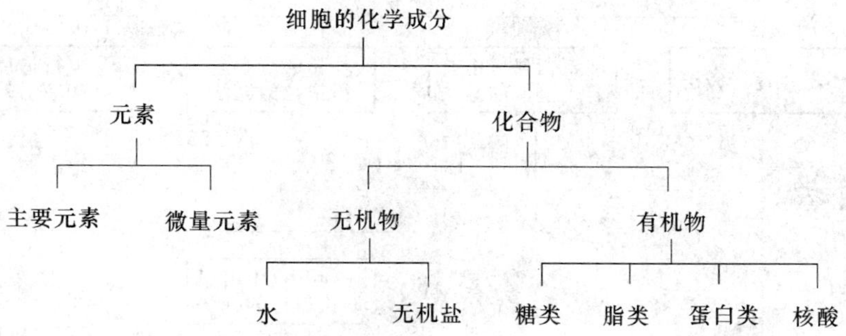

图 2-8　归类分析法

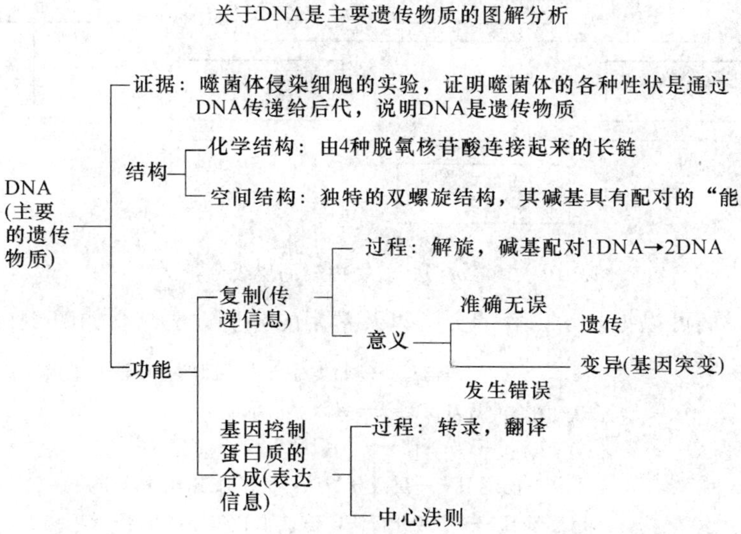

图 2-9　图解分析法

4. *层级分析法*

层级分析法是用来揭示教学目标所要求掌握的从属技能的一种内容分析方法，是一个逆向分析的过程，即从已确定的教学目标开始考虑，要求学习者获得教学目标规定的能力，他们必须具有哪些次一级的从属能力？而要培养这些次一级的从属能力，又需具备哪些再次一级的从属能力？依此类推……可见，在层级分析中，各层次的知识点具有不同的难度等级，越是在底层的知识点，难度等级越低(越容易)，越是在上层的难度越大，而在归类分析中则无此差别。

下面是对“整数减法”教学内容进行层级分析的实例：

由图 2-10 所示，教学目标规定的能力(11)的学习以(7)、(8)、(9)和(10)四项从属技能的学习为先决条件，该层级分析一直继续到最后一级的子目标(简单减法)为止。

层级分析的原则虽较简单，但具体做起来却不容易。它要求参加教学设计的学科专家、学科教师和教学设计者熟悉学科内容，了解教学对象的原有能力基础，并具备较丰富的心理学知识。

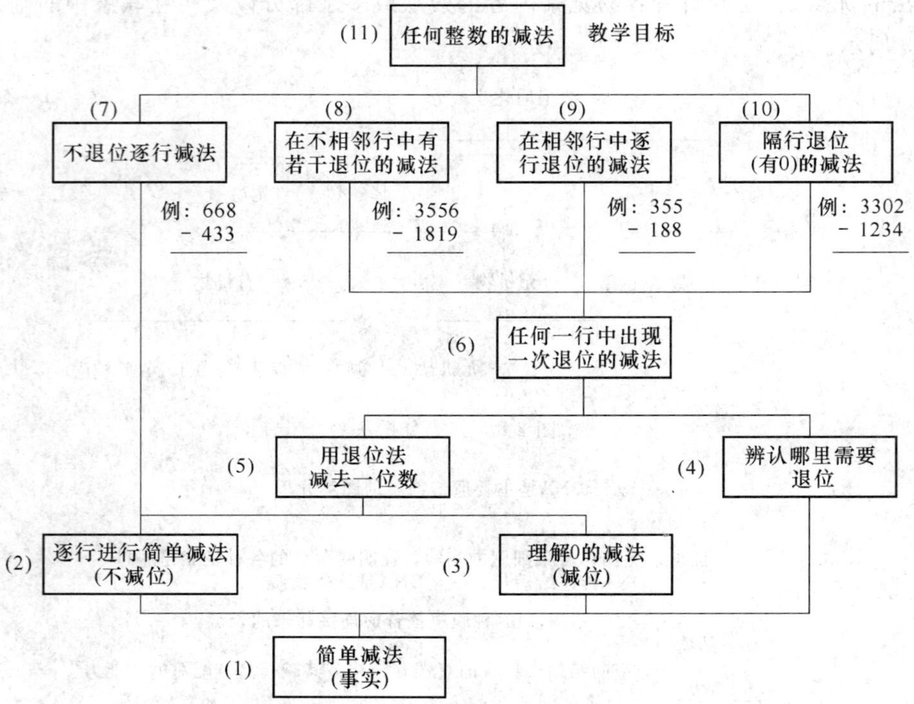

图.2-10 “整数减法”教学内容的层级分析法

综上所述，我们可以把教学内容的分类以及常用的分析方法综合如图 2-11 所示。

教学内容
- 认知学习
  - 言语信息——归类分析法、图解分析法
  - 智力技能——层级、信息加工、图解分析法
  - 认识策略——层级分析法
- 动作技能学习——层级分析法、信息加工(程序)分析法
- 情感学习——层级分析法、信息加工(程序)分析法

图 2-11 教学内容分类及常用分析法

三、教学内容的组织与安排

（一）教学内容的组织

学科教师一般按单元组织教学。单元指一门课程内容的划分单位，学科的特点不同，单元的划分也不同。例如，数学课程的单元也就相当于教材的一章，大致是某类数学问题。单元实质上反映了课程编制者或教师对一门学科结构的总的看法，以及在此基础上对这种结构按教学要求所做的分解和逻辑安排。教学内容的安排是对已选定的学习任务进行组织编排，使它具有一定的系统性或整体性。学习理论关于教学内容组织有以下三种观点：

一是布鲁纳提出的螺旋式编排教学内容的主张，即根据学生的智力发展水平，让学生尽早有机会在不同程度上去接触和掌握某门学科的基本结构，以后随着学生在智力上的成熟，围绕基本结构不断加深内容深度，使学生对学科有更深刻和有意义的理解。

二是加涅提出的直线编排教学内容的主张，他从学习层级论的观点出发，把教学内容转

化为一系列习得能力目标，然后按这些目标之间的关系，即从较简单的辨别技能的学习到复杂的问题解决技能的学习，把全部教学内容按等级来排列。

三是奥苏贝尔提出的渐进分化和综合贯通的原则。渐进分化是指“该学科的最一般和最概括的观念应首先呈现，然后按细节和具体性逐渐分化”，综合贯通是强调学科的整体性。因为学科内容不仅包括一个学科的各种概念和规则，同时也包括学科本身的特定结构、方法或逻辑，如不掌握这部分内容，就不可能真正理解这门学科。

（二）教学内容的组织与安排的步骤

（1）选择内容划分单元

（2）安排单元顺序

在一门课程中，各单元教学内容之间的联系一般有三种类型：一是并列型结构（如图 2-12 所示），这类结构相对独立，各单元在顺序上可互换位置；二是顺序型结构（如图 2-13 所示），即一个单元的学习构成另一个单元的基础；三是综合型结构（如图 2-14 所示），这类结构各单元教学内容的联系呈综合性，既有并列型结构的特点，又有顺序型结构的特点，所以，在组织教学内容时，首先要搞清楚各项学习任务之间的联系。

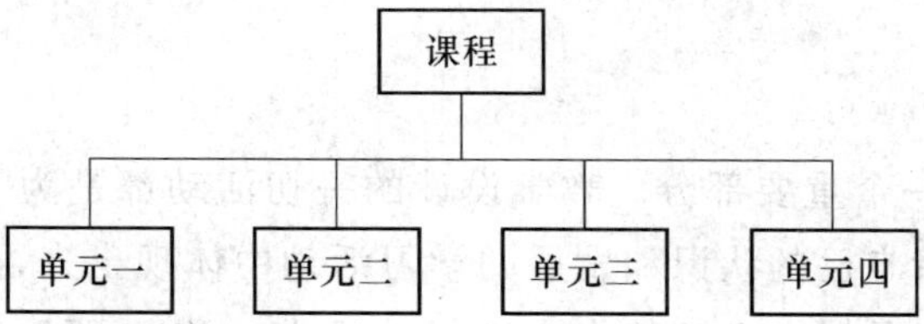

图 2-12　并列型结构

图 2-13　顺序型结构

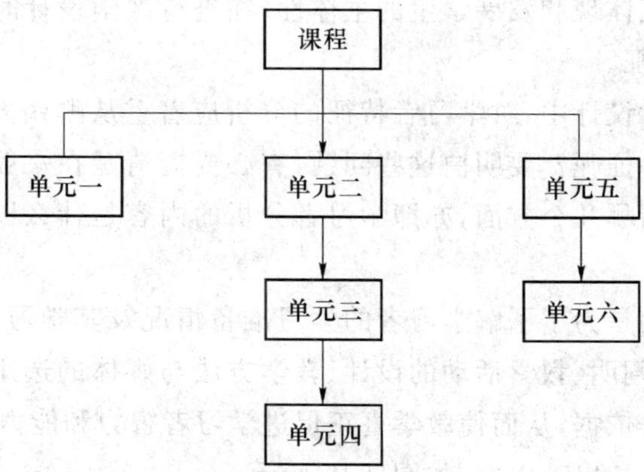

图 2-14　综合型结构

(三)教学内容组织应注意的事项

(1)由整体到部分,由一般到个别,不断分化。

(2)确保从已知到未知。

(3)按事物发展的规律排列。

(4)注意教学内容之间的横向联系。

(四)对选择和组织的教学内容进行初步评价

各单元目标确定以后,为保证所选择的教学内容与学习需要相符合,教学设计者应重视对教学内容的选择和组织进行评价。在教学设计的初期,可从下列方面评价教学内容的选择与组织:

(1)所选择的教学内容是否为实现教学目标所必需?还需补充什么?哪些内容与目标无关应该删除?

(2)各单元的顺序排列与有关科学逻辑结构的关系如何?在这种关系的处理上体现了什么教学法?

(3)各单元的顺序排列是否符合学生的心理发展?

(4)各单元的顺序排列是否符合教学实际情况?

(5)学习者初始能力如何?教学应从哪里开始?

总之,针对教学内容的选择和组织进行的评价要确定内容对目标的有效性,还要确定教学内容组织的科学性以及确定教学内容的适用性。

第四节 学习者分析

学习者分析是教学设计中的一个重要部分。教学设计的一切活动都是为了学习者的学,教学目标是否实现,要在学习者自己的认识和发展的学习活动中体现出来,而作为学习活动主体的学习者在学习过程中又是以自己的特点来进行学习的。因此,要取得教学设计的成功,必须重视对学习者的分析。尤其是在目前强调主体性教育和主体性教学的情况下,要想在教学活动中真正体现和发展学生的主体性,在进行教学设计时更应该首先去了解学生,即分析学习者的特征。

在主体性课堂教学设计中,对学习者特征的分析应着重从哪些方面入手呢?究竟应该怎样去了解学习者的特征呢?要明白这些问题,有必要搞清楚在一般的课堂教学设计中对学习者特征的分析包括哪几个方面,亦即学习者分析的内容是什么以及如何分析学习者的特征。

学习者分析的目的是为了了解学习者的学习准备情况及其学习风格,为学习内容的选择和组织、学习目标的阐明、教学活动的设计、教学方法与媒体的选用等教学外因条件适合学习者的内因条件提供依据,从而使教学真正促进学习者智力和能力的发展。

学习者分析通常包括以下内容,如图 2-15 所示。

- 学习者特征
  - 学习准备
    - 一般特征
    - 初始能力
      - 态度
      - 知识(预备知识、目标知识)
      - 技能(预备技能、目标技能)
  - 学习风格

图 2-15　学习者特征分析

1. 学习准备

学习准备是指学习者在从事新的学习时，原有的知识水平或原有的心理发展水平对新的学习的适应性。

对学习者学习准备的分析包括两个方面：一是一般特征，二是初始能力，初始能力包括认知、动作技能和情感三个方面。在后面的内容中，我们将对学习者的一般特征和初始能力进行详细的分析。

2. 学习风格

学习风格是指对学习者感知不同刺激、并对不同刺激做出反应这两个方面产生影响的所有心理特性。作为个体稳定的学习方式和学习倾向的学习风格，源于学习者的个性，是学生的个性在学习活动中的定型化、习惯化。学生一旦形成某种学习风格，就有相对的稳定性。因此，从某种程度上说，学习风格是学生个别差异的集中表现。测定学习风格的目的是在承认和尊重学生学习风格差异的前提下，安排教学内容、选择教学方法和教学媒体，使教学活动能够最大限度地适应学生的学习风格。所以对学生学习风格的分析，是因材施教的前提和根本。

一、学习者一般特征的分析

学习者一般特征指对学习者从事学习产生影响的心理、生理和社会的特点，包括学生的年龄、性别、年级水平、认知成熟度、智能、学习动机、个人对学习的期望、生活经验、经济、文化、社会背景等因素。它们与具体学科内容虽无直接联系，但影响教学设计者对学习内容的选择和组织、影响教学方法、教学媒体和教学组织形式的选择与运用。

（一）认知发展阶段理论

认知发展阶段论是皮亚杰关于认知发展的重要理论，认为人从出生到青年的认知发展不是简单的数量增加的过程，而是分为几个有着质的差异的阶段，每个阶段出现的新的认知能力表明个体发展出新的适应环境的方式。他把认知发展分为 4 个大的阶段，在每一大阶段下又再划分出若干小的阶段。

1. 感知运动阶段

从出生到约 2 岁。这是智力的萌芽期，是以后发展的基础，在儿童的心理发展中具有重要的意义。这一阶段的儿童只能依靠自己的肌肉动作和感觉应付外界事物。动作表现为外显活动，尚未内化，还不能在头脑中进行。通过与外界的交往，动作慢慢协调起来，逐渐知道自己的动作与动作对外物所起的作用之间的关系，并能有意识地进行某种活动。进而，开始把自己和外物区别开来，有了客体永久性观念，知道物体在看不见摸不着的时候仍继续存在。

根据儿童所表现的行为模式，这一阶段又再分为6个小阶段。第1小阶段的特征为反射活动，年龄从出生到1个月即新生儿期。新生婴儿只有遗传的一些诸如吸吮、眼动和抓握等简单反射活动。这些反射经过反复练习，才变得较有适应性。婴儿在这一阶段尚不能觉察周围的东西，甚至不能觉察自己的存在，分不清物与我，缺乏自我意识。第2小阶段的特征为最初的习惯，年龄从1～4个月。这时，婴儿的动作变得较协调了，出现初级循环反应，学会抬手到嘴边，但还不能摆弄外物。第3小阶段的特征是视觉与抓握的协调，年龄从4～10个月。此时，婴儿出现涉及外界物体的二级循环反应，视觉与抓握动作之间协调起来，开始会摆弄身旁所看到的东西。9～10个月的婴儿知道东西离开了自己的视野仍然存在，会找遮盖物后面的东西。第4小阶段的特征为手段和目的之间的协调，年龄从10～12个月。此时，行为已有目的，开始能预料行为的效果，有意地运用已有行为模式去达到一定目的，出现比较完备的实际智力即通过动作解决问题的智力，会伸手去取用布盖着的物体。婴儿有了明确的客体永久性观念，会寻找消失了的东西。第5小阶段的特征为发现新手段，年龄从12～18个月。婴儿对不同的物体，会作略为不同的动作，看会出现什么结果。例如，依次从不同高度抛丢玩具，看落在什么地方。出现追求目标的动作，这是感知运动智力发展的顶点。第6小阶段的特征为心理组合，年龄从18～24个月。在这个阶段，婴儿由感觉运动向心理意象活动过渡，产生了不在眼前的物体的意象，开始有象征行为。行动之前，能在头脑中思考动作，寻找解决问题的新方法。

2. 前运算阶段

约2～7岁。又称前逻辑阶段。在这一阶段，动作虽然内化了，但尚未形成从事逻辑思维所需要的心理结构，还不能进行运算，因而它是具体运算的准备期。这一时期的幼儿只能以表象进行思维，他们的思维是表面的、原始的和混乱的。

前运算阶段又可分为两个时期，即①前概念期：约2～4岁。此期以出现符号功能和模仿为特点。由于表象的形成和言语的发展，幼儿能运用心理符号、语词或物体代替或表示不在眼前的东西。例如，喜欢象征性游戏，椅子成了汽车，小床成了游艇。随着这一功能的出现，幼儿开始进行延迟模仿(原型消失后的模仿)。幼儿能运用语言，并形成心理意象，能使用符号在头脑中再现外部世界。这时期的语词和符号尚不能离开所代表的东西。幼儿还没有形成概念，不能用概念反映事物间的联系。②直觉思维期：约4～7岁。幼儿主要对事物的表面现象做出反应，根据所见事物的表面特点考虑事物间的关系，既无归纳推理也无演绎推理，只会从一特殊情况推到另一特殊情况，并将无关的事情说成有因果关系。皮亚杰称这种前逻辑思维为传导推理。

自我中心思想是这一阶段的突出特点。幼儿用自己的观点看一切事物，不知有别人的观点。而且幼儿在同一时期内只能注意事物的某一方面。思维缺乏可逆性，还没有守恒概念。

3. 具体运算阶段

约7～11岁，相当于童年期。在这一阶段，儿童形成了初步的运算结构，出现了逻辑思维。已有可逆性，但可逆性的两种形式即逆向性(比如$+A$的逆向是$-A$)和互反性(比如$A<B$是B)这一阶段的儿童发展了去中心化。在同一时间内，儿童不再仅能集中注意情境或问题的一个方面，而能注意几个方面；不再仅能注意事物的静止状态，还能看到动态的转变。

与此同时，儿童思维也出现了可逆性，能逆转思维的方向。皮亚杰认为，思维的这 3 个方面——中心化与去中心化、静态与动态、不可逆性与可逆性，是相互依存的。存在中心化，只能集中注意情境的一个方面，就不懂得动态转变，也就不能逆转思维的方向；有了去中心化的发展，就能注意到情境的几个方面，并能觉察到动态转变，于是能逆转思维的方向。

由于去中心化的发展和可逆性的出现，儿童就有了守恒概念。守恒概念是运算结构是否形成的重要标志。在泥球弄成香肠样的例子中，儿童能看出香肠样的黏土可以再复原为球形，能在思想上将黏土的多少与形状联系起来考虑。一般来说，儿童 6～7 岁能掌握连续量守恒（把一个容器里的液体倒入另一个形状不同的容器之中，其量不变）和物质守恒（物质的量不因分割而变化）；9～10 岁能掌握重量守恒（把泥球捣碎，其重量和泥球相同）；11～12 岁可掌握体积守恒（把泥球捣碎，放在液体里，所占的体积和泥球一样大）。随着去中心化的发展，儿童只站在自己角度看问题的自我中心思想也就消失了，开始能站在别人的角度看问题，能利用别人的观点来鉴定自己解决问题的办法是否正确。

4. 形式运算阶段

约自 11～12 岁开始，相当于少年期。到这一阶段，个体形成了完整的认知结构系统，能进行形式命题思维，智力发展趋于成熟。他们开始从具体事物中解脱出来，能在头脑中将形式和内容区分开来；能运用语词或符号进行抽象逻辑思维，能根据假说或命题进行逻辑演绎推理。这一阶段的思维比具体运算阶段有更大的灵活性。这是由于能用符号代替符号，比如代数中以 x、y 代替数字。另外，两种可逆形式（逆向性和互反性）联合成一单独的系统，因而能随心所欲地支配整个整合系统，进行复杂而完备的推理，如根据某些或所有可能的组合去推论一个问题。而且，能对一个问题提出可能的假设，并能详尽而系统地变换有关因素逐个论证所提假设，最后得出恰当的结论；甚至能根据实验的结果找出事物的规律并建立理论，尽管还很幼稚。他们还能“对运算进行运算”即除了能思考具体事物外，也能思考自己的思维过程，能回想、分析一系列内心活动，评价自己的和别人的思想；能将不同的运算加以整合，形成适用于更大范围的高一级的运算。例如，将各种算术运算整合起来，形成更普遍的代数运算。

皮亚杰起初认为形式运算的智力发展约在 15 岁完成。后来，许多研究表明，因缺乏适当的教育和环境刺激以及才能上的个别差异，许多学生甚至大学生还不能进行形式思维。因此，皮亚杰在 1972 年修正了原来的看法，认为所谓正常的人不迟于 15～20 岁达到形式运算阶段。然而，根据他们的才能和职业特点，他们在不同的领域里达到这一阶段。他指出，职业实践不同的人，在各自的特殊领域里表现着形式运算的能力。

（二）学习者的一般特征

学习者的一般特征只是影响他们学习的一些背景因素，与具体的学科内容之间并没有直接的联系。即便如此，这些因素还是对学生学习新知识起着促进或妨碍作用，影响教学设计者对学习内容的选择和组织、影响教学方法、教学媒体和教学组织形式的选择与运用。美国教育技术界著名学者海涅克等在 1989 年指出：对学习者的一般特征，即使做一些粗略的分析，对教学方法和媒体的选择也是有益的。

了解学习者一般特征的主要方法有观察、采访（面试）、填写学生情况调查表和开展态度调查、查阅学习者的人事或学习档案等。

皮亚杰的理论帮助我们推断学习者的一般特征。我们在皮亚杰理论的基础上，介绍各阶段学习者的一般特征。

1. 小学生的一般特征

小学生的思维具备初步逻辑或言语的思维特点，这种思维具有明显的从具体形象思维到抽象逻辑思维的过渡性。低年级学生思维具有明显的形象性，也同时具有抽象概括的成分，二者相互关系随着年级高低和不同性质智力活动而变化。到小学高年级时，学生逐步学会区别概念中本质和非本质的属性、主要和次要的属性，学会掌握初步的科学定义，学会独立进行逻辑论证。但是这些都离不开直接和感性的经验。因此，在小学生教学中要注意引导学生思维从以具体事物表象为主要形式逐步过渡到以言语概念的逻辑思维为主要形式，而且对小学生来说，逻辑思维在很大程度上，仍然是直接与感性经验相联系，带有很大成分的具体形象性。但也要注意到不同的学习对象、不同的学科，上述的一般发展趋势也常表现出很大的不一致性。要关心思维由具体形象到抽象逻辑过渡的“关键年龄”，一般认为出现在四年级前后(约 10～11 岁)，若教育条件适当，也可能提前到三年级。

小学生在情感方面的自居作用、模范趋向和自我意识有较快的发展，学习动机多倾向于兴趣型，情绪发展的主要矛盾是勤奋与自卑的矛盾，意志比较薄弱、抗诱惑能力差，需要更多外控性的激发、辅助和教导。

2. 中学生的一般特征

在中学阶段，学生思维能力迅速得到发展，他们的逻辑思维处于优势地位，中学生的创造性思维迅速发展，追求新颖、独特的因素，追求个性色彩和系统性、结构性。

学生的一般特征表现在很多方面，在这里只介绍与学习密切相关的中学生智能发展的一般特征。

(1) 可以通过假设进行思维。这样一来，学生就能够按照提出问题、明确问题、提出假设、检验假设的途径，经过一系列的抽象逻辑思维过程来解决问题。

(2) 思维有了预计性。在进行复杂活动之前，学生有能力去制订计划，选择方案和策略。

(3) 思维的形式化倾向。思维成分逐步发展到形式运算思维占优势。

(4) 思维活动中自我意识或监控能力明显增强。从中学开始，学生反省的监控性的思维特点越来越明显。一般情况下，中学生能够意识到自己智力活动的过程并对它们加以控制，使得思路更加清晰，判断也更为正确。

(5) 思维能够跳出旧的模式。从这个阶段起，创造性思维获得迅速发展，并成为中学生思维的一个重要特点：在思维过程中，追求新颖独特的因素，追求个性，具有系统性和结构性。

虽然中学生的抽象逻辑思维已经占据了主导地位，但是具体到初中生和高中生，他们的抽象逻辑思维还是有所区别的。初中生抽象逻辑思维虽占优势，但很大程度上还属经验型，需要感性经验的直接支持。而且，他们能够用理论作指导来分析、综合各种事实材料从而不断扩大自己的知识领域。他们还能掌握一般到特殊的演绎过程和特殊到一般的归纳过程。从经验型水平向理论型水平转化是从初二年级开始的，这是一个关键年龄，到高二思维则趋向定型、成熟。和小学生一样，中学生的智力与能力发展也存在着不一致性。

在情感方面，初中阶段和高中阶段有不同的特征。初中学生自我意识逐渐明确；他们富于激情，感情丰富，爱冲动，爱幻想；他们开始重视社会道德规范，但对人和事的评价比较简单和片面;他们在对知、情、意的自我调控中,意志行为日益增多,抗诱惑能力日益增强,但高层调控仍不稳定。高中阶段,独立性、自主性日益增强,成为情感发展的主要特征;学生的意志行为越来越多,他们追求真理、正义、善良和美好的东西;高层自我调控在行为控制中占主导地位,即一切外控因素只有内化为自我控制时才能发挥其作用;另外,从初中到高中学习动机也由兴趣型逐渐转向信念型。

3. 大学生的一般特征

大学生在智能发展上呈现出进一步成熟的一系列特征。他们的思维有了更高的抽象性和理论性,并由抽象逻辑思维逐渐向辩证逻辑思维发展;他们观察事物的目的性和系统性进一步增强,并能掌握事物本质属性的细节特征;思维的组织性、深刻性和批判性有了进一步的发展,独立性更为加强;注意更为稳定,集中注意的范围也进一步扩大。

大学生在情感方面已有更明确的价值观念,社会参与意识很强,深信自己的力量能加速社会的进步与发展;学习动机倾向于信念型;自我调控也已建立在日趋稳定的人格基础上。

分析各年龄阶段学生发展的一般特征有助于教学系统设计。以小学高年级学生的视听教材编制为例,根据皮亚杰的认知发展阶段学说,这些儿童正处于从具体运算阶段向形式运算阶段过渡。据此,教学应以学生原有的经验为基础,教学内容和方法应从具体形象入手,创设必要的情景,采用比较、分析、综合的方法,逐步引导学生学习抽象概念,培养学生的逻辑思维能力。又如,假定我们要根据学生的年龄特征和性格差异来培养学生的学习动机,那么,对于小学与初中的学生,就要注意教学的新颖性,以激起儿童的学习兴趣,并多采用鼓励的方法来培养学生的近景性学习动机,使具体的学习活动和学习效果的反馈密切相关;而对高中以上的学生,还要增加世界观教育、传统教育和爱国主义教育,使他们逐步地建立起以人民利益为出发点的远景性学习动机,为建设祖国而发奋学习。

4. 成人学习者的特点

成人教育是我国教育事业的重要组成部分,与其他各类教育相辅相成,对于提高亿万劳动者的思想道德品质、科技文化素质和促进经济发展有重要的作用。教学系统设计在成人教育领域有广泛的应用前景,了解成人学习者的特点对其有直接的指导意义。一般认为,成人学习者有如下特点:

(1) 学习目的明确

对于儿童和青少年学生来说,学习本身就是目的,但成人学习者则带着职业的实际需要和工作中要解决的课题参加学习,要求学以致用,学习的针对性强。这就要求根据成人学习者的实际需要,系统地设计教学,而不是简单地按学科知识体系组织教学。另外,在教与学的各个环节中都应力求目标明确,使成人学习者了解学习的实际价值。

(2) 实践经验丰富

成人学习者的生活、工作及社会经验与青少年学生的学习经验有质的区别。这种区别表现为两者在学习准备上的不同,例如,在"教育学"课程的学习中,在职教师和大学生的学习准备就大不一样,成人学习者的实践经验既是从事新的学习的基础,又是学习资源,教学系统设计中应重视利用这种"经验资源"来组织教学活动,使原有的实践经验与新的学习内容之间建立联系。

(3) 自学能力较强

多数成人学习者愿意独立自学,希望教师更多地发挥组织学习、指导学习、鼓励学习的作用。在教材设计中，要贯彻便于“自主学习”的原则。

(4) 参与教学决策

成人学习者在学习情境中，对自己所扮演角色的认识与青少年学生不同。青少年到学校只是当学生，而成人往往认为自己是负有职责的工作者。因此，他们有参与教学决策的意识，希望与教师共同承担教学责任。他们有较强的自尊心，不愿意被人仅仅看作是被动的学生。

(5) 注重教学效率

成人学习者往往是在岗的职工，对他们来说，时间是很宝贵的，因此，教学必须讲求实效，安排合理周密。

案例分析：

根据上述学习者特征分析，我们搜集了《和蜗牛一道散步》一文，结合其中的故事，作者对学习者的特征进行了分析，在此和大家分享，供参考。

和蜗牛一道散步

有一天，上帝给我一个任务，叫我牵一只蜗牛去散步。可是，蜗牛爬得实在太慢了。我不断地催它，唬它，责备它。它却用抱歉的目光看着我，仿佛在说，它已经尽力了。我又急又气，就去拉它，扯它，甚至踢它。蜗牛受了伤，反而越爬越慢了，后来干脆停在那里不肯向前爬了，而已筋疲力尽的我也只好看着它干瞪眼。无奈之余，我不禁有些奇怪：上帝为什么叫我牵一只蜗牛去散步呢？

又一天，上帝又派我牵那只蜗牛去散步。看着它蜷缩的身体，惊恐的眼神，我不禁起了怜悯之心，我不忍再催它，逼它，干脆跟在它身后，任它慢慢向前爬。就在这时，我突然闻到了一阵花香。原来，这里是花园！接着，我听见了鸟叫虫鸣，感到了温暖的微风，还看见了漫天的星斗。陶醉之余，我向前一看，蜗牛已爬出了好远。等我跑步赶上它时，它用一种胜利者的姿态迎接我。没等我开口，它已经带着自信，奋力地向另一个“驿站”爬去了……

我忽然明白了，原来上帝不是叫我牵蜗牛散步，而是叫蜗牛牵我去散步呀！

细细品味这个故事，寓言中的“我”只是对蜗牛多了一些理解，多给了它一点自己爬行的空间和时间。这样，不仅使自己领略到了大自然的美景，愉悦了身心，更重要的是蜗牛又有了获得“新生”的机会。

案例描述：在我教的班级里有这样一些学生，他们学习成绩普遍不高，有的对学习缺乏兴趣，有的学习习惯比较差，有的对知识的接受能力比较差……在班级管理及教学中，面对这些学生，我很少静下心来分析这些学生落后的原因，而是一味地替学生着急。例如我在三年级一个班上课，所教授的内容为 Unit 3 B Let's learn 中关于颜色的五个单词：white，pink，black，brown，orange。在学习这些单词的过程中我设计了一个小组竞赛的活动：我准备了一些不同颜色的物品，各组成员说出物品的颜色，回答得既多又准确的小组为获胜方，我便将物品奖励给他们。学生的积极性非常高，大家争先恐后地举手，想成为本组的幸运儿。可惜有一个学生却始终低着头，手中拿着铅笔，不知在纸上画着什么，似乎课堂上的一切都与他无关，他很内向，从不主动与他人交流，课间也总是独来独往，唯一的爱好就是看漫画书。我生气地喊他！他猛地一抬头，显然吓了一跳。我指着粉红色玫瑰问道“What colour is it?”他呆立在那里，茫然地望着窗外正在打乒乓球的学生。我刚想严厉地批评他，忽然看见有的学生盯着我，神情紧张；有的幸灾乐祸，准备看一场好戏；有的带着蔑视的神情看着他。见此情景，话虽已到了嘴边，我又硬生生地吞了回去。

分析：正是在对待蜗牛的问题上，让我想到了那些学习困难的学生，他们可能不聪明，可能学习习惯差，不要认为孩子在学习上像蜗牛一样的慢而就不可爱，我们要学会宽容，学会等待。老师经常的"恨铁不成钢"使他们没有喘息、调整的空间，身心疲惫。不要想"我们牵着蜗牛"，恨不能让蜗牛健步如飞。要有"让蜗牛牵着我们"的耐心，允许蜗牛以蜗牛的速度爬行。只有让他们觉得世界是安全的，他们才有可能把身子探出壳来，认真尽力地前行，而且前行出做蜗牛的最快速度。豹子有豹子的速度，蜗牛有蜗牛的尊严。要知道只有感觉到世界是安全的，感觉到世界是祥和了的时候的蜗牛爬行的速度才是最快最有劲的。学会理解，"误解是教学失败的重要原因，理解是宝贵的教学资源。"要学会理解，特别要理解那些学习困难和有行为过失的学生。要体谅学生的苦衷，以他们的苦为苦，真正关注学生的全面发展，而不仅仅将他作为提高教学成绩的工具。要敞开心扉，以平等的心态和学生交流，走近他们，知其所想，给其所需。只有充分理解了他们，才能引导他们通过一个个阶梯走进知识的殿堂。

如果我们的孩子像一只蜗牛，那也是一只可爱的蜗牛，因为他们毕竟是我们的孩子；我们要学会和他们一起伸头、走步，学会和他们一起观察世界；我们做家长的还要学会给我们的孩子一份自信的礼物，学会给他们一个宽容的温情的世界。我们要坚信：我们不放弃他们，他们是不会轻易地放弃自己的。有句话说得好，一切多变的云霞之后有彩虹，拨开了，背景是一片湛蓝的天空。老师们，多一些理解吧，让蜗牛牵我们去散步……

二、学习者初始能力分析

初始能力是指学生在学习某一特定的学科内容时，已经具备的有关知识与技能的基础，以及他们对这些学习内容的认识和态度。初始能力分析的内容包括：

（1）预备技能的分析：即了解学习者是否具备了进行新的学习所必须掌握的知识与技能，这是从事新学习的基础。

（2）目标技能分析：在从事新的学习之前，了解学生对目标技能掌握情况的调查工作就是目标技能分析。

（3）学习态度分析：如了解学生对将要学习的内容有无兴趣、对这门学科是否存在着偏见和误解、有没有畏难情绪等都是学习态度分析的内容。

（一）初始能力与教学起点的关系

了解学生的初始能力的意义在于能够确定正确的教学起点。因为当教学起点高于学生的初始能力时，由于学生已经掌握的知识、技能与新的知识、技能之间存在着差距，学生学起来就会感到有障碍；而当教学起点低于学生的初始能力时，学习内容就会出现重复，这样既浪费了时间与精力，又容易引起学生的厌烦情绪。确定了学生的初始能力以后，就可以对经过学习内容分析以后选择的学习内容进行必要的调整，补充学生尚未掌握的预备技能，删除他们已经掌握的部分目标技能。确定学生的初始能力与学习内容分析是密切相关的。

比如，某教学目标经过层级分析后，得出了一幅知识和技能结构框架，如图 2-16 所示。

假设通过一定的预测，了解到学习者已经具备了"辨别字词"、"掌握句型"和"将句子归类"的能力，那么新的教学就可以从"辨别动词"、"辨别名词"开始（见图中虚线所示），据此我们便确定了教学起点。

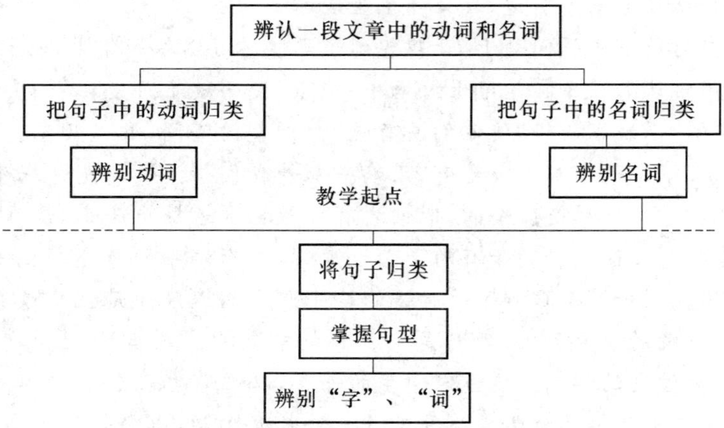

图 2-16 教学起点的确定

（二）确定初始能力的方法

1. 预备技能的分析方法

对学习者预备技能的分析最常采用的方法是预测。为了了解学习者是否具备了从事新的学习所必须具备的预备技能，可先在学习内容分析结果图上设定一个起点，把起点以下的知识与技能作为预备技能，并以此为依据编写测试题，测试学习者对预备技能的掌握情况，如图 2-17 所示。

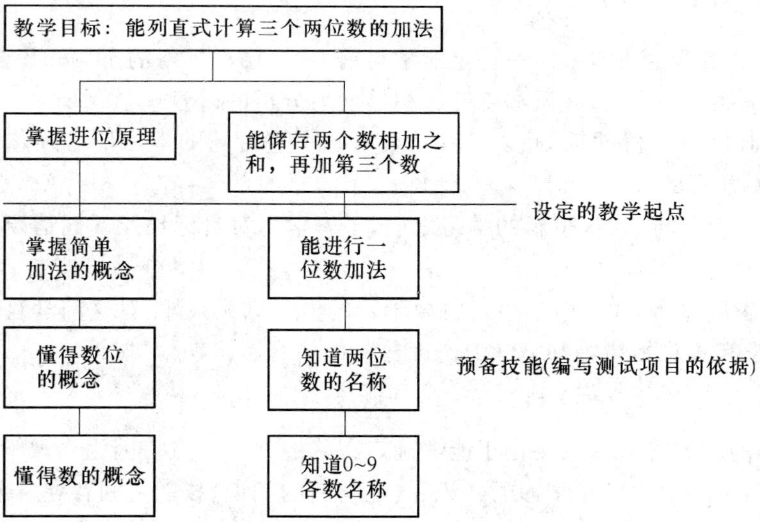

图 2-17 预备技能测试所包括的知识与技能

2. 目标技能的分析方法

分析学生的初始能力时，常将这两项分析合在一起进行。可以采用"一般性了解"的方法，也可以将"一般性了解"和"预测"两种方法结合起来使用。

所谓"一般性了解"，其实就是教师在开始上新课之前，通过分析学生以前学习过的内容、查阅考试成绩，或与学生、班主任及其他任课教师谈话等方式，获得学生掌握预备技能和目标技能情况的一种方法。

“预测”是在一般性了解的基础上，通过编制专门的测试题，测定学生掌握预备技能和目标技能情况的一种方法。与一般性了解相比，这种方法的优点是比较客观、准确。进行预测的过程是：编写测试题→进行学前测试→分析测试结果。

（1）编写测试题

测试题分为两个部分，编写方法是：假定一个教学起点，将教学起点以下的知识和技能编制成测试题目。

（2）进行学前测试

如果测试题中包含测试目标技能的题目，学生就可以从考题中了解到将要学习的内容，这就相当于告诉学生这门课程的学习目标，比较容易引发学生的学习兴趣。另外，由于很多目标技能学生还没有掌握，测试成绩一般都比较差，因此教师在测试之前，最好能说明一下测验的目的，以减少测试结果给部分学生带来的消极影响。

（3）分析测试结果

预测之后，一定要对测试结果进行分析。如果学生的成绩普遍很好，就说明教学起点定得偏低了；如果学生的成绩很不理想，就表明教学起点偏高。要根据分析的结果，对教学起点进行调整。对于前一种情况，最好把教学起点适当提高以后，再进行一次预测，以得到准确的教学起点；对于后一种情况，则应针对卷面所反映的问题，降低教学起点，并从试卷中找出需要补充的预备技能，这样才能使教学起点真正建立在学生的初始能力之上。

3. 学习态度分析的方法

对态度的测量有问卷、采访、面试、观察、谈话等多种方法。谈话法就是通过与学生、班主任及其他任课教师谈话，了解学生的学习态度的方法。观察法则是通过观察学生在学习过程中的言谈举止了解学习态度的方法。

三、学习者学习风格分析

学习风格是由美国学者哈伯特塞伦于1954年首次提出的。学习风格一经提出，便引起教学心理学、学习理论和教学论工作者的广泛关注，并成为一个重要的课题，被誉为“现代教学的真正基础”。学习风格的定义颇多，可谓“仁者见仁，智者见智”，但对学习风格的本质的解释基本上是相同的，即认为学习风格是学习者持续一贯的带有个性特征的学习方式和学习倾向，都强调学生喜欢的或经常使用的学习策略、学习方式或倾向在学习风格中的核心地位；都强调学习风格具有稳定性，很少因学习内容、学习情况等因素的改变而变化；都认为学习风格具有个别差异和独特性。

（一）关于学习风格的要素

目前，关于学习风格的要素，不同学者有不同的观点。

1. 国外学者 Dun 的观点

Dun 将学习风格要素分为五大类：一是环境类，包括对学习环境静闹、光线强弱、温度高低、坐姿正规或随便等的偏爱；二是情绪类，包括动机、学习坚持性、学习责任性等；三是社会类，包括独立学习、结伴学习、喜欢与成人或各种不同的人一起学习等；四是生理类，包括对听觉、视觉等刺激的爱好，学习时吃零食，时间节律等；五是心理类，包括分析与综合、对大脑左右两半球的偏爱、沉思与冲动等。

2. 国外学者凯夫的观点

凯夫把学习风格要素划分为三大类：一是认知风格，包括接受风格、概念化风格与保持风格等；二是情感风格，包括注意风格、期望与动机风格；三是生理风格，包括男性-女性行为、与健康有关的行为、时间节律、活动性、环境因素等。

3. 我国学者谭顶良的观点

谭顶良从生理、心理和社会三个层面提出了他的分类：一是生理要素，包括个体对外界环境生理刺激（如声、光、温等）对一天内时间节律以及在接受外界信息时对不同感觉的偏爱。二是心理要素，包括认知的、情感的和意动的三个方面。认知方面又包括辨别、归类、信息加工、分析与综合、记忆过程中的趋同与趋异、沉思与冲动；情感方面包括理性水平、学习兴趣与好奇、成就动机、控制点、抱负水准、焦虑水平等；意动方面包括坚持性、言语表达、冒险与谨慎、动手操作等。三是社会性要素，包括独立学习与结伴学习、竞争与合作。

4. 我国学者胡斌武的观点

胡斌武认为，学习活动的进行需要学习者根据自身生理、心理状况，根据学习内容、学习情景选择某种学习方式。在这个过程中体现出一定的学习风格，所以，他把学习风格分成两大类：一类为生理性的，包括学习者对学习环境（光、声、温）的选择倾向、对学习时间的偏爱；另一类是心理性的，包括由认知风格、思维风格、信息加工风格等组成的认知要素，由成就动机、抱负水平、焦虑程度等组成的情感要素，由学习信念、意志心理准备、学习积极性等组成的意志品质要素。

比较各家的观点，我们倾向于接受谭顶良先生关于学习风格划分的观点，即把学习风格分为五个部分三个层面。这三个层面是心理层面、生理层面、社会层面。在心理层面中又包括认知部分、情感部分和意动部分。

（二）学习风格分析的内容

学习风格包含很多的内容，下面将从学习的条件、认知方式、人格因素和生理类型几个方面介绍学习风格的内容。

1. 学习的条件

是指影响学生注意力以及接收、记忆信息能力的一组内外因素。了解学生对学习条件的需求，有助于教师正确地选择教学媒体、教学活动和教学组织形式。学习的条件包括：感知或接受刺激的感觉通道、学生感情方面的需要、学生的社会性需要、学生对环境的要求以及来自学生情绪的要求等。

(1) 感知或接受刺激的感觉通道

指学生在学习时，比较偏爱的感觉通道，这些感觉通道有视觉通道、听觉通道和动觉通道等。偏爱视觉通道的学生，习惯利用视觉去感知或接受刺激，这样的学生喜欢通过自己阅读教科书来学习知识，即使是在听教师的纯语言讲授时也希望同时看到图片或其他视觉材料。偏重于听觉通道的学生，对语言、音响的接受能力和理解能力比较强，所以更喜欢从其他人的讲述中获取知识，而不太愿意通过自学方式理解知识。动觉型的学生则喜欢亲自动手参与到学习过程中去，对能够让学生动手操作的学习活动感兴趣。还有一些学生属于两种或两种以上的感觉通道相互结合型的，如喜欢同时利用视觉通道和听觉通道进行学习，如果让这样的学生用电影或录像等视听觉媒体进行学习，学习效果就比较好。

（2）感情的需要

部分学生在学习的过程中特别希望经常得到老师或家长的鼓励与安慰，而另一些学生则不那么需要，他们能自觉地激发学习动机，坚持不懈地学习，有的学生还表现出了很强的责任心。

（3）社会性需要

有的学生特别喜欢与同学们一起做作业，还有的学生在做练习或复习时喜欢与同学一起讨论。

（4）环境和情绪的要求

包括学生的实际需求和感觉到的需求。如做作业或复习的时候需要绝对安静的环境；看书的时候喜欢吃零食；背书的时候习惯来回走动；学习时喜欢只留下一盏灯；喜欢坐在校园里看书；感觉到在某一个特定的时间段里的学习效率特别高。

2. 认知方式

是指学生在感知、记忆和思维的过程中所偏爱的态度和方式，它表现出学生在组织和加工信息过程中的个别差异，反映了学生在知觉、记忆、思维以及解决问题的能力等方面的特征。

每一种认知方式都带有两极性，比如下面将要讲的场独立性和场依存性就分别是同一种认知方式的两个极。每个学生都同时具有多种不同的认知方式，并在每一种认知方式中倾向于某一极。在学习的过程中，学生将自己所具有的各种认知方式组合起来运用。学生在认知方式上表现出的倾向性绝无好坏之分，而是各有所长。因为不同的学习活动需要不同的心理活动特征，所以只能说某一种倾向更适合于某一学习情境，而不能说具有某种倾向的学生一定比具有另一种倾向的学生聪明。

作为研究结果，目前对教学设计产生影响的认知风格主要有两种：场独立性和场依存性、沉思型和冲动型，下面将分别加以介绍。

（1）场独立性和场依存性

具有场独立性的学生很少会因为环境的影响而改变他们对信息的感知能力。他们的自主性比较强，可以靠内在动机进行学习，而不必依赖教师的鼓励和同学们的称赞。他们喜欢独立地进行学习与思考，善于发现问题，能把老师教的或从书本上学的知识重新组织，进而变成自己的知识，对于这样的学生教师只要稍加指导就可以了。这种学生善于学习数学、自然和计算机等自然科学类的课程。

具有场依存性的学生很少主动地加工外来信息，即使加工也要参照环境因素。他们喜欢在与人交流的环境中学习，特别希望教师把教学组织得井井有条。他们往往对语文和外语等人文学科和社会学科的内容更感兴趣，所以学得也比较好。这种学生容易受到别人的暗示，老师或家长的鼓励，会极大地激发出他们的学习热情，相反受到一点批评又会使他们的学习兴趣明显下降。对于这样的学生，要经常不断地指出他们做得对的地方，及时予以鼓励以提高他们的学习兴趣。

（2）沉思型和冲动型

沉思型学生的知觉和思维方式以反省为特征，逻辑性强，判断性也强；冲动型学生的知觉和思维方式则以冲动为特征，直觉性强。这两种学生在学习上存在着差异。

沉思型的学生面对某一问题时，一般比较谨慎、小心，并不急于回答问题，只有在对所选择答案的正确性进行反复审思之后，确认不会出错的情况下才开始回答问题，所以很少出错，但思考的时间却比较长。这样的学生善于完成需要对细节进行分析的学习任务，如阅读理解、逻辑推理和小发明、小制作等，但反应偏慢。他们乐意在合作的气氛中学习，意志对其学习活动的影响明显超过了情感所起的作用。

冲动型的学生则很少全面地考虑解决问题的各种可能性，往往只以一些外部线索为基础，凭直觉形成自己的看法，有时甚至连问题的要求都没有听清楚，就开始回答了，所以尽管他们用的时间比较少，但出错率却比较高。这样的学生在完成需要做整体性解释的学习任务时成绩要好些。他们乐意在竞争的气氛中学习，情感的介入常常对其学习有较大的促进作用。但是他们的阅读能力一般比较差，学习成绩不太理想。不过，如果从解决问题的能力来看，冲动型的学生并不一定比沉思型的学生差。

3. 人格因素

有关人格因素对学生学习产生的影响，在教育心理学研究中，正受到越来越多的重视。下面将介绍对控制点和焦虑水平这两种因素的研究结果。

(1) 控制点

控制点是心理学中的一个术语，它指的是人们对影响自己生活与命运的某些力量的看法。如果把这个概念用在学生的学习当中，就可以理解为控制点是学生对影响自己学习的某些因素的看法。控制点存在着两种倾向性，即内部控制与外部控制。具有内部控制特征的学生相信，自己的学习结果是由来自自身的内部因素决定的，自己的能力和进行的努力完全能够控制事态的发展；而具有外部控制特征的学生则认为，自己受着命运、运气、机遇或他人等这样一些难以预料的力量控制，自己的努力无法抵挡客观因素的影响。这两种学生在学习中的表现是不同的。

具有内部控制倾向的学生一般都具有较高的成就动机，他们对自己充满信心，认为凭借自己的能力和努力就能够取得比较好的学习成绩，所以总是非常努力地学习。他们能够正确地对待自己的学习成绩，取得好成绩时，认为是自己努力的结果，因而备受鼓舞，自信心也进一步增强；而不理想的成绩能使他们感到自己的努力还不够，必须加倍努力才能改变这种状况。他们富于挑战性，能积极地看待比较困难的学习任务。

与此相反，具有外部控制倾向的学生成就动机相对较低，由于总是在寻找客观原因，缺乏自信，所以在学习的过程中常常感到无能为力。此外，他们不能适时改变自己的行为以选择合适的学习任务。

(2) 焦虑水平

焦虑这个名词在心理学中是指个体对某种预期会对他的自尊心构成潜在威胁的情境所产生的担忧反应。焦虑水平表示出这种担忧反应或反应倾向的程度。焦虑水平反映在学生的学习当中有以下两种表现。

焦虑水平高的学生，对各种考试或测验都感到非常紧张，特别担心考试成绩不理想，以至于影响了他们正常的学习、复习及考试、测验。对于这样的学生，教师可适当减轻教学和测验的压力，以降低他们的动机唤醒水平，帮助他们从高焦虑水平逐渐趋向中等焦虑水平，往往会产生比较好的学习效果。

焦虑水平低的学生，因为对考试结果不太在意，所以一般不会花很多时间进行复习。对于这样的学生，教师就可以对他们增加教学和测验的压力，以促使他们提高动机水平，使焦虑水平由低向中等转化。

此外，当学生需要完成记忆任务（如背诵课文、公式、定理）时，教师可以有意地提高所有学生的焦虑水平，因为这样做对学生的记忆活动有利；而当某项学习活动需要学生进行难度较大的思维时，教师则应该注意适当降低学生的焦虑水平，因为较高的焦虑水平会对解决问题产生严重的抑制作用。

4. 生理类型

由于学生的生理类型存在着差异，所以有的学生在心理能力上表现为左脑半球优势，有的是右脑半球优势，还有的是两个半球的脑功能和谐发展。脑科学研究的结果表明，虽然大脑左右半球的结构几乎完全一样，但是在功能上却有所不同。

尽管大多数学生都表现出某半脑占优势的特点，但是具体到某一项认知任务，每个人都是两个脑半球同时参与工作，只是由于任务的要求和被加工的信息的特点不同，才使得左、右半球所起的作用大小不完全相同。因此，在进行教学设计的过程中，一方面要有意识地利用学生自身的特点；另一方面也应注意对学生处于弱势的半脑进行训练，从而促进他们的左右半球脑功能和谐发展。分析学生左右脑功能优势，对选择教学内容、教学方法、教学媒体和评价方案等都具有十分重要的意义。

（三）测定学习风格的方法

一是观察法，即通过教师对学生的日常观察来确定。

二是问卷法，即按照学习风格的具体内容设计一个调查量表，让学生根据自己的情况来填写。

三是征答法，让学生自己来陈述自己的学习风格。

这三种方法各有优缺点，第一种方法适合于年龄较小的学生，因为他们对自己的学习风格不太了解，所以在回答问卷或征答表的时候会感到有困难；这种方法的缺点是教师很难一一观察到每一个学生的学习风格。第二种方法的优点是可以给平时还没有注意到自己某些学习风格的学生提供一些线索，启发他们正确地选择答案；缺点是问卷中的题目不可能涉及全体学生所包括的学习风格。第三种方法的好处是学生可以不受具体问题的限制，从而更能体现出自己的特点；缺点是如果不能把学习风格的概念准确地向学生讲清楚，那么学生的陈述就有可能不在学习风格的范围之内。

四、学习者信息处理能力的分析

（一）技术素养

技术素养是指一个人对与技术相关的知识和技能的掌握、运用以及评价的总体水平。它包括对技术的基本知识和基本技能的掌握、运用技术解决问题的能力，以及对技术的意识、态度和对应该承担的社会责任的理解。技术素养的组成一般包括三个要素：知识要素、能力要素和情意要素。

1. 知识要素

对于技术相关的陈述性知识（名词、术语、概念）和程序性知识（技能、方法）的掌握程度。

2. 能力要素

运用技术解决问题的才干。

3. 情意要素

对技术的意识、态度和应该承担的社会责任的理解。

技术素养的发展一般经历三个阶段。开始是关注技术本身，把技术作为学习的内容和学习的目的，这个阶段称为“技术阶段”。随着对技术掌握程度的不断提高，学习者开始意识到掌握技术是为了解决生产生活中遇到的实际问题，因此，“把技术作为解决问题的工具”的观点得到了重视，这个阶段称为“工具阶段”。在应用技术解决问题的过程中发现，掌握技术知识为了必要的继承，能不能解决具体问题，需要一个转化的过程，即“发展能力”的过程，这个过程是整个阶段中的高级阶段，也是最终期望能达到的学习目的。同时人们发现，人们对意识、态度和责任的认知直接影响着应用的效果。所以能力和责任是关注的重点，整个阶段称为“素养阶段”，是整个阶段中最重要的阶段。三个发展阶段的关系如图 2-18 所示。

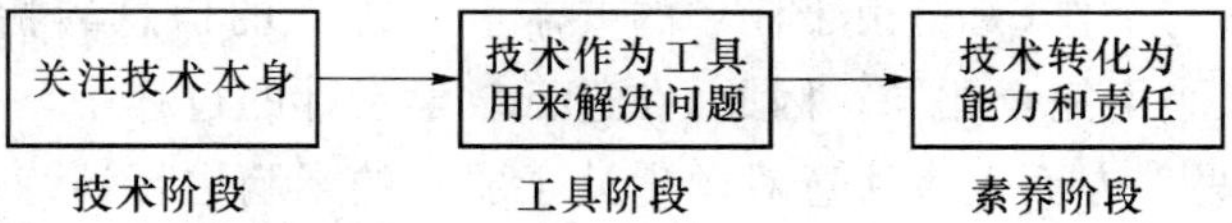

图 2-18 技术素养的发展阶段

（二）信息素养

1. 信息素养的内涵

根据上述内容，信息素养是一个人运用信息技术的知识和技能解决生产和生活中实际问题的能力，和对信息技术的意识、态度以及对应该承担的社会责任的理解。

信息素养的知识要素包含信息的内涵、信息技术的知识、信息设备操作和使用的程序和方法；能力要素包含运用信息技术进行表达、交流、合作的能力，以及运用信息技术解决问题的能力；情意要素包含信息的意识、态度、道德和应该遵守的法律法规。这些要素构成了信息素养的全部内涵。

2. 对学习者信息素养的分析

对学习者信息素养的分析，包括以下几个方面：

(1) 了解学习者对信息技术基本知识和基本技能的掌握程度。

(2) 了解学习者运用信息技术解决问题的能力。

(3) 了解学习者的信息意识、态度和对社会责任的理解。

具体分析时，可以参照《中国教育技术标准（试行）》（JJXHB101-2003）中有关“学生教育技术标准（SETC・S）”的执行规定。

案例分析：

结合上述学习内容，我们通过案例来对学习者的特征进行具体分析。

本案例选择小学语文一课《自己去吧》的内容，资料来源于河北省丰宁满族自治县大阁第一小学兰海燕（基础教育跨越式创新试验研究成果）。《自己去吧》是义务教育课程标准实验教科书小学语文第一册中的第 14 课。本课是一篇童话故事，讲的是小鸭在妈妈的鼓励下，自己学会了游泳；小鹰在妈妈的鼓励下，自己学会了飞翔。故事内容鼓励学生自强自立，自己学会生活的本领。

学习者特征分析：

① 学习者的一般特征：学生是 7～8 岁的儿童，思维活跃，课堂上喜欢表现自己，对语文

学习有浓厚的兴趣；学生在学习中随意性非常明显，渴望得到教师或同学的赞许。

② 学习者的初始能力：学生在平常的生活当中有“自己的事情自己做”的经历和体验，比如自己整理书包、系红领巾等；学生已有一定的拼读能力，能借助汉语拼音阅读拓展材料；学生已经认识“氵”、“口”、“心”三个偏旁和“自”、“己”、“吧”、“那”四个生字。

③ 学习者的学习风格：学生对于识字兴趣很高，识字方法已有所掌握，能采用自己喜欢的方式来识记生字，并且能自己创设情境来巩固、应用生字；学生能根据提示仿、续或创编写故事，并乐于表达。

【自我评价】

1. 为什么要进行课程标准分析？

2. 结合本单位师生反映问题较多的一门课程，运用学习需要分析的方法，分析问题的性质及解决问题的可行性。

3. 选择一个你熟悉的单元，运用所学内容分析方法，完成教学内容的分析。

4. 你认为学习者哪些特征对教学设计比较重要？如何获得学习者特征的相关信息？如何分析学习者特征？

【资源链接】

[1] 中华人民共和国教育部. 基础教育课程改革纲要(试行)[M]. 2001.

[2] 中华人民共和国教育部. 义务教育阶段各学科国家课程标准[M]. 北京：人民教育出版社，2001.

[3] 何克抗，林君芬，张文兰. 教学系统设计[M]. 北京：北京师范大学出版社，2006.

[4] 崔允漷. 课程实施的新取向：基于课程标准的教学[J]. 教育研究，2009(1).

[5] 刘谦. 国家课程标准的框架和特点分析[J]. 人民教育，2001(11).

第三章
教学设计要素的设计与实践

【学习目标】

学习本章后，你应能：

1. 根据教学内容撰写教学目标。
2. 根据教学要求选择教学策略。
3. 根据教学目的和教学内容有效地选择教学媒体。
4. 根据教学内容和教学目标设计教学过程。
5. 能否制定完整的教学设计方案。

【本章知识导图】

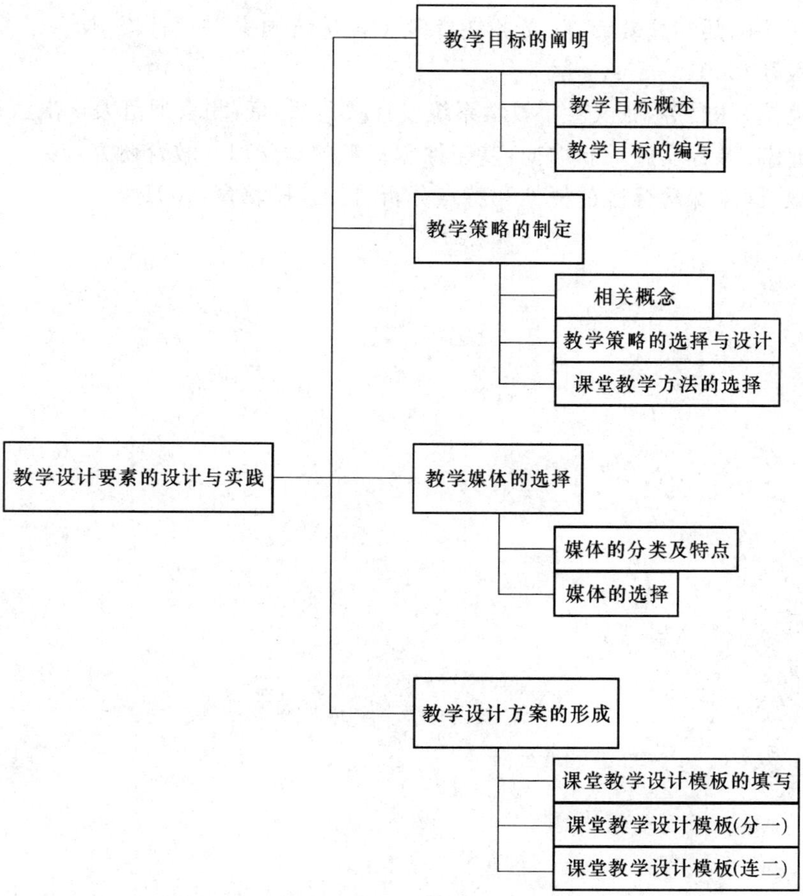

教学设计作为一门实践性很强的学科，它是有客观规律可循的。教师要在教学实践中体现教学设计者的智慧，就要准确把握教学设计的一般规律，熟悉设计的流程，首先要清晰、正确地表述教学目标；其次要制订正确的教学策略；再次，要选择合适的教学媒体；最后要精心设计教学过程的各个环节，并最终形成优秀的课堂教学设计方案。

正如乌美娜教学设计的一般模式，各环节相互依存，前一模块是后一模块输出的条件，后一模块是前一模块输出的结果。在前一章进行完前期分析的基础上，本章就来介绍教学设计流程中的"设计"环节，主要涉及教学目标的阐明，教学策略的制订，教学媒体的选择及教学过程的设计，在本章的最后，给出课堂教学设计通用模板，作为形成课堂教学设计方案的最终表现形式。

第一节　教学目标的阐明

一、教学目标概述

教学目标是教学活动实施的方向和预期达成的结果，是一切教学活动的出发点和最终归宿。因此在教学设计中，教学目标是否明确、具体、规范，直接影响到教学是否能沿着预定的、正确的方向进行。在学校中，教学一般都是分学科进行的。因此，课程标准中规定的教学目标是某一门课程总的教学目标，它由单元(章)教学目标、课(节)教学目标、知识点教学目标等共同组成了该课程的教学目标体系。

过去，我们常常提到"教学目的"这一概念，教学目的是依据教学大纲，对教学提出的预期要达到的结果。教学目的与教学目标有着相同的地方，首先，它们制订时的依据都是教学大纲，其次，它们都是教学过程的出发点和归宿。但同时，我们看到教学目的和教学目标也有着非常明显的不同之处，主要表现在主体、可测量性、作用对象和结构层次等方面。

教学目的以教师为主体，着眼于教师讲授的愿望，反映教师对教学活动的希望；描述语句比较抽象、笼统，教学目的是否达到，不易测量；教学目的对教师的"教"有直接的指向作用，有利于教师作用的发挥；而从结构层次上来说，教学目的往往是孤立的，缺乏明确的层次序列，因而课堂教学的深度和广度的确定，只能取决于教师本人的业务素质，带有较大的主观性和随意性。

教学目标是以学生为主体，着眼于学生的学习结果，是对学生学习行为结果的一种规定。教学目标一般使用动宾短语进行描述，具体明确，可操作性强。教学目标是否达到，易于检测。从作用对象上来说，教学目标对"教"和"学"都有直接的指向作用，能使教和学目标一致，既有利于发挥教师的主导作用，也有利于发挥学生的主体作用，把教和学两方面的积极性统一起来。从结构层次上来说，教学目标由一系列不同层次的子目标组成，不但规定了教学活动应该达到的最终结果，而且提出了达到最终结果的程序，因而对教学活动的深度和广度有明确具体的指导作用。

也有教材中提到学习目标这一概念，在本书中，不明确区分学习目标和教学目标的不同。事实上，教学目标和学习目标从本质上来说也没有严格区分的意义。因为教学目标主要表述学习者学习的结果，而不是对教师应该做什么的描述，用"教学目标"的概念常常容易使很多教师产生误解，将教学目标分析和编写的落脚点错误地定位在“教师应该教什么”上，而不是在“学生能学什么”上，为了避免这种认识上的偏差，有些场合中直接用“学习目标”代替“教学目标”，以便教师更加科学、准确地编写或阐明教学目标。

那什么是教学目标呢？美国心理学家、教育家布卢姆认为：用精确的术语详细地说明学生改变其思维、感情和行动的方式就是教学目标。通俗地说，教学目标就是教师所预期的学生在思维、感情和行动方面变化的数量和程度。

本书中采用的定义：教学目标是对学习者通过教学后应该表现出来的可见行为的具体、明确的表述，它是预先确定的、通过教学可以达到的并且能够用现有技术手段测量的教学结果。

在学校教育中，教学目标通常可分为三个层次：

第一级水平的目标为学校的培养目标，它是水平相对抽象的、陈述较为宏观的目标，是学校教育努力实现的总目标，也是安排学校开设各种类型课程及课程领域的依据。

第二级水平的目标稍具体些，为课程目标，是某门课程要实现的目标，考虑不同的学习领域、学生的发展状况，以行为目标的形式把宽泛的培养目标分解得更加具体，作为课程标准。

第三级水平的目标是将课程目标分析到操作化的程度，描述具体的行为结果，引导教学的展开，因此称为课堂教学目标（即课堂学习目标或学习目标），描述的范围是一个单元或一节课，是教师在课堂教学中需要确定将要完成的具体目标，是目标系统中最具体且可操作的单位。

（一）教学目标的功能

教学目标是教学设计活动的出发点和最终归宿，具有导向、控制、激励、中介、测度等重要功能。

1. 导向功能

教学目标指导着教学，教学活动最终希望产生什么样的教学结果都会受到教学目标的制约。在现实生活中，人们从事多种多样的活动，而这些活动都是有目的的，人们在从事这些活动之前以及在从事活动的过程中，头脑中总是会想着这项活动会产生的结果，并积极主动地为实现既定的目标而努力。教学活动是人类社会一项有目的、有计划、有步骤的实践活动。它和人类的其他活动一样，也对活动结束时的结果有特定的构想。而教学目标正是教学实践活动的方向标，它在教学过程中起着指示方向、引导轨迹、规定结果的重要作用。可以说，整个教学过程都受教学目标的指导和支配；整个教学过程也是为了教学目标而展开。如果教学目标正确、合理，就会使教学有序并有效地进行，否则就会导致无效的教学。所以，教学目标可以被看作是教学活动的“第一要素”，确定准确、合理的教学目标也被认为是教学设计的首要工作或第一环节。

2. 控制功能

教学目标就像一辆车的方向盘，它对教学活动起着控制作用。它作为一种约束力量，把教学人员、行政人员和学生各个方面的力量凝聚在一起，为实现已定目标而共同奋斗。教学目标使有关人员对课程都有一个清晰的、统一的认识，教师不会对教学大纲做任意特殊解释，学生对自己的学习结果也有一个正确的期望结果。教学目标的控制作用，还表现在总体目标对于各个子目标的规范和制约上。一般来说，高层次的教学目标必然对低层次的教学目标具有约束力,迫使低层次的教学目标与其一致并为其服务,从而使目标系统内部达到一致。

3. 激励作用

在教学活动中,要想使教学目标充分发挥激励作用,教师就应当在研究学生的兴趣、动机、意志、知识和能力水平以及他们的个别差异上下功夫,只有这样,才能够把握住学生学习的“最近发展区”。最近发展区理论认为学生的发展有两种水平:一种是学生的现有水平,指独立活动时所能达到的解决问题的水平;另一种是学生可能的发展水平,也就是通过教学所获得的潜力。两者之间的差异就是最近发展区。教学应着眼于学生的最近发展区,为学生提供带有难度的内容,调动学生的积极性,发挥其潜能,超越其最近发展区而达到下一发展阶段的水平,然后在此基础上进行下一个发展区的发展。

目标作为观念形态的价值意识反映了人的需要,当需要带有清晰而明确的目标和目的意识,并延伸到人的行为领域同行为相关联的时候,就形成动机。因此,教学目标确定以后,就可以激发出学生的学习积极性和学习动力,学生产生要达到目标的强烈渴望。教学目标要产生最大的激励效果,就要让制订出来的目标符合学生的需要,使学生认识到通过努力达到目标是有价值的,这样就可以引起学生学习的动机,激发学生的学习兴趣。因此,教学目标要高低适宜、难易适度,既高于学生的已有水平,又是学生可以承受的,才能有效地激发学生的学习动机。教学目标太容易或者太难达到,都不能使学生产生动力。

4. 中介功能

教学目标是教学与社会需要发生联系的桥梁。社会需要什么样的人才,学校培养什么样的学生,两者需要一个较好的沟通。社会需要同教学发生联系,主要是通过由学制规定的培养目标(学校教学目标),由教学计划、教学大纲规定的学科教学目标以及这些目标分解而成的各种具体的教学目标而实现的。各级或各个层次的教学目标,反映一定社会的政治、经济、文化、科技发展对学校教学的客观存在要求。因此教学目标具有中介功能,教学目标的实现就是学校工作满足社会对受教育者的需求。

同时,教学目标是教学系统内部各个要素的联结点。教学活动是教学目标、教学内容、教学方法、形式、手段及教师和学生等各个因素构成的动态过程。各个因素发生关系,主要通过教学目标。这是因为,正是教学目标才使教学活动的各个因素联系起来,构成一个功能系统,并使各个因素为实现教学目标而发挥各自的作用;某种教材之所以可用,某种技术手段之所以可用,是因为它们能够为实现已定的教学目标服务。可以说,正是有了教学目标,才使教学活动的其他因素有机地结合在一起,构成教学系统并使之有效地运行。

5. 测度功能

教学目标作为预先规定的教学结果,自然是测量、检查、评价教学活动成功与否,是否有效的尺度或标准。如前所述,教学目标作为教学目的的具体规定或准确规定,肯定要对教学结果予以构想和预定。构想或预定的结果是否达到,还差多远,必然需要某种尺度测量。测量的尺度是什么,自然是教学目标,因此,教学目标也具有测度功能。

教学作为一个系统的、由多因素构成并由各个环节连接而成的序列活动,既包括设计、组织、实施,也包括测量和评价。测量和评价教学活动是一个周期的终结,也是下一周期的开始。它既要准确预定的结果——教学目标是否实现或达到,又要确定目标达成度,还要获得调整目标的反馈信息,这些都要以已定的目标为尺度。正是通过以目标为尺度、为标准的测量和评价，教学活动才能不断得到改进，步步完善。

（二）教学目标的分类

教学目标分类学研究的兴起，是目标研究发展到一个新阶段的重要标志。对目标分类体系的设想，最初是在1948年召开的美国心理学年会上，由布卢姆、克拉斯沃尔（D. R. Krathwohl）等提出的。他们深受美国著名课程论专家泰勒（R. W. Tyler）课程编制模式的影响，旨在把制定目标与评估结果有机地结合起来。目标分类学为观察教学过程、分析教学活动和进行教学评估提供一个框架。1956年，布卢姆等完成了认知领域目标结构的研究，提出认知领域的目标是由知识的掌握、理解以及与认知能力的发展有关的各种目标组成。1964年，克拉斯沃尔等完成了情感领域目标结构的研究，提出情感领域的目标是由兴趣、态度、价值观的形成以及正确的判断能力、适应能力的发展有关的各种目标组成。1972年，哈罗（A. J. Harrow）和辛普森（E. J. Simpson）完成了动作技能领域目标结构的研究，提出动作技能领域的目标是由手及人体其他运动技能有关的各种目标组成。认知领域目标、情感领域目标和动作技能领域目标，这三者组成了目标分类学。

1. 布卢姆的教学目标分类理论

在目标分类学的三个领域中，布卢姆的认知领域的目标分类尤其引人注目，他把知识和能力分为六个等级：识记、领会、运用、分析、综合和评价。这六个等级存在递进关系，识记是最低水平的目标，以后依次是不同水平的目标，评价是最高水平的目标。

（1）认知学习领域目标分类

布卢姆在其有关的论著中对这六个等级的目标进行了详细的论述，这里仅做简单的介绍。

① 识记

是指对具体事物和普遍原理的回忆，对方法和过程的回忆，如记忆名词、事实、基本观念、原则等。为了便于测量，回忆的情境几乎就是指回想起适当的材料。识记的目标十分强调记忆的心理过程。

② 领会

指的是把握知识材料意义的能力。可以通过三种形式来表明对知识材料的领会：一是转化，即用自已的话或用与原先不同的方式来表述所学的内容；就是交流的形式改变了，但原来交流的内容不变，因此，转化的过程要严谨，准确。二是解释，即对一项信息（如图表、数据等）加以说明或概述，对交流的内容说明或总结。三是推断，即根据最初交流中所描述的条件，预测发展的趋势。

③ 运用

是指将学习过的材料用到新的和具体情境中去的一种能力，有解决实际问题的能力，包括原理、规则、方法和概念的运用。运用的能力以识记和领会为基础，是较高水平的理解。

④ 分析

是指把复杂的知识整体分解为组成部分，并理解各部分之间联系的能力，包括部分的鉴别、部分之间关系的分析和认识其中的组织结构。例如，能区分因果关系，能识别材料中作者的观点或倾向等。分析代表了比运用更高的智力水平，因为它既要理解知识材料，又要理解其结构。

⑤ 综合

是指将所学知识的各部分重新组合，形成一个新的知识整体。它是对各种片段、要素和组成部分进行加工的过程。它包括发表一篇内容独特的演说或文章，拟定一项操作计划或概括出一套抽象关系。它所强调的是创造能力，即形成新的模式或结构的能力。综合比领会、运用和分析更加强调创造性。

⑥ 评价

是指为了特定目的对观念、作品、答案、资料和方法的价值做出判断，它根据材料的内在标准（如组织结构）或外在标准（如某种学术观点）进行价值判断。例如，判断实验结构是否有充分的数据支持，或评价某篇文章的水平与价值。这是最高水平的认知学习结构，因为它要求超越原先的学习内容，综合多方面的知识并基于明确的标准才能做出评价。尽管如此，评价并不是思维或解决问题中的最后一个步骤，它也是获得新知识、领会新内容和运用新方法等的开端。

(2) 动作技能学习领域目标分类

动作技能涉及骨骼和肌肉的运用、发展和协调。在体育课、实验课、军事训练和职业培训等科目中，这常是主要的教学目标。动作技能学习领域有几种目标分类，但目前没有公认的最好分类，这里介绍两种常用的分类方法——辛普森分类法和哈罗的分类方法。

辛普森将动作技能目标分为七级：

① 感知

指运用感官获得信息以指导动作，主要了解某动作技能的有关知识、性质、功用等。

② 准备

是为某种特定的行为或经验而做出的预备性调整或准备状态。

③ 有指导的反应

指复杂动作技能学习的早期阶段，包括模仿和尝试错误。通过教师评价或一套适当的标准可判断操作的适当性，其实质就是学习活动。

④ 机械动作

指学习者的反应已成习惯，能以某种熟练和自信水平完成动作。这一阶段的学习结果涉及各种形式的操作技能，但动作模式并不复杂。

⑤ 复杂的外显反应

指包含复杂动作模式的熟练操作。操作的熟练性以精确、迅速、连贯协调和轻松稳定为指标。就是说，学习者已掌握某种技能，能花费最少时间和精力完成复杂的动作。

⑥ 适应

指技能的高度发展水平，学习者能修正自己的动作模式以适应特殊的设施或满足具体情境的需要。

⑦ 创新

指创造新的动作模式以适合具体情境。要有高度发展的技能为基础才能进行创新。

哈罗于 1972 年提出的分类系统里指出，动作技能由低级到高级分为反射动作、基础性动作、感知能力、体力、技能动作和有意交流。由于反射动作和基础性动作是随着身体发育而自然形成的，不是习得的技能，所以教学中不设定这两方面的低层次的学习目标。其他四类较高层次的动作技能分别介绍如下：

① 感知能力

指对所处环境中的刺激进行观察和理解，并对动作做出相应调节的能力。包括动觉、视听觉辨别、触觉辨别、眼-手和眼-脚协调动作等。

② 体力

包括动作的耐力、力量、灵活性和敏捷性。这是学习高难度技术动作的基础，构成运动技能训练中的基本功训练。

③ 技能动作

指熟练完成复杂动作的能力。以基础性动作为基础，结合感知能力和一定的体力，经过一段的综合练习，就可熟能生巧地掌握技能动作。

④ 有意交流

指传递感情的体态动作，它亦称体态语，既包括反射性的，也包括习得的，例如手势、姿态、脸部表情、艺术动作和造型等。

(3) 情感学习领域目标分类

情感是对外界刺激的肯定或否定的心理反应，如喜欢、厌恶等。个体的情感会影响他做出行为上的选择。情感学习对于形成或改变态度、提高鉴赏能力、更新价值观念、培养高尚情操等密切相关。这是教育的一个重要领域，然而，这个领域的学习目标却不容易编写。

克拉斯沃尔等制订的情感领域的教育目标分类于 1964 年发表，其分类依据是价值内化的程度。该领域的目标共分五级：

① 接受或注意

是指学习者愿意注意某特定的现象或刺激。例如，静听讲解、参加班级活动、意识到某问题的重要性等。学习结果包括从意识到某事物存在的简单注意到选择性注意，是低级的价值内化水平。

② 反应

指学习者愿意接受，主动参与，积极反应，表示出较高的兴趣。例如，完成教师布置的作业，提出意见和建议，参加小组讨论，遵守校纪校规等。学习的结果包括默认、愿意反应和满意的反应。这类目标与教师通常所说的“兴趣”类似，强调对特定活动的选择与满足。

③ 评价

指学习者用一定的价值标准对特定的现象、行为或事物进行评判。它包括接受或偏爱某种价值标准和为某种价值标准做出奉献。例如，欣赏文学作品，在讨论问题中提出自己的观点，刻苦学习外语等。这一阶段的学习结果所涉及的行为表现出一致性和稳定性，与通常所说的“态度”和“欣赏”类似。

④ 组织

指学习者在遇到多种价值观念呈现的复杂情境时，将价值观组织成一个体系，对各种价值观加以比较，确定它们的相互关系及它们的相对重要性，接受自己认为重要的价值观，形成个人的价值观体系。例如，先处理集体的事，然后考虑个人的事；或是形成一种与自身能力、兴趣、信仰等协调的生活方式等。值得重视的是，个人已建立的价值观体系可以因为新观念的介入而改变。

⑤ 价值与价值体系的性格化

是指学习者通过对价值观体系的组织，逐渐形成个人的品性。各种价值被置于一个内在和谐的构架之中，并形成一定的体系。个人言行受该价值体系的支配，观念、信仰和态度等融为一体，最终的表现是个人世界观的形成。达到这一阶段以后，行为是一致的和可以预测的。例如，保持谦虚态度和良好的行为习惯；在团体中表现出合作精神等。

克拉斯沃尔等人的分类启示我们，情感或态度的教学是一个价值标准不断内化的过程。教师或教科书上所介绍的价值标准，对学生来说是外在的，学生必须经历接受、反应和评价、组织等连续内化的过程，才能将它们转化为自己信奉的内在价值。其次，情感或态度的教学不只是政治课或思想品德课的任务，各门学科也都包含这方面的任务，因为任何知识、技能或行为、习惯都不能离开一定的价值标准。例如，学生"重技术轻理论"或"重理论轻技术"就反映了学生在知识、技能的学习中对某种价值观的接受或偏爱。

2. 加涅的学习结果分类系统

继布卢姆之后，美国当代著名教育心理学家加涅对学习结果进行了分类，提出五种学习结果，即言语信息、智力技能、认知策略、动作技能和态度。

(1) 言语信息

言语信息作为一种学习结果，是指学习者通过学习后，能记住诸如事物的名称、地点、时间、定义、对事物的描述等具体的事实，并能在需要时将这些事实表述出来。言语信息可根据信息量和组织形式分为以下几类：①名称；②单个命题或事实；③知识群(后两者称为"陈述性知识")。习得言语信息的表现是学习者能用句子的方式把所学的信息表现出来。比如，学习者知道什么是三角形。加涅认为掌握言语信息是非常重要的，它是进一步学习的先决条件，是培养智力技能的基础。言语信息与人们的生活密切相关，包括生活中各种事物的名称、地区、城市和国家的位置、年月日等。

(2) 智力技能

智力技能作为一种学习结果，是指学习者运用符号或概念与环境发生相互作用的能力。

智力技能包含如下类别：

① 辨别

辨别是一种基本技能，指的是对一个或几个物理量不同的刺激物做出不同的反应的能力。例如，学习者能够辨别三角形和非三角形。

② 具体概念

具体概念是在一系列事物中找出共同特征并给同类事物赋予同一名称的一种习得的能力。具体概念指的是具体事物的特征，如颜色、形状以及事物的位置。例如，学习者能把几个不同的三角形从一堆图形中挑出来，归为一类。我们看到辨别与概念的区别是辨别是对不同的事物做出反应，对差异做出反应；具体概念是以名称或别的什么来确定某事物，获得具体概念就意味着个体能识别出物体属性的类别。

③ 定义性概念

是指识别同类抽象事物分类的能力。例如，学习者通过学习 $\pi=c/d$ 即圆周率(π)是圆的周长与其直径之比，据此识别不同的圆的圆周率是相同的。

④ 规则

是揭示两个或更多的概念之间的关系的一种语言表达。规则可以是一个定律、一条原理或一套已确定的程序。比如学习者能够利用公式 $c=2\pi r$ 求周长。使用规则是一种习得的能力，它使人能用符号来做事；规则使学习者能对某一类事物做出同一类的反应，即规则支配的行为，能把这种规则推广应用到整个同类事物。

⑤ 高级规则

由简单的规则组合在一起，用来解决一个或一类问题的复杂的规则称为高级规则。加涅指出培养学生解决问题的能力是教育的主要目标，学生在试图解决某一问题时，可能把属于不同内容范围的两条或更多的规则结合在一起，组成一条能解决问题的高级规则。高级规则具有广泛的应用性，是学习者在解决问题的过程中思维的产物，它不是先前习得的规则的简单运用，而是一个产生新的学习的过程。学习者能把解决问题的方法应用于其他类似的问题时，他也就学会了一种或一套新的规则。

（3）认知策略

随着学习者不断地学习和发展智力技能及其他技能，他们也发展了用以自我调控其内部学习过程的方式，这便是认知策略的习得。所谓认知策略，是学习者借以调节他们自己的注意、感知、记忆和思维内部心理过程的技能。认知策略的习得使学习者学会了如何学习。

认知策略包含如下类别：

① 复诵策略

学习者运用该策略自我练习所学的材料。

② 精加工策略

学习者运用该策略有意识地把要学的内容与已学的内容联系起来。

③ 组织策略

学习者运用该策略把学习材料组成框架结构。

④ 元认知策略（超认知策略）

这是关于学习者设置学习目标、评估成就、选择学习策略的策略，具有监督控制功能。

⑤ 情感策略

学习者运用情感策略集中和保持注意力、控制焦虑、有效地利用时间等。

（4）动作技能

动作技能是一种习得的能力，其行为结果表现为身体动作的敏捷、准确、有利和连贯等方面。虽然在有些课程的学习中，动作技能没有被放在中心位置，但学校学习中总是包含各种各样的动作技能，从学龄前儿童练习涂色画到入学儿童学习使用铅笔写字到学习绘画、唱歌、舞蹈、打球，从学习实验操作到学习语言的发音等都属于动作技能的学习。比如，小明在两岁时就学会了背“床前明月光，疑是地上霜……”这首唐诗。按加涅的学习结果分类，这里发生的学习就是动作技能的学习。因为两岁的儿童，不可能习得唐诗表达的意境，只是按照一定的顺序发出汉字的音来，这涉及口腔声带等肌肉的运动，所以它属于加涅讲的动作技能。

动作技能的学习往往与认知学习交织在一起，因为动作技能通常由一套序列步骤或动作构成，学生在学习某个动作技能时，必须知道或掌握动作技能组成的程序及相应的规则，以便随着练习的继续，动作的水平有所提高。

（5）态度

态度是个体对于事情的看法和采取的行动。作为一种学习的结果，加涅定义为：一种习得的、影响个体对某事物、人或事件的行为选择的内部状态。影响个体行为选择的内部状态既有认知成分，又有情感成分。学校教育目标中涉及的态度是多方面的，同时，个体的很多态度是在家庭、社会中获得的，但学校在个体的态度培养上仍有非常重要的作用。态度的习得有多种形式，可以通过学习者自己经过成功体验而直接获得，也可以是通过效仿榜样而获得，学习者多半会效仿他们所尊敬或认同的人，会像他们心中的榜样那样选择自己的行为。

3. 我国学者对教学目标的分类

近年来，我国的一些学者参照了国外学习目标研究的成果，从我国教育教学的实际出发，提出了若干学习目标的分类方法。有的学者以学生的个性结构为基础，按全面发展的个性品质和心理素质进行分类。有的学者主张以教学总纲和科目教学大纲为学习目标的最终表述，而在制订学习目标时应贯穿知识结构、智能结构和品格结构这三条线索，因为这三条线索是构成个体学习的最基本的方面。他们据此提出按两纲三线结构为基本线索来制订学习目标。还有些学者按学习内容、学习过程和学习态度来分类。学习内容的目标指所要求掌握的知识和技能；学习过程的目标指掌握知识技能心理过程方面的要求；学习态度的目标指掌握知识、技能的一种心理水平。他们根据布鲁姆等人的教育目标分类理论，结合我国教学实际，对各个领域中的亚领域进行调整，并对各个部分所达到的结果做出了具体的规定，如表 3-1、表 3-2 和表 3-3 所示。

表 3-1　认知领域学习水平分类

学习水平	具体行为
记忆	记住学过的材料
理解	1. 将学习材料从一种形式转换成另一种形式 2. 理解学习材料 3. 对学习材料做简单判断
简单应用	将学习过的材料用于新的具体情境中去解决一些简单问题
综合应用	1. 对综合问题中各组成部分的辨认 2. 对各组成部分之间关系的分析 3. 识别组合这些部分的原理、法则并能综合运用以解决实际问题
创见	1. 突破常规的思维方式，提出独到的见解或解题方法 2. 按自己的观点对学习过程的材料进行整理分类 3. 自己设计方案，解答一些实际问题

表 3-2　动作技能领域学习水平分类

学习水平	具体行为
模仿	1. 对演示、动作的模仿，对工具和装置的使用 2. 把描述语言转化为实际动作
对模仿动作的理解	1. 解释装置结构原理 2. 动作作用解释 3. 动作结果的解释和概括
动作组合协调	1. 动作分解和组合协调的实现 2. 动作组合计划设计 3. 实验结果的解释和概括，并写出实验报告

续 表

学习水平	具体行为
动作评价	1. 对动作作用的估计 2. 对组合动作或某种装置进行设计、计划 3. 结果的解释、推论及评价
新动作的创造	1. 新情景下对动作的设计和实现 2. 新情景下对结果的解释、整理

表 3-3 情感领域学习水平分类

学习水平	具体行为
接受	1. 在适当的环境中注意对象的存在 2. 给予机会时有意地注意对象 3. 集中注意教师的讲解或演示
思考	1. 能遵照教师指示考虑有关问题 2. 能对感兴趣的问题主动进行思考，且与过去的经验发生联系 3. 能有意愿地、兴致勃勃地将问题深入钻研下去
兴趣	1. 有深入研究的意愿 2. 愉快地和对象打交道 3. 不愿意立即停止自己的思考和动作
热爱	1. 关心对象的存在和价值 2. 价值经过内化成为自己的坚定信念 3. 认识到对象的美，成为自己的理想信念
品格形成	依据自己的价值观所形成的信念，内化为自己的品格，并用于指导自己的言论与行动

4. 新课程的三维目标

根据布卢姆等的教育目标分类理论，结合我国的教育教学实际，新课程将课程目标分为知识与技能、过程与方法、情感态度价值观三个维度。三维教学目标不是三个目标，而是一个问题的三个方面。它集中体现了新课程的基本理念，集中体现了素质教育在学科课程中培养的基本途径，集中体现了学生全面和谐发展、个性发展和终身发展的客观要求。

(1) 三维教学目标的内涵

① 知识与技能目标

所谓知识就是人们在改造世界的实践中所获得认识和经验的总和，它主要是指学生要学习的学科知识，包括事实、概念、原理、规律等。比如，通过学习知道动物也是有情感的；通过学习，理解分数的基本性质。技能是指通过练习而形成的对完成某种任务所必需的活动方式，一般包括智力技能和动作技能。知识与技能二者是辩证统一的，知识是技能的基础，技能是知识的升华；没有知识就谈不上技能，没有技能，知识也无用武之地。技能可以分为四种，一是基本技能。如读、写、算的技能。目标表达举例：通过学习，能正确地有感情地朗读课文。二是智力技能。如感知、记忆、想象和思维、推理等技能。目标表达举例：通过学习，学会用实验与推理的科学方法来研究物体和认识物体。三是动作技能。如绘画、做操、打球等。目标表达举例：通过学习，初步掌握前滚翻和后滚翻的基本要领。四是自我认知技能，即认知活动的自我调节和监控技能。如自己会做计划，会核对自己的成绩，会检查自己解题方法是否合理、有效，会评价自己的作业水平等。目标表达举例：通过学习，学会制订自主阅读的计划。因此，在教学中既要"授之以鱼，又要授之以渔"，既要加强基础知识的教育，又要在学习知识的过程中培养学生的能力，两者不能偏颇。知识与技能是通过一定时间的教学，学生学习行为变化要达到的结果，即学生在知识方面要获取多少，在技能上要提高到何种程度，要取得何种结果，这是知识目标和技能目标都具有的共性特征，所以，把知识与技能合在一起又叫结果性目标。

② 过程与方法目标

过程与方法目标是新一轮基础教育改革中的创新。所谓过程，就是指为达到教学目的而必须经历的活动程序。过程目标的表达举例：通过学习，认识分数的发生和发展过程。方法是指师生为实现教学目标和完成教学任务在共同活动中所采用的行为或操作体系，这里主要是学生的学习方法。方法目标的表达举例：通过学习，采用并学会自主学习的方法。与过程、方法相对应的就是结论，所谓结论就是指教学所要达到的目的或所需获得的结果，二者相互作用、相互转化，共同结合体现一门学科的整体内涵和思想。过程与方法目标最重要的特征就是亲历体验。体验是知识的升华，体验的信息可以成为日后解决类似问题的经验。所以，学生在过程中可以获得知识与技能并最终内化为个性化特征。传统教学也重视过程与方法，但是传统教学仅仅把过程与方法作为服务于结论的手段，学习的目的还是掌握结论。虽然理解并掌握正确的结论是教学的重要目的，但如果学生没有经过一系列的质疑、判断、比较、选择以及相应的分析、综合等思维活动和认识活动，结论很难获得，也难以真正理解和巩固。基于此，新课程改革把过程与方法本身作为目标的重要组成部分，让学生经历过程和探索方法，给学生带来的是探索的体验，创新的尝试，实践的机会和发现的能力，这些都比那些具体的结论更重要。

③ 情感、态度与价值观目标

情感态度与价值观，是人对亲身经历过事实的体验性认识及其由此产生的态度行为习惯。其中，情感是人对客观现实的对象和现象的刺激所产生的心理反应，它分为积极情感和消极情感。态度是社会心理学的基本概念之一，指在一定情境下，个体对人、物或事件，以特定方式进行反应的一种心理倾向。价值观就是对某一知识、事物的价值判断，就是对某一知识、事物有用无用，有多大用处等认识的价值取向。其中情感决定并形成态度，而态度体现情感，往往积极的情感形成正确的态度，消极的情感形成错误的态度。教师的责任就是要指导学生用积极的情感战胜消极的情感，用科学的态度去克服消极的态度，并逐步形成良好的行为习惯。情感和态度是价值观形成的基础，没有积极的情感和正确的态度就不会有科学的价值观，价值观是情感和态度的升华，并决定了人们的情感态度。价值观一旦形成，就会影响人对事物的态度和情感。情感、态度与价值观不仅有着密切的内在联系，而且都有一种共同的功能，就是对师生教学过程与方法的优劣有极其重要的影响制约作用，对知识与技能目标的达成有巨大的调控作用。因此，把三者放在一起，称为体验性目标。

案例：《自己去吧》

河北省丰宁满族自治县大阁第一小学　兰海燕　基础教育跨越式创新试验（研究成果）

【概述】

《自己去吧》是义务教育课程标准实验教科书小学语文第一册中的第14课。本课是一篇童话故事。讲的是小鸭在妈妈的鼓励下，自己学会了游泳；小鹰在妈妈的鼓励下，自己学会了飞翔。故事内容鼓励学生自强自立，自己学会生活的本领。

【教学目标】

知识与技能

• 认识12个生字，能准确读出生字卡片上和含有生字的文字片段或小故事中的生字字音并且认清字形；

• 会写“自、己、东、西”4个生字，书写端正整洁，笔顺正确，间架结构规范；

• 认识偏旁“学”字头，能够说出学过的或认识的带“学”字头的字；

• 借助拼音正确、流利地朗读课文，背诵课文；

• 至少能用3个新学的生字在8～10分钟内口头组词造句或创编谜语、儿歌、小故事；

• 能够根据提示在10分钟内仿编、续编或创编写出与主题相关、语言流畅的儿歌或小故事。

过程与方法

• 能够提出不认识的生字，进一步掌握和体验识字的方法；

• 能够通过自主提出问题、老师引导、动脑思考、同桌交流、表达反馈的课文学习过程，体验和感悟探究的一般过程；

• 能够通过仿、续或创编的方法，表达自己的体验、感受、意见或看法；

• 能够仔细倾听其他同学的发言，有将生字识记方法或对课文的理解感悟用语言表达出来与其他同学交流的愿望，体验协作学习的过程和方法。

情感态度价值观

• 能够注意到写字姿势的重要性，养成良好的书写习惯；

• 认同从小就要树立不依赖父母、自己学会生活的本领这一思想，能够完成一篇语句通顺的、以“自己的事情自己做”为主题的小儿歌或小故事。

(2) 三维目标之间的关系

首先，知识与技能目标是达成过程与方法目标、情感与态度目标的基础，是学生经历、体验学习过程，形成学习方法的前提；也是提高能力，酝酿情感、形成态度和价值观的载体。知识与技能的获得，是学生发展的基本条件，贯穿于整个教学过程的始终。在教育教学过程中，学生总是从学习具体的知识与技能开始，在学习知识与技能的过程中，逐渐形成各方面能力，领悟其中的过程与方法，培育和发展个体的情感、态度和价值观。其次，过程与方法是掌握知识与技能以及形成情感态度价值观的中介机制，也是实现三维目标的关键。它贯穿于知识与技能、情感态度价值观形成的全过程，使学生既可以着眼于知识与技能形成的过程，又可以学会掌握这种知识与技能的方法，既知其然，又知其所以然。在这个过程中，既能牢固掌握知识与技能，又可孕育积极的情感、态度和正确的价值观。离开了过程与方法，知识与技能就成为外在于人的，与人毫无关系的死知识，学生就变成被动装载知识的容器，当然也谈不上情感，态度和价值观的培养，而导致人的片面畸形发展。最后，情感、态度与价值观目标是掌握相应的知识与技能、逐步形成科学的过程与方法的动力，它对前两个目标具有明显的调控作用。情感、态度价值观目标的实现既依赖于知识与技能、过程与方法目标的实现，又为它们提供支持。积极的情感与态度，能在探索知识与技能的过程和方法中起到巨大的推动作用。反之，良好的知识与技能、过程与方法又反作用于情感、态度价值观。

二、教学目标的编写

教学目标有导向、控制、激励和中介的功能，在具体的阐述教学目标时，应根据教学总目标，结合学习内容的特点，选择恰当的目标编写方法，以促进有效的教学。

（一）教学目标编写的基本要求

美国当代著名学习目标研究专家马杰(Mager)博士提出的一种学习目标编写理论。马杰强调应该以具体明确的方式说明学生完成学习任务后能做什么，“假如你对要去的目的地不清楚的话，那么你很可能会抵达另一个地点，而且不知道自己走错了目的地”。马杰提出，教学目标应包括三个要素，行为——学生通过教学以后能做什么；条件——学生发生学习时所处的环境或条件；标准——做到什么程度才算合格。如果一个学习目标能兼顾到这三个因素，那么它就是一个规范的学习目标。

在马杰提出的三要素模式基础上，有的教育研究者认为有必要加上对教学对象的描述，这样，一个规范的教学目标就包含四个要素，通常，我们把上述四个要素简称为 ABCD 模式。

1. 目标的基本要素

教学对象——A(audience)：阐明教学对象，即学习者是谁。

行为——B(behaviour)：说明学习者通过学习后能做什么。例如，“学生能够有感情地朗读课文，背诵诗歌”。

条件——C(condition)：说明学习者表现学习行为时所处的环境、条件因素。例如，要表述一个“要求学习者能够辨别各种鸟类”的教学目标，那么必须指明的条件是“允许学生借助工具”还是“不允许学生借助任何工具”，或者其他的条件。

标准——D(degree)：指出合格行为的最低标准。例如，“学生能够在十分钟内输入 60 个汉字”。

例如：<u>小学三年级学生</u>，<u>在 30 分钟内</u> <u>能默写三首古诗</u>，<u>正确率达 100%</u>。

　　　　A　　　　C　　　　B　　　　D

需要特别说明的是，在教学实践中，我们不需要也没有必要生搬硬套地按照上述要素编写教学目标。这四个要素中，行为的表述是基本部分，不能省略。相对而言，条件和标准是两个可选择的部分，在编写教学目标时，可以不必将条件、标准一一列出。比如，我们经常看到这样的教学目标：培养学生良好的审美情趣；能够给“教学目标”下定义。

2. 目标的编写方法

(1) 对象的表述

教学目标的表述中应明确地说明教学对象的构成，比如“教育技术学专业一年级学生”，“初中二年级三班学生”等。

(2) 行为的表述

在编写教学目标的过程中，有时候没必要机械地将四个要素一个不落地全写上，但行为的表述是最基本的成分，它说明学习者在教学结束后，应该获得怎样的能力。在编写课程教学目标时，有时会采用一些含义较广的动词，比如，知道、理解等，但在编写知识点的教学目标时，这些词汇会使目标的表述不明确，给后续的教学评价带来困难。因此应采用一些动宾短语比较精确地描述学生的行为。

描述行为的基本方法是使用一个动宾结构的短语，其中行为动词说明学习的类型，宾语则说明学习的内容。例如，“列举”、“运用”、“阐述”、“描述”等都是行为动词，在它们后面加上动作的对象，就构成了教学目标中关于行为的表述，例如，复述教学目标的概念；熟练操作计算机；举例说明课文中运用对比突出中心的写法。

在使用动宾短语描述教学目标时，最大的困难在于选择合适的动词，如表 3-4、3-5、3-6 所提供的一些可以选择的动词。

表 3-4 编写认知学习目标可供选用的动词表

学习目标层次	特征	可参考选用的动词
知道	对信息的回忆	为……下定义、列举、说出（写出）……的名称、复述、排列、背诵、辨认、回忆、选择、描述、标明、指明
领会	用自己的语言解释信息	分类、叙述、解释、鉴别、选择、转换、区别、估计、引申、归纳、举例说明、猜测、摘要、改写、预测
应用	将知识运用到新的情境中	运用、计算、示范、改变、阐述、解释、说明、修改、订出……计划、制订……方案、解答
分析	将知识分解，找出各部分之间的联系	分析、分类、比较、对照、图示、区别、检查、指出、评析
综合	将知识各部分重新组合，形成一个新的整体	编写、写作、创造、设计、提出、组织、计划、综合、归纳、总结
评价	根据一定标准做出价值判断	鉴别、比较、评定、判断、总结、证明、说出……价值

表 3-5 编写动作技能学习目标可供选用的动词表

学习目标层次	特征	可参考选用的动词
感知能力	根据环境刺激做出调节	旋转、屈身、保持平衡、接住（某物体）、踢、移动
体力	基本素质的提高	提高耐力、迅速反应、举重
技能动作	进行复杂的动作	演奏、使用、装配、操作、调节
有意交流	传递情感的动作	用动作、手势、眼神或脸色表达……感情、用一段舞蹈表达……思想情感

表 3-6 编写情感学习目标可供选用的动词表

学习目标层次	特征	可参考选用的动词
接受或注意	愿意注意某事件或活动	听讲、知道、看出、注意、选择、接受、赞同、容忍
反应	乐意以某种方式加入某事，以示做出反应	陈述、回答、完成、选择、列举、遵守、记录、听从、称赞、欢呼、表现、帮助

续表

学习目标层次	特征	可参考选用的动词
评价	对现象或行为做价值判断，从而表示接受、追求某事，并表现出一定的坚定性	接受、承认、参加、完成、决定、影响、支持、辩论、论证、判别、区别、解释、评价
组织	把许多不同的价值标准组成一个体系并确定它们之间的相互关系，建立重要的和一般的价值观念	讨论、组织、判断、使联系、确定、建立、选择、比较、定义、系统阐述、权衡、选择、制订计划、决定
价值与价值体系的性格化	能自觉控制自己的行为并逐渐发展为性格化的价值体系	修正、改变、接受、判断、拒绝、相信、继续、解决、贯彻、要求、抵制、认为……以致、正视

(3) 条件的表述

条件表示学习者完成规定行为时所处的情境，即说明在评价学习者的学习结果时，应在哪种情况下评价。如要求学习者“能打出 60 个汉字”，条件则可能指“使用哪种输入法？需要多长时间？通过多少练习？使用什么样的计算机？”等环境因素。条件的表述常与诸如“能不能查阅参考书？”“有没有工具？”“有没有时间限制？”等问题有关。条件包括下列因素：

• 环境因素（空间、光线、气温、室内外噪声等）

• 人的因素（各人单独完成、小组集体进行、各人在集体的环境中完成、在教师指导下进行等）

• 设备因素（工具、设备、图纸、说明书、计算器等）

• 信息因素（资料、教科书、笔记、图表、词典等）

• 时间因素（速度、时间限制等）

• 问题明确性的因素（为引起行为的产生，提供什么刺激和刺激的数量）

(4) 标准的表述

标准是指作为学习结果的行为可接受的最低程度的衡量依据。对行为标准做出准确具体的表述，可使得教学目标具有可测量性。标准的表述一般从行为的速度、准确性和质量三方面来进行，例如：

• 在一分钟以内准备好必需的电脑配件（速度）

• 测量长方形的长和宽，误差在 5 mm 以内（准确性）

• 加工件质量要达到国家Ⅱ级标准（质量）

(5) 内外结合的表述

如果学生经过学习后能力的改变能反映到学生的行为中来，我们就可以观察到，用 ABCD 法描述是非常适合的；但有些变化却不能反映到行为中来，对于这一部分变化可以采用内外结合的表述方法来描述，既强调学习者外在行为变化又不能忽视学习者内在的能力和情感变化。

用这种方法陈述的学习目标由两部分构成：

第一部分为内部变化目标，用一个动词描述学生通过学习所产生的内部变化，如记忆、知道、理解、创造、欣赏等；

第二部分为外部变化目标，列出具体行为样例，即学生通过教学所产生的能反映内在心理变化的外显行为。

例如，学习目标是“培养学生关心班集体的态度”。态度本身是无法观察的，但是通过列举一些学生的具体行为变化，可以反映出他们的态度是否已经改变，学习结果也就能够观察出来了。上面这个学习目标可以这样来描述：

内部心理描述：

- 具有关心班集体的态度；
- 外部行为样例：
- 认真做值日；
- 主动做对班集体有益的事情；
- 积极参加班集体组织的各项活动；
- 在年级或全校的各项比赛中，积极为自己的班级争取好成绩。

3. 目标编写时应注意的问题

（1）教学目标的简化表述

在编写教学目标的实践中，不一定要将四个要素逐一表述出来，比如对学校教师来说，教学对象是固定的，教学环境一般都是在学校里，考试和平时作业的评定标准也是既定的，这种情况下，上述内容就可以省略但学生的行为是必须说清楚的。同时应注意行为主体是学生而不是教师。

（2）教学目标的整体性

按照系统论的观点，教学目标是一个系统，它由教学目的决定，包括课程目标、单元目标和课时目标三个层次。通过逐层具体化，教学目标系统构成一个上下贯通、有机联系的完整体。

教学目的或称教学的总目标是作为统贯教学活动全局的一种指导思想而存在的，它是教学领域里为实现教育目的而提出的一种概括性的总体要求，它所把握的是各科教学的发展趋势和总方向。但是，教学总目标毕竟只是对教学活动的一种原则性规定，对于复杂的教学活动来说，只有一个原则性的规定是不够的。要使总的要求落实到整个教学活动体系的各个部分中去，就必须对实际的教学活动水平做出具体的规定，以便层层贯彻和检验。

课堂教学中的教学目标主要是指课时目标。根据整体性要求，要设计课时目标，必须牢牢把握住教学总目标和学科教学目标，还要以单元目标为依据。

（3）教学目标的层次性

学校教育是分学年分学期进行的，教学内容具有层次性，教学目标自然就具有层次性，我们不能要求学习者一下子就达到教育的最终目标，同时学习者本身也具有不同的层次，在教学中要针对不同的教学目标兼顾不同的学习者情况，制订出更灵活更富有弹性的课堂教学目标。

符合课程标准所提出的最低限度要求，达到合格水平的目标。它是学业不良学习者应完成的目标。

符合课程标准所提出的各种基本要求，达到中等以上水平的目标。它是学业中等学习者应完成，并鼓励学业不良学习者完成的目标。

符合或超出课程标准所提出的最高要求，达到优秀水平的目标。它是学业优良学习者应完成，并鼓励学业中等学习者完成的目标。

那么，教学目标到底应该如何陈述呢？我们通过两个案例来做一个简单分析：

例1:《醉翁亭记》教学目标

知识教学点

(1) 正确理解文中的难词、难句，了解文意。

(2) 进一步体会文言虚词"也"、"而"的作用。

(3) 巩固对"骈散结合"句式特点的理解。

能力训练点

(1) 引导学生反复诵读、感受优美的语言，力求熟读成诵。

(2) 扣住"文言"认真思考，理解文章主旨。

(3) 引导学生发挥想象，再现美文的意境，由此体会文章所构造的优美意境。

德育渗透点

让学生懂得并学会在受到挫折不幸时，应持积极乐观的人生态度，具有旷达的情怀。

美德渗透点

引导学生感受本文流畅婉转，抑扬顿挫的语言风格，激发学生热爱祖国的语言。

从教学目标陈述的角度来说，这个案例的教学目标设计的主要问题是：

① 行为主体有一些是教师而不是学生，例如"引导"、"让"、"激发"等。

② 行为主体是学生的那些目标，所用的词语多含混不清，难于观察，难于检测，例如"理解"、"体会"、"感受"等。

③ 分类的层次混乱。虽然设计者是按照"知识教学点"、"能力训练点"、"德育渗透点"和"美德渗透点"来分类的，但是这样分类也不准确。例如"理解……"、"体会……的作用"和"了解文意"不是知识点而是能力点。背诵，属于识记，放在能力训练点里也不尽合理。

④ 后两项目标的"渗透"是教师行为，而不是学生的行为，情感的变化要靠学生去感受、体验。"让学生懂得并学会在受到挫折不幸时，应持积极乐观的人生态度，具有旷达的情怀"。单纯依靠教师在本节课的课堂"渗透"就能实现这一目标似乎并不客观。

例2:《醉翁亭记》教学目标

(1) 看注释后，能解释文中的几个难词(环、壑、辄、暝、觥、筹)。

(2) 反复阅读课文后，能结合自己的感受说出"也"、"而"的作用。

(3) 能独立找出"文眼"，并据此说出文章的主旨。

(4) 学完课文后，能说出自己喜欢本文语言的理由(至少两条)。

(5) 能运用文中出现的成语造句。

我们看到，例2的教学设计目标要比例1好得多。言简意赅，十分具体、明确。行为的主体是学生，并且所用的词语是可观察、可检测的。例如"解释"、"说出"、"找出"等。教师据此可以把握教学的重点，恰当地运用教学方法。目标的分类十分清楚，其中第1、2、3项是认知领域的，第4项是情感领域，第5是技能领域。认知领域的三个层次清楚，并不重复，且重点明确。学生行为产生的条件的叙述是准确的，如"看注释后"等。"能说出自己喜欢本文语言的理由"这一目标属于情感领域的"反应"，说明学生能够从文章中获得美的体验。

第二节　教学策略与方法的选择与制定

一、教学策略概述

1. 教学策略的概念

袁振国于1998年给出教学策略的定义，即在教学目标确定以后，根据已定的教学任务和学生的特征，有针对性地选择与组合相关的教学内容、教学组织形式、教学方法和技术，形成具有效率意义的特定教学方案。

一般理解为：教学策略是指在不同的教学条件下，为达到不同的教学结果所采用的方式、方法、媒体的总和，它具体体现在教与学的相互作用的活动中。

2. 教学策略的特点

(1) 指向性

任何教学策略都指向特定的问题情境、特定的教学内容、特定的教学目标。

(2) 操作性

有明确具体的内容和实施方式、步骤，是教学活动具体展开的基本依据。

(3) 整体综合性

包括教学方法的执行过程、教学活动的元认知过程和教学活动的调控过程，三个过程相互作用、相互影响。

(4) 调控性

表现了教师对教学活动的及时把握和调整，表现了教学活动的动态性。

(5) 灵活性

教学策略的运用要随问题情境、目标、内容和教学对象的变化而变化。

3. 教学策略制订的依据

(1) 从学习目标出发。

(2) 根据学习理论和教学理论。

(3) 符合学习内容。

(4) 适合教学对象特点。

(5) 考虑当地教学条件的可能性。

没有任何单一的策略能够适用于所有的情况。最好的教学策略就是在一定情况下达到特定目标的最有效的方法论体系。有效的教学需要有可供选择的各种策略来达到不同的教学目标。

4. 教学策略选择与设计的原则

(1) 以正确的教学思想、理论为指导。

(2) 以教学的总目标和具体目标为导向。

(3) 依据教学策略的适用范围和教学内容的特点。

(4) 尊重师生的实际情况和差异。

(5) 发挥多种教学策略的综合优势。

二、教学策略的选择与设计

（一）以教为主的教学策略

1. 五环节教学策略

它渊源于赫尔巴特学派的“五段教学法”（预备、提示、联系、统合、应用），后经前苏联凯洛夫的改造而传入我国。其优点是能使学生在较短时间内掌握较多的系统知识，能体现“教学”作为一种简约的认识过程的特性，所以在实践中长盛不衰，至今仍是学校教育中的主要教学策略之一。其缺点是学生在这种教学过程中往往处于被动地位，不利于他们学习主动性的发挥，为此，多年来在这方面一直受到批评与指责。然而，正如奥苏贝尔指出的，“接受学习”不一定是机械、被动的，关键是能否转化为“有意义学习”，即能否建立起新旧知识之间的联系。因此，“五段教学策略”能否扬长避短，继续在教学领域发挥作用，并不取决于策略本身，而是取决于运用这种策略的教师能否做到以下两点：

一是传递新知识时要与学生原有认知结构建立有意义的联系。

二是传递新知识时应激发学生主动地从自身的认知结构中提取出有关的旧知识来同化新知识。

五环节教学策略的主要步骤是：激发学习动机→复习旧课→讲授新课→运用巩固→检查效果。

（1）激发学习动机

这是唤起学习者注意的活动，目的在于促使学生集中注意，对上课做好心理上的准备，很快进入学习的情境。

（2）复习旧课

复习已经学过的内容，一方面可以检查前面学习的质量，弥补教学上的不足，更为重要的是激发学生积极主动地从自己原有的知识体系中提取可以“固定”或“类属”新知识的旧知识，为接受新知识做好准备。

（3）讲授新课

教师按照学生的认识活动规律，组织和授递教学内容，促使学生在已有知识的基础上，掌握新知识。

（4）运用巩固

这一环节往往是组织学生练习，使之在运用新知识解决问题的过程中更进一步理解新知识，以加强新知识的掌握程度，巩固新知识。

（5）检查效果

检查学生对新知识的掌握情况，及时发现教学中的不足，矫正教学行为，解决教学中的问题，为后续学习和独立作业做好准备。效果检查既可以是教师组织的，也可以是学生自我检查。

2. 九段教学策略

这是美国著名教育心理学家加涅将认知学习理论应用于教学过程的研究而提出的一种教学策略。加涅认为，教学活动是一种旨在影响学习者内部心理过程的外部刺激，因此教学程序应当与学习活动中学习者的内部心理过程相吻合。根据这种观点他把学习活动中学习者内部的心理活动分解为九个阶段：

引起注意→告知学习目标→刺激回忆→呈现刺激材料→根据学习者特征提供学习指导→诱导反应→提供反馈→评定学生成绩→促进知识保持与迁移，相应地教学程序也应包含九个步骤。

(1) 引起注意

利用有意注意和无意注意的特点，采用不同的方法唤起和控制学习者注意。引起注意的方式有很多：①改变呈现的刺激，如声调、音量、多媒体刺激等；②引起学习者的兴趣，如提出他们感兴趣的问题、讲一段故事或笑话；③用体态语（手势、表情引起注意）；④指令性语言，如教师说“请仔细听”、“请注意”等指令性话语。

(2) 告知学习目标

教师让学习者具体了解学习的目标是什么，包括他们将学会哪些知识、会做什么等，使学习者形成对学习的期望，监控和调整自己的学习活动，呈现目标的时候要注意用学习者熟悉的语言。

(3) 刺激回忆

在学习新知识之前，指出学习新技能所需具备的先决知识和技能，以刺激学习者回忆学过的有关知识和技能，使学习者了解已有知识和技能与新知识之间的联系，有利于学习者建立新知识与旧知识之间的实质性联系，为实现有意义地接受学习做好准备。

(4) 呈现刺激材料

教师通过呈现具有鲜明特征的新知识材料，向学生传递与教学内容有关的教学信息，促使他们有选择地感知所学的内容。

(5) 根据学习者特征提供学习指导

教师根据学生对新知识的掌握和领会程度，指导学生对教学内容加以编码，帮助他们同化新知识，以促使学生理解、记忆知识，并形成技能。

(6) 诱导反应

教师通过让学生积极参与教学活动，并对所呈现的信息以各种方式做出真实地反应。这样，既可以促使学生更好理解和保持所学的新知识，也便于教师判断学习者的学习效果。

(7) 提供反馈

在学习者做出各种学习行为和反应后，教师要及时让学习者知道学习结果，一方面使学生明确自己的理解与行为是否正确，以便及时调整自己的学习；另一方面，学生从教师的肯定性反馈中受到鼓励，既可以起强化作用，也可以帮助学生建立学习的信心，提高学习的参与度与积极性。

(8) 评定学生成绩

教师通过各种形式的练习与测试，促使学生进一步回忆和整合所学的知识，并对学生的学习表现做出价值判断，这也是教师检查教学效果的途径。

(9) 促进知识保持与迁移

教师采用间隔复习的方式，增强学生对已习得知识的保持，并采用提示的策略，帮助学生把这些新知识贯穿到后续的学习内容中去（纵向迁移），或把新知识运用于相似而不相同的其他情景中（横向迁移），以促使学生进一步牢固地掌握所学的知识，培养其应用所学知识与技能解决新问题的迁移能力。

“九段教学策略”由于有认知学习理论做基础，所以不仅能使教师发挥主导作用，也能激发学生的学习兴趣，在一定程度上调动学生的学习主动性、积极性，如图 3-1 所示。

图 3-1　九段教学策略

3. 掌握教学策略

掌握学习是由布卢姆等人提出的一种旨在把教学过程与学生的个别需要和学习特征结合起来、让大多数学生都能够掌握所教内容并达到预期教学目标的教学策略。该策略主要由以下几个步骤组成：

(1) 学生定向

在这一阶段教师要向学生详细说明教学目标或课题，使学生了解所谓的掌握是什么含义，自己应提供哪些证据证明自己已经达到教学的要求，以激发学生正确的学习动机和学习信心。

(2) 学习方法指导

在进行正式教学之前，须花上一些时间对尚未接受掌握教学的学生进行一定的指导，使学生明白学习程序与方法。主要指导事项包括确立进行个别化教学的新观念与新态度；每个学生依据考试表现单独评定成绩，同学之间不做比较，鼓励每一个同学获得优良成绩，成为掌握者；鼓励同学之间互帮互助；学生在每一单元教学之后，均须接受测验并提供反馈/矫正程序；学生可以用不同方法实现预定的教学目标。

(3) 集体教学

掌握学习模式的设想是在不影响传统班级集体授课制的前提下，使绝大多数学生达到优良成绩，所以其课堂教学仍采用通常的集体授课形式，但在讲授新课之前，给予学习新知识所必需的准备知识。

(4) 形成性测验

教师采用形成性测验了解每个学生的掌握情况，确定学生已经学会了什么，还有哪些差距和错误，并马上详细地反馈给学生。

(5) 矫正教学

根据形成性测验结果，如果50%以上的学生掌握某些学习内容有困难，教师就应重新进行经过改进的再次教学或集体复习。如果只有部分学生未掌握，则将学生分成掌握组与非掌握组，对掌握组学生给予充实性教学，或者让其辅导别的学生；对于非掌握组学生，则通过小组交流、个别辅导等措施进行有针对性的个别矫正工作。矫正工作可以安排在课外进行，也可以部分或全部占用课堂教学时间。

(6) 再次测评

在这个阶段，教师对学生进行第二次测试，要求这次形成性测验的试题水平与第一次形成性测验是一致的，但指向更明确，主要针对第一次测验中未能掌握的内容，或是学生易犯的错误，学生只需回答第一次测试时未做对的题目。如仍有差错，则再设法用其他的方式予以纠正；如掌握正确率达到80%～85%即为通过，并转入下一个单元的学习。

4. 示范-模仿教学策略

示范-模仿教学策略也是教学中常用的一种策略，它主要用于动作技能类的教学内容，包括一些操作技能的学习。该策略主要由以下几个步骤组成：

(1) 动作定向

教师向学生阐明需要掌握的行为技能及技能的操作原理，同时向学生演示具体的动作，使学生明确要学会的行为技能的要求。

定向阶段教师要完成两项基本任务：一是要对学生解释完成技能的操作原理和程序，以及掌握行为技能的要领；二是对学生做形体演示。

(2) 参与性练习

教师指导学生模仿练习一个个分解的动作，并及时提供反馈信息，消除不正确的动作，强化正确的动作，使学生对所学的动作由不够精确、不够熟练逐渐走向精确、熟练。学生在教师指导下，从模仿分解动作入手，参与进行尝试性练习。

(3) 自主练习

学生脱离教师的指导，通过反复练习，求得错误动作的消失和技能的熟练掌握。在这一阶段，学生已基本掌握了动作要领，可以将单个的技能结合成整体技能，通过反复练习，使技能更加熟练。

(4) 技能的迁移

在其他学习情境中，应用所获得的知识、技能。学生动作技能基本达到自动化的程度，可以不需要思考便能完成行为技能的操作步骤，并且可以把获得的技能与其他技能组合，构成更为综合性的能力。

5. 情境-陶冶教学策略

情境-陶冶教学策略有时也称暗示教学策略，由保加利亚心理学家洛扎诺夫首创，主要通过创设某种与现实生活类似的情境，让学生在思想高度集中但精神完全放松的情境下进行学习。通过与他人充分交流和合作，提高学生的合作精神和自主能力，以达到陶冶修改和培养人格的目的，因此，这是一种主要用于情感领域教学目标的教学策略，当然，在认知教学的某些领域如外语教学中也广泛运用。该教学策略主要由以下几个步骤组成：

(1) 创设情境

教师根据教学目标通过语言描绘、实物演示、音乐渲染或场景表演等手段构成生动形象的教学情境，以激发学生的学习情绪，使学生融入情境，求得学生的有意识心理活动与无意识心理活动、理智活动与情感活动的有效统一。

(2) 自主活动

教师安排学生加入各种游戏、唱歌、听音乐、表演、操作等活动中，使学生在特定的气氛中积极主动地从事各种智力操作，在潜移默化中进行学习。

(3) 总结转化

通过教师启发总结，使学生领悟所学内容主题的情感基调，达到情感与理智的统一，并使这些认识和经验转化为指导其思想、行为的准则。

(二) 以学为主的教学策略

在以学为主的教学系统设计中，自主学习策略的设计是最核心的环节，是促进学生主动完成意义建构的关键性环节。维果斯基的“最近发展区”理论、罗杰斯的人本主义学习和教学理论以及建构主义学习理论等都对研究和开发自主学习策略提供了理论上的指导，但只有建构主义学与教的理论对自主学习的具体实施措施和程序提供了比较完整的支持。随着建构主义学与教理论的广泛传播与应用，自主学习策略的具体形式逐步丰富，但始终是贯穿“自主探索、自主发现”这条主线，其核心是要发挥学生学习的主动性、积极性，充分体现学生的认知主体作用，其着眼点是如何帮助学生“学”，因此，通常被称为“以学为主的学习策略”或“发现式”教学策略。目前在国内外比较流行的自主学习模式和策略主要有以下几种。

1. 发现学习策略

发现学习是著名心理学家、教育家布鲁纳倡导的教学模式。发现学习是指让学生通过自己经历知识发现的过程来获取知识、发展探究能力的学习和教学模式，它所强调的是学生的探究过程，而不是现有知识。教师的主要任务不是向学生传授现成的知识，而是为学生的发现活动创造条件、提供支持。

发现学习的理论基础是布鲁纳的认知结构学习理论。布鲁纳认为：“教学生学习任何科目，绝不是对学生心灵中灌输些固定的知识。而是启发学生主动地去求取知识与组织知识。教师不能把学生教成一个活动的书橱，而是教学生如何思维；教他学习如何像历史学家研究分析史料那样，从求知过程中去组织属于他自己的知识。因此，求知是自主性的活动历程，而非只是被动地承受前人研究的结果”。所谓发现，当然不只限于发现人类尚未知晓的事物，主要是学习者的“再发现”。发现学习策略大致步骤包括：

(1) 问题情境

教师设置问题情境，提供有助于形成概括结论的实例，让学生对现象进行观察分析，逐渐缩小观察范围，将注意力集中在某些要点上。

(2) 提出假设、检验假设

通过分析、比较，对各种信息进行转换和组合，让学生提出假说。而后通过思考讨论，以事实为依据对假设进行检验和修正，直至得到正确的结论，并对自己的发现过程进行反思和概括。

(3) 整合与应用

将新发现的知识与原有知识联系起来,纳入到认知结构的适当位置。运用新知识解决有关问题,促进知识的巩固和迁移。

2. 支架式教学策略

支架式教学策略来源于苏联著名心理学家维果斯基的"最邻近发展区"理论,是指"应当为学习者建构对知识的理解提供一种概念框架。这种框架中的概念是为发展学习者对问题的进一步理解所需要的,为此,事先要把复杂的学习任务加以分解,以便于把学习者的理解逐步引向深入"。维果斯基认为,在儿童智力活动中,对于所要解决的问题和原有能力之间可能存在差异,通过教学,儿童在教师帮助下可以消除这种差异,这个差异就是"最邻近发展区"。换句话说,最邻近发展区是指儿童独立解决问题时的实际发展水平(第一个发展水平)和教师指导下解决问题时的潜在发展水平(第二个发展水平)之间的距离。可见儿童的第一个发展水平与第二个发展水平之间的状态是由教学决定的,即教学可以创造最邻近发展区。因此,教学绝不应消极地适应儿童智力发展的已有水平,而应当走在发展的前面,不停顿地把儿童的智力从一个水平引导到另一个新的更高的水平。通过这种脚手架的支撑作用(或称"支架作用"),不停顿地把学生的智力从一个水平提升到另一个新的更高水平,真正做到使教学走在发展的前面。支架式教学策略由以下几个步骤组成。

(1) 搭脚手架

围绕当前学习主题,按"最邻近发展区"的要求建立概念框架。

(2) 进入情境

将学生引入一定的问题情境(概念框架中的某个层次)。

(3) 独立探索

让学生独立探索。探索内容包括:确定与当前所学概念有关的各种属性,并将这些属性按其重要性大小顺序排列。探索开始时要先由教师启发引导(例如,演示或介绍理解类似概念的过程),然后让学生自己去分析;探索过程中教师要适时提示,帮助学生沿概念框架逐步攀升。起初的引导、帮助可以多一些,以后逐渐减少,越来越多地放手让学生自己探索;最后要争取做到无须教师引导,学生自己能在概念框架中继续攀升。

(4) 协作学习

进行小组协商、讨论。讨论的结果有可能使原来确定的、与当前所学概念有关的属性增加或减少,各种属性的排列次序也可能有所调整,并使原来多种意见相互矛盾、且态度纷呈的复杂局面逐渐变得明朗、一致起来。在共享集体思维成果的基础上达到对当前所学概念比较全面、正确的理解,即最终完成对所学知识的意义建构。

(5) 效果评价

对学习效果的评价包括学生个人的自我评价和学习小组对个人的学习评价,评价内容包括:①自主学习能力;②对小组合作学习所做出的贡献;③是否完成对所学知识的意义建构。

3. 抛锚式教学策略

抛锚式教学策略中的"锚"是指有情节的故事,"抛锚"是指确定这类真实事件或问题,从而确定教学内容和教学进程。所以,这种教学策略要求建立在有感染力的真实事件或真实问题的基础上。确定这类真实事件或问题被形象地比喻为“抛锚”，因为一旦这类事件或问题被确定了，整个教学内容和教学进程也就被确定了（就像轮船被锚固定一样）。建构主义者认为，学习者要想完成对所学知识的意义建构，最好的办法是让学习者到现实世界的真实环境中去感受、去体验（即通过获取直接经验来学习），而不是仅仅聆听别人（例如教师）关于这种经验的介绍和讲解。由于抛锚式教学要以真实事例或问题为基础（作为“锚”），所以有时也被称为“实例式教学策略”或“基于问题的教学策略”。抛锚式教学策略由这样几个步骤组成。

（1）创设情境

使学习能在和现实情况基本一致或相类似的情境中发生。

（2）确定问题

在上述情境下，选择出与当前学习主题密切相关的真实性事件或问题作为学习的中心内容（让学生面临一个需要立即去解决的现实问题）。选出的事件或问题就是“锚”，这一环节的作用就是“抛锚”。

（3）自主学习

不是由教师直接告诉学生应当如何去解决面临的问题，而是由教师向学生提供解决该问题的有关线索（例如，需要搜集哪一类资料、从何处获取有关的信息资料以及现实中专家解决类似问题的探索过程等），并要特别注意发展学生的“自主学习”能力。自主学习能力包括：①确定学习内容表的能力（学习内容表是指为完成与给定问题有关的学习任务所需要的知识点清单）；②获取有关信息与资料的能力（知道从何处获取以及如何去获取所需的信息与资料）；③利用、评价有关信息与资料的能力。

（4）合作学习

讨论、交流，通过不同观点的交锋，补充、修正、加深每个学生对当前问题的理解。

（5）效果评价

由于抛锚式教学要求学生解决面临的现实问题，学习过程就是解决问题的过程，即由该过程可以直接反映出学生的学习效果。因此，对这种教学效果的评价往往不需要进行独立于教学过程的专门测验，只需在学习过程中随时观察并记录学生的表现即可。

4. 随机进入教学策略

随机进入教学策略是指学习者可以随意通过不同途径、不同方式进入同样教学内容的学习，从而获得对同一事物或同一问题的多方面的认识与理解。

由于事物的复杂性和问题的多面性，要做到对事物内在性质和事物之间相互联系的全面了解和掌握，即真正达到对所学知识的全面而深刻的意义建构是很困难的。往往从不同的角度考虑可以得出不同的理解。为克服这方面的弊病，在教学中就要注意对同一教学内容，要在不同的时间、不同的情境下，为不同的教学目的，用不同的方式加以呈现。换句话说，学习者可以随意通过不同途径、不同方式进入同样教学内容的学习，从而获得对同一事物或同一问题的多方面的认识与理解，这就是所谓的“随机进入教学”。显然，学习者通过多次“进入”同一教学内容将能达到对该知识内容比较全面而深入的掌握。这种多次进入，绝不是像传统教学中那样，只是为巩固一般的知识、技能而实施的简单重复。这里的每次进入都有不同的学习目的，都有不同的问题侧重点。因此多次进入的结果，绝不仅仅是对同一知识内容的简单重复和巩固，而是使学习者获得对事物全貌的理解与认识上的飞跃。随机进入教学策略主要包括以下几个步骤。

(1) 呈现基本情境

向学生呈现与当前学习主题的基本内容相关的情境。

(2) 随机进入学习

取决于学生“随机进入”学习所选择的内容,而呈现与当前学习主题的不同侧面特性相关联的情境。在此过程中教师应注意发展学生的自主学习能力,使学生逐步学会自己学习。

(3) 思维发展训练

由于随机进入学习的内容通常比较复杂,所研究的问题往往涉及许多方面,因此在这类学习中,教师还应特别注意发展学生的思维能力。其方法是:①教师与学生之间的交互应在“元认知级”进行(即教师对学生应加强思维方法的指导,向学生提出的问题,应有利于促进认知能力的发展而非纯知识性提问);②要注意建立学生的思维模型,即要了解学生思维的特点(例如,教师可通过这样一些问题来建立学生的思维模型:“你的意思是指……?”“你怎么知道这是正确的?”“你对这个问题怎样进行分析?”“这是为什么?”等);③注意培养学生的发散性思维(这可通过提出这样一些问题来达到:“还有没有其他的含义?”“请对 A 与 B 之间做出比较”,“请评价某种观点”等)。

(4) 小组合作学习

围绕呈现不同侧面的情境所获得的认识展开小组讨论。在讨论中,每个学生的观点在和其他学生以及教师一起建立的社会协商环境中受到考察、评论,同时每个学生也对别人的观点、看法进行思考并做出反应。

(5) 学习效果评价

包括自我评价与小组评价,评价内容与支架式教学相同。

5. 启发式教学策略

教师在教学过程中根据教学任务和学习的客观规律,从学生的实际出发,采用多种方式,以启发学生的思维为核心,调动学生的学习主动性和积极性,促使他们生动活泼地学习的一种教学指导思想。启发式教学要求调动学生的主动性,启发学生独立思考,发展学生的逻辑思维能力,让学生动手,培养独立解决问题的能力,并且发扬教学民主。启发式教学思想体现了以学生作为主体的先进理念,体现了因材施教、因势利导的先进理念,可以说是我们“至圣先师”的发明,流传到今天经久不衰,说明这种思想是符合人的心理发展和认识问题的规律的,是非常科学的。启发式教学关键在于创设问题情境,引导学生思维将所要传授的知识点进行分析归纳,是教者必须把握的一个重要环节。要求教师要吃透教材,从而进行精心备课。以教师为主导,学生为主体。要将主动权交给学生,以学生为主体,学生能够自由发表意见,对有见地的学生发言要充分肯定,鼓励创新思维,鼓励个性发展,对理解有失偏颇甚至理解错误的学生不要挫伤他们的学习积极性,要给以鼓励,给予正确引导。教师对所提问题在学生讨论、辩论的基础上要给予正确的归纳总结,重要问题要给予科学阐释,让学生知其然并知其所以然,寓教于乐,让学生学得轻松,学得快乐。这就要求教师对整个教学过程要进行艺术性设计,教师要潜心研究,精心备课,做好课堂教学策划,努力创造出一个愉快和谐的课堂环境。叶圣陶先生提出“要允许学生不懂”,还主张“一课一得”。“一课一得”是启发式教育的基本要求之一。教师教学不是为了把某个问题的答案告诉学生,而是为了培养学生的思维方式、自学能力,把开启知识宝库的钥匙交给学生,让他们以后在没有教师的情况下，也能打开知识宝库的大门。

西方启发式教学创始人是古希腊教育家苏格拉底。苏格拉底的启发式教学俗称“产婆术”，主要是在师生探讨问题的过程中，老师通过不断地反诘学生思想中的漏洞，来促进学生更深入的思考。

东方启发式教学创始人是孔子，他的启发式教学思想体现在八个字上：“不愤不启，不悱不发。”

孔子启发式教学的典型案例：

子贡是孔子得意的学生，名端木赐，字子贡。有次当他体会有得，便向孔子请教：“如果我做到了贫穷时不卑屈谄媚，富有了不忘形得意，是不是在做人方面就算可以了？”孔子回答说：“可以是可以，但是不如安贫乐道、富而好礼境界高。”

启发诱导学生思考问题，也要看火候，不到想求通又无法弄通的地步，不去开导他；不到想说出又说不出来的地步，不去启发他；举一例不能类推出其他几例就不要再教下去了。

启发式教学作为一种思想，和“满堂灌”形成鲜明的对照。满堂灌是“大班授课，升学第一”思想指导下的产物，在这种压力下，为了追求升学率和所谓的课堂效率，就面对着所谓的中等生大多数，更有甚者面对极少数有升学希望者进行填鸭式满堂灌的教学，教师喋喋不休地讲，讲完了就算完成了教学任务，从作业或者考试中反馈的问题也是以同样的方式解决。这样的教学效果不会太好，这是共识，其实也是老师无奈的选择。

启发式教学既可以一对一，也可以一对多，当然效果和劳动量不同。这也提示我们：教育教学不是“人才生产线”，而是一个“培育人的乐园”，不能让学生痛苦地无奈地承认与接受我们的灌输与说教，而是让他们自由的探索、发现，自我完善知识体系，自我形成正确观念。真正的启发式教学是需要时间的，是要抓住时机的。

6. 基于 Internet 的探究式学习策略

探究式学习思想最早由美国著名教育心理学家布鲁纳提出，后来美国学者萨奇曼(Richard Suchman)将其进一步发展。萨奇曼认为在教学中可以模拟科学家解决问题的过程，使学生获得在真实生活情境中发现问题、解决问题的能力。因而，科学家面对疑难情境，搜集和加工所需要的资料，最后达成问题解决的探究过程成为探究策略的基础。探究式学习策略主要由以下几个步骤组成。

(1) 选择课题

教师选择一个令人困惑的情境或问题，这一问题可以是一个疑难的科学问题，可以是一个事件，也可以是一段戏剧或故事的情节，但是涉及的问题或情境必须能够引起学生的兴趣，激起他们探索的意向。

(2) 解释探究的程序

教师向学生说明开展探究过程应遵循的规则，使学生明确如何去寻求可能的解决方案，然后教师将问题情境呈现给每个学生。

(3) 搜集相关的资料

学生根据问题搜集资料，在搜集和证实资料的过程中可以提出问题以获得更多的信息。但教师只帮助学生澄清问题，并不给出直接答案。当学生需要时，可以相互讨论，但在提问的过程中不允许相互交谈。一次只允许一个学生提问，可以持续提问直到满意。

(4) 形成理论,描述因果关系

当学生提出一个理论假设时,教师停止提问,将这一理论写在黑板上,全班对其进行讨论和考察,决定是否接受。在这一阶段教师鼓励学生通过实验或参考其他资料检验理论。提问仍是有效的工具,但要指向对理论的考察,鼓励学生提出多种理论,逐一考察其有效性。

(5) 说明规则,解释理论

某一理论或创设被全班确定之后,教师要指导学生并应用这一理论,要对这一理论的原则或效果以及应用于其他情境的预测性价值进行讨论。

(6) 分析探究过程

最后,教师和全体学生讨论所经历的探究过程,考察如何形成理论来解释问题,并讨论如何改进这一过程,从而提高学生的探究技能。

近些年,随着 Internet 的广泛应用,基于 Web 的探究式学习成为一种主要的自主学习策略。基于 Internet 的探索式学习有四个基本要素,即问题、资料、提示和反馈。将这四个要素组织和衔接好,便能在简单的技术背景下,达到良好的教学效果。实施这种教学策略要注意的一点就是,应防止学生产生过强的挫折感,为此要有比较敏感的信息反馈系统,以便及时给予学生帮助。

(三) 协作学习策略

协作学习(Collaborative Learning)是近年来受到广泛重视的一种教学模式。协作学习是指学习者以小组形式参与,为达到共同的学习目标,在一定的激励机制下为获得最大化个人和小组学习成果而合作互助的一切相关行为。小组协作活动中的个体(学生)可以将其在学习过程中探索、发现的信息和学习材料与小组中的其他成员共享,甚至可以同其他组或全班同学共享。在此过程中,学生之间为了达到小组学习目标,可以采用对话、商讨、争论等形式对问题进行充分论证,以期获得达到学习目标的最佳途径。

常用的协作学习策略有课堂讨论、角色扮演、竞争、合作和伙伴等五种,而实际教学往往包含多种协作学习策略。

1. 课堂讨论

这种策略要求整个协作学习过程均由教师组织引导,讨论的问题皆由教师提出。课堂讨论教学策略的设计通常有两种不同情况:一是学习的主题事先已知;二是学习主题事先未知。多数的协作学习是属于第一种情况,但是第二种情况在教学实践中也会经常遇到。例如,在中小学的语文课上,让学生当堂进行看图作文或命题作文,然后在课堂的后半段利用多媒体网络教室进行全班性的评议交流,在这种情况下,事先只确定了一个目标——通过集体的评议交流来促进全班的作文学习,而具体的评议内容即学习主题事先并不清楚。

2. 角色扮演

角色扮演策略包括两类:一是师生角色扮演,二是情境角色扮演。师生角色扮演就是让不同的学生分别扮演学习者和指导者的角色,学习者被要求解答问题,而指导者则检查学习者在解题过程中是否有错误。当学习者在解题过程中遇到困难时,指导者帮助学习者解决疑难。在学习过程中,他们所扮演的角色可以互换。情境角色扮演是要求若干个学生,按照与当前学习主题密切相关的情境分别扮演其中的不同角色,以便营造一种身临其境的气氛,使学生能设身处地去体验、去理解学习的内容和学习主题的要求。

在学习过程中,他们所扮演的角色可以互相转换。通过角色扮演,学习者对问题的理解将会有新的体会。角色扮演的成功将会增加学习者的成就感和责任感,并可以激发学习者掌握知识的兴趣与积极性。

3. 竞争

指两个或多个学习者针对同一学习内容或学习情境,通过计算机网络进行竞争性学习,看谁能够首先达到教学目标的要求。由于学习者的竞争关系,学习者在学习过程中会很自然地产生人类与生俱来的求胜本能,会全神贯注,易于取得良好的学习效果。在运用这种协作学习策略时,教师须注意恰当选择竞争对象,巧妙设计竞争主题,一方面要避免学生产生受挫感;另一方面又能巧妙利用学生不愿服输的心理刺激进一步的学习。竞争可在小组内进行,也可以在小组间进行。

竞争性模式有利于激发学生的学习积极性与主动性,但易造成因竞争而导致协作难以进行的结果。因此,让学习者明确各自任务完成对保证总目标实现的意义非常重大,即学习者是在竞争与协作中完成学习任务的。

4. 合作

多个协作者共同完成某个学习任务,在任务完成过程中,协作者之间互相配合、相互帮助、相互促进,或者根据学习任务的性质进行分工协作。不同协作者对任务的理解及其视点不完全一样,各种观点之间可以互相补充,从而圆满完成学习任务。

5. 伙伴

在现实生活中,学生们常常与自己熟识的同学一起做作业。当遇到问题时,大家相互讨论,从中得到启发和帮助。伙伴学习策略与此类似,它可以使学生在学习过程中互相支持、互相帮助,相互交流、相互鼓励。从而可达到事半功倍的效果。伙伴之间可以对共同关心的问题展开讨论与协商,并从对方那里获得问题解决的思路与灵感。

学习伙伴之间的关系一般比较融洽,但也可能会为某个问题的解决产生争论,并在争论中达成共识,进而促进问题解决。协作学习伙伴可以是学生,但也可以由计算机充当。由计算机充当的学习伙伴需要人工智能的支持,即根据一定的策略,由计算机模拟的学习伙伴对学习者的学习状态进行判断,对学习者提出问题或为问题提供答案。智能化程度高的协作学习系统可以具有多种不同类型的虚拟学习伙伴,学习者可以自由选择或由计算机根据学习者的特征动态确定学习伙伴。在设计协作学习策略以及协作学习过程中,要注意以下几个方面。

(1) 建立合适的协作小组

协作学习是学习者组成一个群体,互相帮助,共同学习,通过协商和辩论,加深对问题的认识。因此,形成一个规模适当、层次相当的协作小组,对于协作学习的成功与否非常重要。如果规模不合适或协作者之间基础相差悬殊,则可能不能形成协作或协作不充分,协作学习自然效果不佳。

(2) 学习主题具有挑战性,问题具有可争论性

协作学习的主题可以由教师指定,也可以由学生自行确定。学习者协作解决的问题可以是围绕主题的能引起争论的初始问题,可以是深化主题的问题,也可以是稍超前于学生的智力发展水平的问题,这些问题是否具有可争论性关系到是否有必要组织协作学习。

(3) 重视教师的主导作用

协作学习的设计和学习过程都需要教师的组织和引导,教师要设计能够引起有争论的

问题，设计评价方式。在协作过程中，教师还要关注每位学生的表现，对学生表现出的积极因素及时反馈和鼓励；如果学生的讨论出现离题或纠缠于枝节问题时，要及时加以正确引导，将其引回主题；对于学生在讨论过程中暴露出来的概念模糊或认识不正确的问题，要用适当的方式进行引导；对于整个协作学习的过程，教师要做出恰当的评价。

综上所述，由于学生的需求不同，教学目标和教学内容不同，不存在适用于一切教学活动的最优教学策略。教学设计者必须掌握一系列适用于不同目标、内容及对象的各种教学策略，才能在教学设计实际中选取并综合运用各种教学策略，创造出最有效的教学环境，取得最佳的教学效果。

三、课堂教学方法的选择

课堂教学方法的选择是决定课堂教学效果和效率高低的一个重要因素。随着新课程改革的逐步实施，教师和学生的观念有了一定程度的改变，但依然存在许多问题。有研究表明，目前我国中小学课堂教学的主要模式依然是启发式或独白式教学，提问主要是是非性提问和陈述性提问，而推理性提问较少，这样就很难调动学生积极地思考问题和发现并解决问题。这样的教学模式导致师生间互动较少，学生对教师的讲授缺乏足够的反馈，从而教学的效果和效率也就无法提高。

（一）当前一些常用的教学方法

当前，教育界对课堂教学方法的分类有很多种。

苏联教育家巴班斯基对教学方法进行过如下分类。

(1) 按教学过程将教学方法分为基本的三大类：一是组织学习认识活动的方法，有口述法、直观法和实践法；二是刺激学习认识活动的方法；三是对学习者学习认识活动的效果进行检查和自我检查的方法。

(2) 按学生掌握知识的程度分类，有三种程度的方法：第一种是能使学生掌握信息的方法；第二种是能使学生具有运用知识的技能和技巧的方法；第三种是能使学生善于探究创造性活动的方法。第一、二种程度主要有讲授法、谈话法、演示法，国外的纲要信号图表教学法、合同教学法、铃木教学法等；第三种程度主要有学导式教学法、发现教学法和范例教学法等。

(3) 按教学方法的外部形态和该形态下学生认识活动的特点分类，将教学方法分为五类：(1)以语言传递信息为主的教学方法，主要有讲授法、谈话法、讨论法和读书指导法等；(2)以直接感知为主的教学方法，主要有演示法和参观法；(3)以实际训练为主的教学方法，包括练习法、实验法和实习作业法；(4)以欣赏活动为主的教学方法，即欣赏法；(5)以引导探究为主的教学方法，主要是指发现法。

教学方法的分类不一而足，各种分类方法都有各自的独到之处，也有一定的不足。所以教师在研究和选择教学方法的时候，应对各种教学方法有深入的理解，而不能盲目地把某一种分类法作为标准。具体运用的条件如表 3-7 所示。

（二）选择课堂教学方法的依据

有关课堂的教学方法不胜枚举，因而教师就面临着这样一个重要而又很困难的问题，那就是选择合适的教学方法。那么如何选择合适而有效的课堂教学方法呢？教师在选择教学方法时，应考虑以下一些因素。

1. 教学方法本身的因素

表 3-7　各种教学方法运用的条件

教学方法利用条件	口述法	直观法	实际操作法	复现法	探索法	归纳法	演绎法	独立工作方法
最适宜解决的任务	形成理论的和实际的知识	发展观察能力，提高学生对所学问题的注意	发展实际操作技能和技巧	形成知识、技能和技巧	发展思维的独立性，形成研究性的技能和创造性态度	发展概括能力和归纳推理的能力	发展演绎推理的能力和分析现象的能力	发展学习活动中的独立性，形成学习技巧
最适宜解决的教材内容	教材以理论性为主	教材内容可以直观形式表达	课题的内容包括实际练习、进行实验以及完成劳动任务	内容过于复杂或过分简单	教材内容具有中等程度的复杂性	在教科书中，课题内容按归纳的形式叙述	在教科书中，课题内容按演绎的形式叙述	教材适合于独立研究
相应的学生特点	学生具有掌握文字形式的知识信息的准备	学生能够接受直观教具	学生具有完成实际操作方向的作业准备	学生不具有以问题性方式学习该课题的准备	学生能够以问题性方式学习该课的准备	学生能够进行归纳推理，而进行演绎推理则有困难	学生具有进行演绎推理的准备	学生已做好独立学习课题的准备
教师应具备的可能性	教学掌握这一方法胜于其他方法	教师具备必要的直观教具或能够独立制作直观教具	教师具备组织实际操作练习的物质材料和教学资料	教师没有时间以问题性方式组织该课题的学习	教师有时间以问题方式组织该课题的学习，熟练掌握探索性教学方法	教师能够较好地掌握归纳教学法	教师能够较好地掌握演绎教学法	具备在课堂上组织学生独立工作的教学材料和时间

任何一种教学方法都不是万能的，每一种教学方法都有其适用范围和局限性，在具体教学中也有利有弊，可以为达到某一目标很好地服务，但同时又可能妨碍另一个目标的实现，我们在选择的时候要扬长避短。发现法可以很好地启发学生的思维，发展其创造力，但有费

时费力的缺点;讲授法对概念教学很有用,但却很难发挥学生的主动性。所以教师在选择教学方法的时候,要考虑到该方法的优势和短处,选择最能发挥其作用,能够达到最好教学效果的方法。所以,教师必须了解各种教学方法的优缺点,用其所长,避其所短。比如,近年来小组讨论法在中小学课堂教学中被广泛运用。它的优点很多,若设计合理、组织得当,则能充分调动全体学生参与课堂教学的积极性,培养学生的合作意识;但若组织不好,小组讨论就可能演变成少数人漫无边际的争论,这种所谓的讨论常常是无结果的、低效的。教师只有在了解各种教学方法优缺点的基础上,才能根据具体的教学情境做出最佳的选择。

2. 学科特点和教学内容

学科性质不同,其适合的教学方法也不同。如语言类的语文、英语等学科,着重于培养学生的口语交际能力,主要宜采用讲解法、谈话法和练习法;物理、化学涉及实验较多,则适合采用比较直观的演示法和实验法;而数学侧重于严密的逻辑推理,使用练习法可帮助学生更有效地达到教学目标。

即使是同一学科,也有不同的教学内容,所以教师在选择教学方法时还要考虑教学内容的差别。认知领域的教学内容比较适合采用发现法,而动作技能领域的教学内容采用示范模仿法和练习反馈法较好,情感领域的教学内容则更适合用欣赏法和强化法。

3. 学生的实际情况

教师选择教学方法的目的是为了促进学生更好地学习,所以要选择那些适合学生实际情况的教学方法。不同的学生,其智力、能力、学习态度、学习习惯,以及所在班级、学校的班风、校风各不相同,教师要从学生实际出发,选择那些能促进学生学习、发展学生的智力和能力、培养学生良好学习习惯和正确学习态度的教学方法。

4. 教师本身的素养和个性特征

教师和学生一样也是千差万别的,不同的教师,其知识水平、专业素质,以及性格气质各不相同。由于自身的差异,不同的教师使用同一种教学方法其效果显然也不同。一个和蔼可亲、平常与学生打成一片的教师使用游戏法、角色扮演法进行教学,可以使课堂气氛很活跃,让学生在愉快的心情和环境中学习,达到良好的效果,但如果是一个平常总是板着脸、表情严肃的教师用这种方法进行教学,那么学生可能根本无法放开手脚投入到活动中去,当然就无法达到预期的效果了。所以教师要正确认识自己的特点和风格,善于扬长避短,根据自己的特点选用能充分发挥自己优势的教学方法。

5. 教学时间和现有的实验设备

课堂教学时间是有限的,教师需要在规定的教学时间内完成课程标准所规定的教学任务,达到教学目标。即使是教授同一内容,若采用不同的方法,所花费的时间也是不同的。因此,教师在选择课堂教学方法时应该考虑到教学时间的限制。同时,实验设备是选择教学方法的物质基础,也在一定程度上限制着教学方法的选择与实施。例如,在讲解运动系统的骨学部分时,最好使用演示法,这就需要有幻灯机、投影仪或是电脑等设备;若是用实物演示,也要有实际的物体,如骨标本、模型、挂图等实验器材。如果没有这些设备,就无法实施这种教学方法。

(三) 课堂教学方法设计实例

1. 范例教学法

范例教学法就是通过使用范例来进行教学,使学生通过学习教学范例获得知识,这种教学方法可以让那些在课堂上没有学过的内容或潜在的内容为学生所认识，引起学生自发地去学习它们的兴趣。因此，这种教学方法将会使学生的学习不再局限于课堂内，不再局限于讲课时间范围内，使课堂教学可以打破课堂，延伸到课堂之外，而且这种教学方式不仅可以使学生获得知识，也可以达到发展智力、培养能力、陶冶情操的目的。

范例教学法有三个基本原则：(1)基本性原则，强调教给学生基本的知识结构和规律，主要是基本的概念、原理、规则和规律等，使学生掌握某一学科的知识结构；(2)基础性原则，强调教学应以学生的实际经验为基础，使学生在教学过程中获得更深化的新经验，建立一种新的思维结构，促进其智力的发展；(3)范例性原则，即通过精心设计或挑选的范例使教学达到基本性和基础性目标的原则，要求教师的教学内容具有代表性、典型性和启发性，能使学生以点代面，举一反三，实现学习的迁移和知识的实际运用。

鸭——适宜于水中生活(德国基础学校三年级的内容)

上课了，教师拿出一只塑料鸭子，放进讲台上一个玻璃水槽中，孩子们可以看见一只大白鸭悠然自得地浮在水面上。教师请一个学生用彩色粉笔沿着水面在白鸭身上画线，然后教师把塑料鸭拿出水槽让学生观察，并提出问题：鸭子身体在彩色线以下部分(即鸭在水中的部分)像什么？许多孩子都争着回答，“像一艘船”。

教师又取出一块与鸭子一样宽的木板，用手推着木板在水槽中前进，并问学生看到了什么现象。一个孩子立即回答说：“当木板推进的时候，在水槽中掀起了波浪。”教师又将塑料鸭放在水中同样推着前进，孩子们惊奇地发现，水槽中没有波浪，只见水流平稳地向后面流去。这时候教师提示，鸭子的内脏集中在身体的后半部分。孩子们通过一番思考和讨论，得出了一个结论：鸭子的身体形状特别适合在水中生活。

接着，教师让各小组的孩子们拿出教师早已准备好的鸭脚(是教师从鸭身上斩下来的)，拿着鸭脚在小组的水槽中学鸭子来回划水。很快孩子们发现了一个奇怪的现象：当拿着鸭脚向前运动时，鸭脚趾间的蹼会自动收拢，而当向后划水时，鸭脚趾间的蹼会自动张开。这不是一个孩子偶然的发现，而是全班学生通过实验发现的共同规律。

教师接着问：“谁能说说人们怎样利用鸭脚结构的这一特点呢?”一个孩子回答说，划船时，我们用桨向后划水时，总是使桨和水的接触面积尽量大，这样能使船划得快些；当把桨向前挪动而插入水中时，总是将桨侧着入水，这样可以减少阻力。另一个孩子回答说，游泳(自由泳)时，手向后划水时总是手指并拢用力向后划，这样可以游得快些；当手往前挪动插入水中时，总是侧转了手插入水中，这样可以减少游泳时的阻力……教师要孩子们再用鸭脚在水中划动，体验一下鸭是怎样前进的，怎样转弯的……很快孩子们又得出一个结论：鸭子脚的结构适合它在水中行动。

然后，教师又让孩子们拿出一个纸袋，里面放着几片鸭子的羽毛。他要求孩子们把羽毛放进水槽中，然后再取出，仔细观察。孩子们通过实验观察到，羽毛片放在水槽中都漂浮在水面，有时可以看到羽毛片上有一颗颗小水珠，当把羽毛片拿出水面，小水珠都滚落下来，羽毛仍然是干的。针对孩子们的疑惑，教师又提出一个要求：你们能使这些羽毛片沉入水中吗？老师可以向你们提供需要的材料和工具。孩子们开始用手把羽毛片按入水中，当松开手，它又浮了起来。再试一次，仍然一样，拿出水面一看，一点儿也没有潮湿感。一个孩子自言自语道，羽毛上好像涂了一层油脂。孩子们马上受到了启发，准备用实验证实一下。于是孩子们向教师要来肥皂和洗洁精，用它们在羽毛片上擦洗，擦洗完后再放进水槽，结果发现这些羽毛片全都沉入了水中。

通过这一实验，孩子们证实了羽毛上确实有一层油脂。教师又问，这油脂是从哪里来的？这时孩子们冥思苦想，却很难找到答案。教师启发道：你们平常看到鸭子在水面上休息，总是用嘴去“整理羽毛”。其实，这时鸭并不是在梳理自己的羽毛，而是不停地给自己的羽毛涂上一层油脂。油脂从哪里来？原来鸭的尾部长着一个脂肪腺，鸭在水中不停地用嘴从它尾部的脂肪腺中取得油脂，涂在羽毛上，这就是鸭子“整理羽毛”的实质。

接着教师拿出鸭的标本，要孩子们仔细观察鸭的羽毛是怎样排列的，这样排列有什么作用。孩子们观察后答道，羽毛的排列像鱼的鳞片排列一样，像屋顶上瓦片的排列一样……这样的排列能防止水浸湿身体，游动时能减少阻力……这又使孩子们想到，原来人们屋顶瓦片的排列方法也是从羽毛的排列上得到启示的。

然后教师又拿出另一只装着羽绒的纸袋，要求孩子们用手去抚摸，并提出以下问题：你有什么感觉？这些羽绒放入水槽中将有什么现象发生？这说明了什么？羽绒长在鸭子的什么部位？有什么作用？

通过实验孩子们发现这些松软的羽绒投入水槽后，下沉了，这说明羽绒上没有油脂，经过一系列的讨论，他们明白了为什么冬天大雪纷飞，人们穿着厚厚的棉衣还觉得冷，而鸭子还能逍遥自在地在水中游来游去。原来是这层长在鸭子贴身处的羽绒为它保暖。现在人们也利用鸭绒制作过冬的衣被……

随后教师又给每个小组发了一只鸭头(从鸭身上斩下来的)，要求孩子们对鸭的嘴和舌进行仔细观察。孩子们扒开了鸭嘴，看到鸭舌两边的排列像梳子形状。教师又提出了问题：鸭舌这样的形状有什么功能？孩子们进行了猜测，但不能得到完美的解答。这时教师放了一段鸭在水中觅食的录像，鸭张大了嘴不加选择地把水、沙、食物等全部装了进去，当它把嘴合拢时，水和沙就从梳子状的空隙中流出来，而把食物留在口中。

一系列的实验后，孩子们得出了鸭子从外形到脚、羽毛、羽绒、嘴和舌的构造都适宜在水中生活的结论。

(此案例转引自人民教育出版社网络资源：http://www.pep.com.cn/gp/01/02/03/03/201205/t20120526_1124612.htm)

2. 暗示教学法

暗示教学法就是运用暗示的方法来教给学生知识。暗示教学法有三个原则：(1)愉快放松的原则，在教学的过程中要始终使学生感觉轻松、愉快、有趣味；(2)有意识和无意识统一的原则，暗示教学法改变以往传统教学只强调有意识作用的特点，通过暗示对学生进行无意识的教学，如暗示学生可以学得很好；(3)相互作用的原则，在课堂上，教师和学生要建立相互信任和相互尊重的关系。

要达到良好的教学效果，暗示教学法可以采取以下一些方法。首先要创造优美、舒适的课堂教学环境。学生的学习受环境的影响很大，在安静、舒适的环境中，学生能够更好地学习。其次是运用权威的影响力，在这里，权威是指经过证实而取得人们尊重并能产生影响力的人、机构和观念。学生对于来自权威的信息会有很高的信任感。教师是权威的主要代表，所以教师要让学生相信自己。

外语课的教学实例

应用暗示教学法教学外语，一般可分为呈现和运用两个阶段。

第一阶段，呈现新的语言材料。这个阶段又包括积极和消极的两个环境。在积极环境中，教师在用外语或本族语介绍课文背景的同时，运用手势和表情来丰富自己的表达。然后，教师随着优美动听的交响乐的旋律和节奏，带着生动的表情和浓厚的情感来朗读课文，而学生则看着课文，轻声跟着教师模仿。在消极环境中，学生以轻松愉快的心情静静地听教师配乐朗读课文或录音。这样可以产生有意或无意的认识效果和记忆效果，在不知不觉中记住许多语言材料。

第二阶段，实际运用语言知识。语言知识只有通过实际运用才能变成口头和笔头的交际能力。这个阶段主要采用多样化的交际性练习，诸如问答、对话、扮演角色、唱歌、游戏、猜谜、朗诵等，以及广泛开展小组语言交际活动以增强学生的练习机会。笔头练习是在口头练习的基础上进行的，通过听、说、读、写语言活动来运用语言知识，以培养创造性地表达思想感情的语言能力。

（此案例来源同上）

3. 程序教学法

程序教学有五个原则：(1)积极反应原则，即学生对教师的教学要有积极的反应，要求学生通过教材和教学设备(在斯金纳的程序教学中主要是教学机器)，能够自己动手、动脑去学习。程序教学主要是以问题的形式，通过教学机器或教材给学生呈现知识，使学生在学习过程中通过解答问题，对问题做出积极反应；(2)小步子原则，这个原则要求教学内容按内在联系分成若干小的步子，编成程序。材料一步一步地呈现，从易到难，学生只有做对了上一步，才能进行下一步。而且学生每完成一步就会受到一次强化，在学完同等的课程后，会受到比传统教学更多的强化；(3)及时强化原则，这个原则要求在学生每做出一个题后，马上告之其结果的正误，这样就对学生的反应进行了及时强化，可以使学生树立学习的信心，也有助于保持和巩固已学的知识；(4)自定步调原则，这个原则强调让学生按照自己的速度和能力进行学习；(5)低错误率原则，学习由浅入深，由简到繁，这样可以让学生有更多正确的方法。

单词拼写

以拼写单词 psychophysiology 为例：

1. psychophysiology 意思是心理生理学。抄写此词如下：

psychophysiology

2. 这个词的一部分和 psychology 这个词的一部分很相同。表示心理的意思。

□□□□□□physiology

3. 这个词的另一部分 physiology 是一个可以独立存在的词，其意义是生理学。

psycho□□□□□□□□□□

4. 同一字母出现在下面三个空格中：

psych□physi□l□gy

5. 同一字母出现在下面三个空格中：

ps□choph□siolog□

6. 心理生理学

□□□□□□□□□□□□□□□□

（此案例来源同上）

第三节 教学媒体的选择

教学媒体的选择是课堂教学设计中非常重要的一个环节，在教育中，口头交流和通过其他媒体的交流通常是融合在一起的，所以，没有媒体教育是不可能完成的，学生的学习活动也通过媒体进行，因此，我们必须了解媒体，使媒体在任何情况下都能以最合适的方式来适应学习任务。

一、媒体的分类及特点

（一）媒体的分类

教学媒体指的是在传播知识、技能和情感的过程中，存储和传递教学信息的载体和工具。根据不同的分类依据，媒体分类的方法也有很多种。比如，可以根据印刷与否分为印刷媒体和非印刷媒体。教科书、图表、词典、报纸、杂志等都是属于印刷媒体，而幻灯片、投影片、录音带、电影片、录像带、计算机软盘等都属于非印刷媒体，也可以根据传播过程中信息流动的方向分为单向传播媒体和双向传播媒体。广播、电影、电视、书刊等，信息都是由“教师”流向学生，没有相互性，这些媒体属于单向传播媒体，而语言实验室、程序教学机、计算机辅助教学系统等，借助它们信息可以在“教”与“学”的双方相互传递，它们就属于双向传播媒体。还可以根据媒体作用于人的感官不同进行分类等其他的分类方法，这里不一一列举。

本书按照运用传播过程中信息流动的方向对教育媒体进行简单介绍。

1. 单向传播媒体

教科书、黑板、实物、标本、模型、报刊、图书、图表、照片、挂图等这类媒体在教学中经常用到，这类媒体也被称为传统教育媒体，使用简单，成本较低，但就交互来说，并不理想，也属于单向传播媒体的范畴，另外，单向传播媒体还包括：

(1) 视觉媒体

在所有感官中，视觉的感受能力最强。一般来说，载有教学信息的一切视觉材料都是视觉教学媒体。视觉媒体具有提供放大的清晰图像的功能与特点，在课堂上得到了广泛的运用，即使在计算机多媒体技术飞速发展的今天，视觉媒体仍以它们独特的优势活跃在课堂上。它包括幻灯机、投影仪、数码相机、视频展示台等。

幻灯机是最早用于教学的现代教育媒体。它利用透镜成像的光学原理，在教学银幕上投射一个实像进行教学。幻灯机的种类很多，但它们的基本结构差别不大。

投影仪是在幻灯机的基础上发展起来的一种光学放大器。它的基本结构与幻灯机相似，由于它使用方便，软件制作容易，因此得到了广泛的应用。

数码相机是数字图像技术的核心。是一种能够进行拍摄，并通过内部处理把拍摄到的景物转换成以数字格式存放的图像的特殊照相机。与普通相机不同，数码相机并不使用胶片，而是使用固定的或者是可拆卸的半导体存储器来保存获取的图像。数码相机可以直接连接到计算机、电视机或者打印机上。在一定条件下，数码相机还可以直接接到移动式电话机或者手持PC机上。由于图像是内部处理的，所以使用者可以马上检查图像是否正确，而且可以立刻打印出来或是通过电子邮件传送出去。

视频展示台也叫实物展示台、实物演示仪、实物投影机、实物投影仪等。随着多媒体技术的不断发展和完善，视频展示台在教学活动中越来越发挥其重要的作用。首先，它可以取代普通教学投影仪的全部功能，如各式投影片的放映。另外，它的实物投影功能是普通的教学投影仪无法实现的。例如，将教学中用到的各种实物模型放大后投射到大屏幕或在大型彩色电视机上播放，使学生们可以看到地更清楚；同样，教师在进行实验演示操作时，可利用视频展示台将全部的操作过程放大后清楚地再现出来。现在市场上还有一种更为先进的视频展台，它带有显微镜头，放大倍数可达到四五百倍以上，最适合生物实验中的显微观察。同时，视频展示台集成了各种多媒体技术，可以将录像机、影碟机、收录机等音像设备输出的图像和声音信号送入视频展示台，经过视频展示台的内置电路进行信号处理后输出到大屏幕投影机或大型彩色电视机上。

(2) 听觉媒体

包括录音、广播、激光唱片(CD)、MP3等，听觉媒体适用于语言教学，制作简单，成本较低，携带方便，可反复练习，但不易保持持续刺激和传达效果，尤其对于较复杂、需要进行推敲比较的信息，学习效果受到学生聆听能力的影响。听觉媒体在日常生活中比较常见，不做详细阐述。

(3) 视听觉媒体

视听觉媒体集视觉媒体和听觉媒体的功能于一身，通过有声的活动的视觉图像，生动逼真地传递教育教学信息。常见的视听觉媒体有电视、录像、影碟机、多媒体投影仪等。视听媒体既能提供图像、文字、图表、符号等视觉信息，同时又能传递言语、音乐和其他音响等听觉信息，图文声并茂，有较强的艺术感染力。电视具有极其丰富和灵活的时空表现力，无论是展示实际生活的写照，还是追溯远古、预测未来，其表现力是其他视听媒体所望尘莫及的；借助录像技术和电视特技更可以突破时间、空间、宏观、微观的限制，突出事物、现象的本质属性。

2. 双向传播媒体

双向传播媒体的交互性较强，在教学实践中发挥着非常重要的作用，有代表性的双向传播媒体主要有微格教学室、多媒体语言实验室、计算机辅助教学系统等。

(1) 微格教学室

所谓微格教学，就是以教育学和心理学为基础，以现代视听技术为手段，使师范生和在职青年教师，掌握课堂教学技能的一种培训方法，它是一个有控制的实验系统。

微格教学方法是在一个装备有电视摄录机设备系统的微型电教室里进行教学模拟训练，训练时，实习教师与模拟学生的活动行为被录像机记录下来，然后指导教师与实习教师、模拟学生一起观看重放的录像，共同分析，评价其教学技能的优缺点，然后再做训练直至掌握正确的教学技能为止。

在微格教学中，整个复杂的教学过程可以分解为四个步骤，如图 3-2 所示。

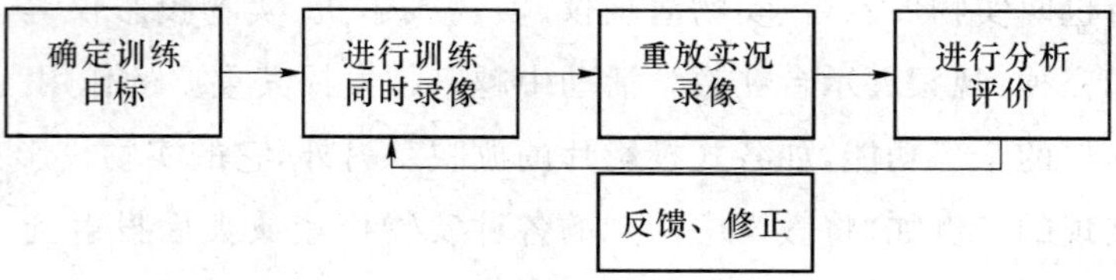

图 3-2 微格教学的一般过程

微格教学系统由一间或多间微型教室、控制室、观摩室、示范室等组成，最简单的由微型教室与控制室组成。

微格教学系统主要有以下几个特点：

① 理论联系实际

教育学、心理学与教学论为微格教学及实践活动提供了理论指导。微格教学中的示范、备课、写教案、角色扮演、反馈和讲座等一系列活动，使教育教学理论得到具体地贯彻和体现。理论与实践的紧密结合提高了师范生对教学法课程的学习兴趣。

② 目标明确，重点突出

训练时间周期短，规模小，效率高。在训练过程中，模拟学生不以大班为对象，以小组为单位，每组约几人，每个模拟教师一般训练某项技能几分钟，这样就提高了训练效率。可以使训练的目的更加明确。

③ 训练手段现代化

首先利用录像机播放优秀教学录像或浏览网上虚拟教学，向受训学生展示正确规范操作。然后，用摄录机记录每个模拟教师的实际操作过程。最后，用录像慢放、定格画面等手段评价训练结果。

④ 训练评价技术科学

传统训练中的评价主要是凭经验和印象，带有很大的主观性，但微格教学的评价，指导教师、模拟教师、模拟学生可以通过重播模拟教师教学过程录像，评价其优缺点，从而减少评价的主观性，增加评价的科学性。微格教学技能评价如表 3-8 所示。

⑤ 训练心理负担小

因为微格教学训练时间短、教学内容少、参与受训练的人数不多，又因为参与者大多与受训者比较熟悉，所以可以减轻受训者的心理紧张。又由于评价既要指出不足，更要肯定其优点，便会增加受训者的自信心与成功感。

表 3-8 微格教学技能评价表(参考)

__________学号____级____班　　(讲授人)姓名：__________　　填表日期：________

训练内容		教学技能评价标准	权重	分值	评分
课堂基本教学技能	语言技能	1. 普通话标准，声音洪亮，速度节奏与起伏恰当	0.1	10	
		2. 表达规范、条理性好			
		3. 正确使用体态语言，目光、表情、动态恰当			
	提问技能	1. 能把握提问的动机和时机，表达清晰，内容明确，重点突出	0.1	10	
		2. 提问后恰当停顿，给予学生思考时间，提示恰当，帮助学生思考			
		3. 对学生作答能准确分析，客观评价，对学生鼓励、批评适时恰当			
	讲解技能	1. 讲解内容、方法与学生认知阶段相当	0.1	10	
		2. 讲解逻辑清晰，用词确切，重点关键加以强调			
		3. 讲解运用举例、提问、谈话，与学生呼应，相互作用好			
		4. 在讲解中注意学生反映，不断激励，帮助其深化、巩固所讲内容			
	强化技能	1. 在教学重点、关键处运用强化技能	0.1	10	
		2. 强化恰当、合适、自然、灵活，采用多种强化类型，引起学生注意力			
	演示技能	1. 演示目的明确，紧密结合教学重点，对演示器具交代清楚	0.1	10	
		2. 演示与叙述、讲解结合恰当，程序步骤清晰，示范性操作规范			
		3. 演示的现象直观明显，有启发性，对演示结果解释恰当			
	板书技能	1. 板书紧密联系教学，结构合理，内容恰当，重点突出	0.1	10	
		2. 板书有条理、简洁、直观，规范整洁，大小适宜			
		3. 板书、板画与讲解结合恰当，速度适宜			
课堂综合教学技能	导入技能	1. 能自然引入课题，衔接恰当，密切联系新知识，引发学生兴趣	0.1	10	
		2. 引入能面向全体学生，时间掌握得当紧凑			
	变化技能	1. 音量、音调变化，声音的速度、缓急和语言中停顿恰当	0.1	10	
		2. 面部表情、手势、头部动作、目光接触、身体移动等变化恰当自然			
		3. 视觉媒体、听觉媒体的使用有变化，触觉、操作活动使学生有动手机会			
	结束技能	1. 结束阶段目的明确，内容与本章节联系密切，概括、表达清楚，时间紧凑	0.1	10	
		2. 结束时安排活动(练习、提问、小实验等)，作业布置明确			
	组织技能	1. 组织教学的语言运用要求明确、恰当，目光暗示与语言配合，效果好	0.1	10	
		2. 及时运用反馈、调整，师生互动和控制效果好，教学进程自然、活跃			
		3. 运用恰当方法并变换方式，保持学生的积极状态			
总评成绩					

指导教师(签名)：________

(2) 多媒体语言实验室

多媒体语言实验室是一种装有录音系统和其他电化教育手段的供语言教学用的教室，是学科性的多媒体综合教室，一般用于语言教学和听说训练。语言实验室在教学过程中的作用主要在于对学生进行听力、口语或翻译训练，以提高语音独立学习的能力，同时有助于多种教学形式(全班、分组、个别教学等)的最优结合，并可使全班学生在教师控制下同时独立工作，并使能力不同、水平各异的学生都能得到有效的学习，便于因材施教。在自然条件下，正确地掌握学生的练习与反应情况，对教学效果能及时提供判断和评价的信息，还可以积累学生学习情况的资料，作为以后改进教材教法和科研工作的依据。

多媒体语言实验室是在应用多媒体储存、传递教学信息的基础上，充分利用计算机技术对文本、图形、声音、动画、视频等多媒体信息进行集成处理的能力，为学习者提供一个现代化的、高效学习的场所。

多媒体语音教室的建设方案不同，拓扑结构也会有所不同，表现在语音教室的风格上各有特色。多媒体语音教室分为教师控制部分、信息处理部分和学生处理三部分。

① 教师控制部分

教师控制部分是多媒体语音教室的决策与控制中心，集成了各种多媒体信息控制与处理媒体，在多媒体计算机控制协调下传递教学信息。教师控制部分使用的媒体一般有教师机、主录机、教师音源、教师耳麦等。教师控制部分针对教师操作的角度而言应具有简单操作的特性，目前，一般通过如下两种途径实现：第一种方法是利用光笔。这种方法是使用特制的光笔工具，教师只需将它点向所需操作的功能即可控制多媒体语音教室的运行，第二种方法是利用触摸屏进行控制。

② 信息处理部分

信息处理部分（服务器、交换机、视听设备等）主要是对多媒体语音教室各种信息的处理与传递，构成了多媒体语音教室的躯体，同时也是多媒体语音教室强大功能的体现。信息处理模块可分为媒体信息处理与教学信息处理两个部分。媒体信息处理部分的功能是在控制中心（教师控制部分）的指挥下，将音频、视频或控制信息传递给每一位学习者，包括音频、视频分配与控制指令等。教学信息的处理则利用一些类似心理测试类媒体从学习者中采集信息，以对教学过程量化控制，如学生学习的注意度、对问题的反应时间、问题的理解度、教学内容的难易程度等。一般来说，教学信息处理都是借助了各种最新的教学理论，在具有可操作性、可量化的算法公式的支持下，通过计算机类媒体完成，因而具有很高的效度与信度，可以据此对教学过程进行控制，教学信息的处理结果可以通过打印机或显示器输出。

③ 学生处理部分

由耳机话筒组、视频显示器、录放音设备、反应分析设备等组成。同传统语音实验室相比，多媒体语音教室学生部分的设备并没有什么不同，只是功能得到了增强，表现在话音的保真度、信息采集的方法、反馈呈现方式等几个方面。

(3) 计算机辅助教学系统

计算机辅助教学，简称 CAI，是英文 COMPUTER ASSISTED INSTRUCTION 的缩写。美国是进行计算机辅助教学研究和应用最早的国家，所以 CAI 的历史基本上是以美国 CAI 发展历史为主线。计算机辅助教学能够通过网络系统将图像、文字、动画以及声音等多媒体信息传输到学生的终端机，以满足辅助教师课堂教学。学生能根据需要提取个别化学习的资源，以满足资源共享与个别化学习的要求，同时也能满足小组学习和讨论的要求，一些先进的网络系统还具有教学测试及信息反馈分析的能力。

计算机教学辅助系统具有如下特点：

① 大容量的非顺序式信息呈现

计算机可存储相当丰富的信息量，可包括一门课程或与某个对象有关的全部知识。学习者既可以浏览所有知识，也可以按需要获取其中任意感兴趣的一部分，而不仅是按顺序阅读，或是按教师所给出的那一部分。

② 学生可以控制学习内容和学习进度

通常的计算机教学辅助系统都允许学生选择学习内容，也设置一些同步措施，仅当学生学习了前一部分知识后才进入下一步的学习。这样，学生的学习进展不受时间与地点的限制，可以取得最佳的学习速度。

③ 实现因材施教的教学原则和及时反馈原则

计算机教学辅助系统可通过提问、判断、转移等交互活动，分析学生的能力和学习状况，调节学习过程，实现因材施教的教学原则和及时反馈原则。

④ 学生在计算机辅助教学活动中处于一种积极、主动的精神状态，因为教学进度由学生控制如连续的提问——反馈或是操作——反应刺激等交互活动，学生在计算机辅助教学活动中处于一种积极、主动的精神状态，不像被动受教时那么容易疲劳和受干扰，从而可以取得较好的教学效果。

⑤ 为教师或软件开发者提供了教学决策支持

计算机可保留各个学生的学习进展记录，并进行各个学生的学习进程分析和群体学习分析，为教师或软件开发者提供了教学决策支持。

⑥ 网络技术使计算机教学辅助系统可获得群体的支持

目前的网络技术使计算机教学辅助系统可获得群体的支持，解决个别化学习与群体学习的矛盾。

⑦ 计算机辅助教学活动的效果受教师态度的影响

实验证明，计算机辅助教学活动的效果受教师态度的影响，积极推广并使用计算机辅助教学的教学效果好，反之则不然。

（4）新媒体

新媒体的出现，给大众传播带来了革命性的变化，有趣的是，教学媒体研究在很大程度上与大众媒体研究相一致，实际上，在这两个领域中，都使用同样的媒体，例如电影、电视、录像等，只不过目的不同。大众媒体的首要目的在娱乐，教学媒体则作为教学辅助手段来控制内容的传递。这意味着在常规教学情境下，媒体经常起到辅助的教学功能，而且，最新的媒体通常被看作是最有效的。近年来，新媒体开始进入教学领域，它暂时还没有统一的定义。一般而言，不同于传统媒体的，即为新媒体。新媒体是新的技术支撑体系下出现的媒体形态，如数字杂志、数字报纸、数字广播、手机短信、移动电视、网络博客、桌面视窗等。

① iPad

iPad 是苹果公司于 2010 年 1 月 27 日发布的新品。这款平板电脑可以提供浏览互联网、收发电子邮件、观看电子书、播放音频和视频等功能。目前，iPad 已经作为一种现代化教育装备被引进美国的课堂，美国越来越多的学校将 iPad 作为最新的教具引进课堂。教师使用其多媒体功能讲授文学，用动画片一步一步演算复杂的数学题。中国的中小学也开始尝试将 iPad 应用于教学，iPad 技术在教学中的应用，使老师们感受到了数字互动技术能调动学生的学习积极性，使课堂教学更生动，让老师的教学、学生的学习更轻松。虽然在中国 iPad 进入课堂还在探索阶段，但我们看到 iPad 已经改变了人们对技术的原有观念，伴随着技术的进步，时尚科学已经漫步在校园内外。

② 交互式电子白板

一般常见的交互式电子白板从结构与安装上，可以分为支架式（移动式）和壁挂式（固定式）。按照影像输出方式，又可分为前投式和背投式。从白板的可视尺寸上分（对角线尺寸），大小从 60～100 英寸的都有。白板面板材质一般采用耐磨损，防反光材料，无须维护，使用寿命长。既可用作投影屏幕，同时也可使用专配的多媒体电子白板笔（E-pen），当作手写板使用。在课堂教学中，只需要一台电脑、一台投影机和一块交互式电子白板和相应软件，即可构成完整的交互式电子白板系统，形成互动课堂。显然，与高密度配置的多媒体机房或多媒体教室相比，交互式电子白板系统配置简单，需要使用到的器材较少，属于低密度配置，而且安装方便，并且减少了经费投入。

交互式电子白板通过使用多媒体电子白板笔，结合配套软件的使用来实现以下操作：翻页、退出、标注笔、橡皮擦、全屏清除、遮屏显示、重点显示、屏幕快照、虚拟键盘等。多媒体电子白板笔不同于一般意义上的笔，通常其笔尖相当于鼠标左键的功能，而笔身上的按钮则相当于鼠标的右键功能。交互式电子白板系统的一支笔即可取代键盘、鼠标的功能。绿色环保，与普通黑板、白板相比，多媒体电子白板笔的颜色、粗细变化多样，同时随意书写，可圈可点，而且具备板擦功能，使用非常方便。

交互式电子白板有遮屏显示和重点显示功能，可以集中学生的注意力，重点强调教学内容和关键要点。而它的屏幕快照功能，可以根据教学的需要记录、保存教学板书的过程，并且可以以多种格式输出打印或作为电子邮件的附件寄出，在省去了学生课堂上记笔记过程的同时也极大地方便了学生课后的复习，使学生能够将注意力完全集中在教师的讲解和观察思考上，课后，教师也可以通过记录反思自己的教学，与同事进行交流教学体会和经验。

③ 3D 电视

3D 电视也被称为 3D 立体电视、三维立体影像电视。3D 电视是一种能够模拟实际景物的真实空间关系的新型电视。3D 电视听起来很神秘，其实是因为人的双眼观察物体的角度略有差异，所以在看特定事物的时候，用左眼看到的影像和用右眼看到的影像有所不同。就是这种角度不同的两个影像在大脑里合成后才会让人感到立体感。三维立体影像电视正是利用这个原理，把左、右眼所看到的影像分离，在电视的液晶面板上加上特殊的精密柱面透镜屏，将经过编码处理的 3D 视频影像独立送入人的左、右眼，从而令用户体验立体的感觉。

1922 年，世界上第一部 3D 电影《爱情的力量》诞生，但因在光学和成像领域存在诸多挑战，3D 技术一直没有得到较快发展，但近几年来，由于 3D 技术上的突破，3D 电视有了长足的进步。2010 年 1 月，韩国通过卫星广播开通了第一个 3D 电视广播频道，随后，英国、美国、法国、意大利等国家也开播了 3D 电视，至今已经有几十个国家开通了 3D 电视。2012 年元旦，我国开通了 3D 电视试验频道。但由于制作成本高，3D 电视标准并未出台，观众在观看时需要佩戴眼镜等问题存在，同时，做好 3D 节目很难，差的 3D 节目甚至会对人体健康造成不良影响。因此，3D 电视的发展还存在诸多障碍。

④ 4K 电视

继 3D 电视、智能电视后，“超高清、超大屏”的 4K 电视也在 2012 年下半年浮出水面，成为颇具争议的高端电视产品。而采用了 IPS 的超高清硬屏 4K 电视，可视角度比普通屏更加宽广，达到 178°，从上下左右各个角度都呈现真实不变的完美画质，即使画面边缘也不会出现任何色差。IPS硬屏的物理结构稳定，在触摸时不会出现普通屏幕上不可避免的残影，闪烁的现象。其堪比色彩专家的调色能力能够真实呈现任何影像，被广泛应用于电视台等专业领域。采用不闪式3D技术，使观看3D影像时更加健康舒适，效果出众。在55英寸以上的超大尺寸电视中，IPS硬屏的优势更加显著。4K电视的物理分辨率达到3 840×2 160，是全高清(FHD. 1 920×1 080)的4倍，高清(HD. 1 280×720)的8倍。在此分辨率下，观众将可以看清画面中的每一个细节，每一个特写。作为新一代电视产品，4K电视一般采用新一代4K超高清技术和4 D技术，推出后备受关注。4K电视目前已经出现在中国市场。虽然目前定位高端，价格昂贵，但随着众多国内电视厂商加入，4K电视进入百姓生活的步伐也在加快。相信不久的将来，4K电视也将在教学领域大展身手。

(5) 远程通信

近十几年来，远程通信技术的进步和计算机技术进步相融合，加上认知科学的相应发展，加速了许多作为现代社会运作基础的服务与功能的变化，在这些服务和功能中，教育在其设计和传递方面开始经历一个巨大的变化。远程教育变得越来越普遍，而对远程教育有一个系统的了解，对教育教学来说也是非常重要的。

① 分类

根据被用媒体，可以将远程通信应用分为以下几类：

音频会议：通过不同场所的几台电话进行，常用来扩大听众群，并且与网络相连接以允许所有站点的人都能够发送和接收声音信息。

视频会议：系统允许所有相连站点间进行全视听信息的传递，或是可能限于通过所有卫星站之间的多路径视频传输进行从主站发出的单向视频传递。

音频图像会议：系统在基本的音频会议之上增加一些传递的方法和视觉材料，如事先邮寄的印刷材料、传真、网上个人计算机，或专门的慢扫描电视照相机系统，这个系统可以通过普通电话系统捕捉静止图像并将其从一个站点传输到另一个站点。

计算机会议：系统利用已有计算机网络，在共享信息和文件的基础上进行合作决策的讨论。

根据通信方式的分类，可以将远程通信应用分为以下几类：

一对一通信：像一个私人电话或是电子邮件信息，或是既定小组(defined-group)通信，像链接了一些选定站点的远程会议；或是公开存取(public-access)通信，像大众广播媒体或电子公告牌和公开会议等。

同步通信模式：在其中所有的参加者必须同时在线，就像过去大多数音频的、音频图像的和视频会议系统；或是异步通信方式，在其中信息被记录和储存，这样个体参加者可以在任何方便的时候与他们进行互动，就像大多数计算机会议一样。

教学通信模式：在其中有一个明确期望达到的教学目标，执行具体的步骤来进行评价并引导过程向目标接近；或是信息通信方式，其目标是把特定的信息提供给潜在的用户，却不直接过问这些信息是如何利用的甚至是否利用过；或是对话通信方式，其目的是交换观点和建立共同理解或是既定问题达成一致。

② 远程教学方式

远程会议：一般而言，召开远程会议要为参加者群体以讨论方式进行自由互动建立一个网络。有时会议讨论开始时会发放一些供分析用的表明观点的材料。不过，远程会议的特点是不论是音频的还是音频图像的会议,也不论是视频的还是基于计算机的会议,参加者都可以在一种相对无准备的和非结构化的情况下对讨论的话题进行自由互动,真正会议方式的应用领域限于特定种类的教育目标。

远程演讲:远程演讲原则上是单向信息传输时间,无论是在演讲过程中还是在结束后,提问和评论的机会有限。远程演讲和面对面演讲在准备上有许多是相同的,不同的只是信息的结构及其在打包成媒体和材料中的不同形式时必须考虑要用的特定系统的限制。在许多方面,准备一次远程演讲可能要利用广播教育节目的技巧和过程。例如,基于音频的远程演讲,与教育广播一样,依靠仔细准备文稿,以将其清晰的传播到与演讲者没有面对面的参与者那里。经验表明,缺乏面对面的接触,要求演讲者必须学会面对这种方式独有的许多交流上的挑战。经验同样表明,纯粹音频远程演讲模式确实提供了一些好处,例如在集中参加者的听讲注意力方面。

远程指导:远程指导更集中于远程教学的环节,包括一个指导者的演示和解说、参加者的实践以及指导者的评价与纠正反馈。一个远程指导可以由一个学生或者一个小组来策动,通过与远方的指导者联系来寻求帮助,解决所遇到的具体的学习困难。在无法进行实际动作示范时,一个人能够发展的实践技能有着明显的限制,不过,在一个纯粹音频或者音频图像的远程指导中所能完成的程序性培训,仍是令人吃惊的。在运输困难的澳大利亚和新西兰,以及北美的一些边远地区,许多护士培训通过音频或是音频图像系统来完成,这些系统使用远程指导模式来教授与设备操作甚至是某些外科手术相关的实践性任务。

远程研讨会:研讨会的特点是由一个较小小组中的参加者之一首先呈现事先研究的主题或问题,而后是所有参加者就此进行讨论。与上述其他模式相比,研讨会的好处有如下几点:在相对较小的小组中参加者可以深度投入,有一个对话题非常集中的深度讨论,在此之前的经验被分享,洞察力得以形通信成,观点得以呈现并受到挑战。通常,当希望达到高层级的学习目标——与概念和原则的加工和问题解决策略的产生等相关联的目标时,一个组织良好的研讨会是很有价值的。在音频和视频的远程培训中,如果网上通信的参加者限制在一个可控的数目内,研讨会模式相对容易进行。一般而言,10 个或 12 个参加者是理想的。在音频会议中举行有效的研讨会所面临的一个挑战是控制谁发言、何时说、说多久等。因为缺乏空间上的面对面接触,研讨会的领导难于知道谁准备发言,为确认发言者,必须询问发言者姓名,并要记住已经发言的人以保持所有参加者在发言上的平衡。

(6) 网络化学习环境中多媒体数据库的教育应用

网络环境中多媒体数据库的教育效果取决于设计者根据教学目标利用技术特性的技能,教学的一般目标是帮助和支持知识与技能的获得。教学设计可以利用许多教学理论和模式。教学理论和模式提供了选择和运作组织策略、传递策略和管理策略的方法。网络化多媒体数据库包括了整合在一个系统中的若干信息类型。网络化意味着本地和远距离的用户和数据库之间、用户之间的通信。

① 网络化学习环境的要素

多媒体系统的视听功能:多媒体系统的视听功能与通用视听功能是类似的。它提供基本的视听模式,并提供增强效果的视听模式。

数据库:和任何数据库一样,一个多媒体数据库包括储存的数据和提供数据存取的数据库管理系统(DBMS)。数据可以是静态的也可以是动态的。静态内容是指储存在文本、录像、照片、声音和视频片段中的静态信息。它从属于数据库的动态，静态内容可以通过添加、编辑或删除数据而进行修改。动态内容是指通过被激活的计算机模拟或通过可能作为数据库一部分的参考机制（如用专家知识支持问题解决的行为）来生成临时数据和信息。以日志文件和用户在使用数据库时要遵循的程序控制决策形式出现的管理数据也被看作属于数据库的动态内容。

数据库工具：数据库工具被用来进行数据库操作，如对数据库内容的操作、数据库的组织或把数据库与外部计算机程序进行衔接。

对话工具：对话工具包括互动技术的三个主要种类：通信系统、共享工作空间和组件。

② 网络化学习环境的网络特性的作用

网络化学习环境的网络特性主要有两个作用。第一，互联网能让人通过在远端或本地的数据库工具存取网上的远端多媒体数据库。这在学与教的活动中给学习者和教师提供了许多机会去观察、查找和进一步操作远端数据，也包括通过教育计算机程序使用这些数据。第二，互联网使人们能通过谈话工具相互通信。这允许远距离学习者，以及在居住环境下的学习者和教师，能与他们的同学、教师、同事进行通信，其目的包括了从减少孤独感到深入合作学习的各种情况。对目标进行存取和与人通信之间的差异在下面的段落中作为重点进行考虑。

（二）媒体的特点

在教学过程中，教师会使用不同的教学媒体，每一种教学媒体都有个性，不同的媒体也有共性，在教学设计中，教师要根据不同的教学目标、不同的学习内容和教学对象选择合适的教学媒体，发挥不同媒体的优势，促进教学。教学媒体的特性主要表现在表现力、重现力、接触面、参与性和受控性上。

1. 表现力

指教学媒体表现事物的空间、时间和运动特征的能力。空间特征指事物的形状、大小、距离、方位等；时间特征指事物出现的先后顺序、持续时间、出现频率、节奏快慢等；运动特征指事物的运动形式、空间位移、形状变换等。例如，言语、文字材料以时间因素组织信息，它们的表现形式受到时间先后顺序的影响，借助语义、语调及音响的抑扬顿挫、轻重缓急来表现事物的特征。电影、录像能够以活动的图像呈现正在变化中的过程和动向，采用接近于实物的形态，逼真地表现事物的运动方式，相对关系及状态变化又能够借助低速和高速摄影技术，调节事物和现象所包含的时间因素，还能够通过镜头的选择，从各个角度表现事物的形状、方位、距离等空间特征。幻灯和图片在表现事物的空间特征方面类似影视，然而因为它们是以静止方式反映事物的瞬息特征，所以便于学生观看。

2. 重现力

指教学媒体不受时间、空间限制，把储存的信息内容重新再现的能力。比如，教科书是最便于重现的媒体，无线电广播和电视是一种受同时性限制的媒体。但自从出现了录音和录像之后，这种限制已被打破，并以生动形象、“不知疲倦”而令言语、文字望尘莫及。但言语在重现信息时的调控能力又是独一无二的。

3. 接触面

指教学媒体呈现信息所能覆盖的范围。例如，电视和无线电广播的接触面最广，能跨越空间限制，到达无数学生的耳目边。板书、幻灯、录像的接触面只能限制在一定空间范围如教室内，而且还受环境条件限制，如放映幻灯或录像需要局部遮光等。

4. 参与性

指教学媒体发挥作用时学生参与活动的机会。模型、录音、录像等媒体提供学生自己动手操作的可能，使学生可以随时中断使用而进行提问、思考、讨论等其他学习活动，行为参与的机会较多。电影、电视、无线电广播等媒体有较强的感染力，刺激学生的情绪反应较为强烈，容易诱发学生在感情上参与。

5. 受控性

指教学媒体接受使用者操纵的难易程度。言语、板书，教科书当然由教师随心所欲使用。录音机、幻灯机、录像机也较容易操作和控制，电影放映则需受过专门训练，无线电和电视的播出则掌握在专门机构手中，学校教师无法支配它们的内容和时机。

二、媒体的选择

为了达到预期的教学目标，高效地完成既定的教学任务，在丰富多彩、功能各异的教学媒体中选择哪一种或哪几种媒体的组合才最为合适、最为有效呢？

（一）选择教学媒体的基本依据

1. 依据教学目标

每门课程、每个单元、每节课都有一定的教学目标，为了达到不同的教学目标常常需要使用不同的媒体去传递教学信息。比如要使学生知道某个概念，或理解某种原理，或掌握某项技能等，可选择图表、实物或三维动画等。为了激发兴趣、升华情感可选取音频和视频媒体。例如，在语文教学中，教学目标一般除了会写会读生字以外，再就是有感情地朗读课文或从课文中体会作者的思想感情。前者往往采用教师讲解生字的注音、字形、字义等，辅助以板书或造句子，使学生能够及时掌握生字词的读、写情况；后者则以幻灯片或录像资料给学生直观形象的讲解，使学生在情景交融的条件下能够直接地理解课文内容，体会作者所要表达地思想感情。教学实践中通常需将教学目标细化为可执行的子目标，根据子目标来组织相关教学内容，并选择与之相适应的教学媒体。譬如演讲，可通过一些视频资料来学习和模仿他人的技巧，但要体会到情绪变化则必须身临其境，进行角色扮演。适用的就是最好的，不要追求形式，常见在多媒体教室上英语课，搞了很多视频或图片，看起来很热闹，效果不见得比用录音机好。教学媒体的运用应放在教学重难点上，常见的教学重难点包括那些由于受到认知能力和经验的局限而不易理解的抽象的概念、原理；或由于受到时空的局限无法亲眼目睹、无法追踪的事物或现象；或具有一定危险而无法实现的实验等。对于这些重难点最好的方法是通过媒体创设同样或类似的情境，让学生在情境中体验，从而理解事物本质。

2. 依据教学内容

不同学科的教学内容、性质不同，对教学媒体会提出不同的要求。如在语文、思品、历史等学科的教学中，可以借助于录像等视听媒体向学习者提供一定的情境，如图片、风光片、故事片等视听媒体，使学习者有亲临其境的感受，以加深他们对课文的理解和体会。在数学、科学、物理、化学等学科教学中，可提供实物模型、图表、动画等媒体。而在学习人体解剖学时，挂图、录像和模型等与活体结构相差甚远，面对挂图和模型，要形成良好的整体认识具有很大难度。挂图清晰度差无法实现大班授课，多数学生在课堂上看不清而且人体是一复杂的几何体，单纯的平面图形很难达到全面展示的效果。尸体因为反复利用造成破损，会误导学生并且不利于实验室的可持续性建设。总之，这种平面、静态的教学方法难以让学生理解和掌握人体器官复杂的形态结构、毗邻关系和整体性，给教学也带来一定困难。还以人体解剖学为例，如运动中以关节为枢纽是比较抽象的教学内容，肌肉收缩牵拉骨所发生的位置改变，若只靠教师讲解，教师的语言艺术再高超也很难产生直观认识，学生接受困难，致使学习成绩不理想。此时，就需要用多媒体教学，以达到教学效果的最优化。多媒体教学将教材中抽象、复杂的知识通过文字、图像、影像等反映出来，使枯燥晦涩的内容变得直观生动，更好展示人体器官的形态、结构。比如对心脏的学习，如果利用多媒体通过虚拟动画演示和光标闪烁，可以清晰地把心脏的形态结构、位置和血流方向显现出来。多媒体技术把静态的教学转变为动态、直观的教学，立体性强，便于同学们全方位的掌握知识。例如，神经系统中，挂图只是在平面上学习脑脊髓的内部结构，空间性差，通过多媒体中的三维立体图像，可以清晰展示神经核和神经纤维的立体构造，利于学生理解。

3. 依据教学对象

不同年龄阶段的学习者对事物的接受能力不一样，选用教学媒体时必须顾及他们的年龄和心理特征及知识背景。另外，在两种效果接近的媒体中进行选择时，也可适当考虑学生的习惯和爱好。如，为小学生可多选择动画、投影、视频媒体，为中学生选择媒体可增加一些分析、综合、抽象、概括等理性认识的分量，重点应放在揭示事物的规律上。到了高年级，运用的幻灯片可以适当增多，可以采用交互式电子白板，运用到教学媒体中，完成生生互动，师生互动，持续的时间也可以相应的增长。例如，小学二年级的学生学习角的初步认识。在课前，小学生完全不理解角的概念。“什么是角”这个问题对于小学生来说是非常抽象也非常难理解的，教师用投影仪打出了红领巾、扇子、三角尺等一些生活中非常常见的实物给学生看，这样更为直观，学生更容易理解。小学生思维的特点是从形象的思维为主要形式向抽象的思维过渡。凡是具体形象的东西，他们容易理解和记忆，他们的抽象逻辑思维还较差。因此，教师在教学中要充分利用直观教育，注意启发学生的思考，逐步培养学生的逻辑思维能力。若使用复杂的多媒体，也会使教学内容得到展示，可能还会更引人入胜。然而一节课下来，学生对动画的感受很深，却看得眼花缭乱，不能进入主动探求，积极思考的状态，对知识的获取也处于迷茫状态，就失去了原本利用媒体进行更好教学的目的。

4. 依据媒体特征

各种教学媒体具有不同的适用性。在实际应用中，只有最适用媒体，而没有最优媒体。只有充分了解各个媒体的优点和局限性，才能在使用中扬长避短，对它们进行综合应用。比如，能用实物观察的，就无须用图片和视频；能动手实验操作的，就无须用模拟教学。例如在小学美术课上，学生学习画车，如果教师只是拿出一些车的模型，在数量上一定是非常有限的。就可以利用多媒体教学的优势，利用投影仪或 PPT 为学生展示多种车的图片，包罗古今中外各式各样的车。这样就从一定程度上扩大了学生的信息量，启发了他们的思维。

5. 依据教学条件

教学中能否选用某种媒体，还要看当时当地的具体条件，其中包括资源状况、经济能力、师生技能、使用环境、管理水平等因素。因此，理论上的最适用媒体，不等于实际上的最适用媒体。这时，如何能够选择合适的媒体就相当重要，例如，有一位老师在给五年级学生讲《仓颉造字》一课，把他们带到多媒体教室结合“仓颉造字”这个动画片给学生上课，由于动画生动形象，学生对动画很感兴趣，稍加点拨，学生最终在一种轻松愉快的氛围下掌握了课文的内容，这绝对是单纯口授课所不能达到的效果，这不得不说是这位老师选择合适多媒体给教学带来的妙处。在小学音乐教学中，多媒体教学也能起到重要作用，通过跟唱，谱曲，欣赏乐曲来对学生进行全方位的音乐熏陶，尤其是在乐器稀少的边远地区的小学，学生不见得有条件可以看到每一种乐器的实物，这就可以通过多媒体来了解各种乐器，让学生了解每种乐器的发声和作用，不失为一种比较好的办法。

选择什么样的教学媒体、怎样运用这些教学媒体，才能使教学更为有效，这是教学设计工作的重点和难点。在选择的时候，一定要把握住问题的关键，在坚持基本原则的前提下，兼顾其他因素。

（二）选择教学媒体的原则

1. 最优决策原则

美国传播学家施拉姆(Wilbur Schramm)提出的决定媒体选择概率的公式，是选择媒体的最优决策的依据，如下：

媒体选择的概率(P)＝媒体的功效(V)/需付出的代价(C)

媒体的功效是指教学媒体在教学过程中为了达到预期的教学目标，所起作用的大小程度，也就是我们通常所说的媒体在教学中使用的目标。媒体的代价包括制作或购买时所需的费用，以及使用时需付出的努力程度(经费和精力)。

2. 有效信息原则

从戴尔的“经验之塔”可以看出，各种教学媒体所体现的学习经验层次是不同的，有的属于具体的经验，有的属于替代的经验、间接的经验，有的则属于抽象的经验。因而，不同的教学内容应选择不同的教学媒体来体现。或者说，不同的教学媒体适合表现不同的教学内容。

学生的认知结构是逐步形成的，它不但与年龄有关，更与他们的知识、经验、思维的发展程度有关。因此，只有当所选择的教学媒体所反映的信息与学生的认知结构以及教学内容有一定的重叠时，教学媒体才能有效发挥作用。如上《动物狂欢节》一课，在欣赏之前，先请学生在学习资源库的自然、语文等素材中查询“狮子是什么样的动物?”“大象是怎么样的动物?”“找一找我们学过的文章中描写鱼的词和句”等。有了这些知识做准备，就为《动物狂欢节》的欣赏提供了非常有利的条件，因为在欣赏前学生已经在自主的学习中把握了各个音乐形象的特征，而且通过学生的交流，使学生拓宽了知识面，学习到了各个方面的相关知识，为这首音乐作品的欣赏打下良好的基础。再比如，在教歌曲《春天来了》一课时，就可以先选择几幅美术图案进行对比，让学生形成重复和对比的概念。之后，根据歌曲的意境及歌词内容选择语文学科中的画面和课文，再配上《春天来了》的音乐，使学生仿佛置身于美丽的春景中，从而用优美的声音来表现春天。另外还可以在网上选择关于春天的美术作品、学生的作文习作、动画，学生在欣赏的同时，不知不觉地将知识进行了重新建构，形成了关于春天的各种知识的联系，能准、广、快地把握春天的艺术形象，完成自我教学的目的。

3. 优化组合原则

各种教学媒体都有各自的优点，也有各自的局限性，没有一种可以适合所有教学情况的超级媒体。各种教学媒体的有机组合将会扬长避短、优势互补，取得整体优化的教学效果。并不是越先进的媒体对教学来说就是越好的，例如板书，作为传统教学媒体，历来在教学中被我们广泛使用，并发挥着不可磨灭的作用，它是其他媒体所不可替代的，而不是因为有新的教学媒体的出现，黑板和粉笔就退出了教学的舞台。教师精心设计的板书，往往是概括的提示课文的中心内容和重点部分，可帮助学生理解知识点，记忆相关内容。例如，幼儿园的小朋友认识动物“乌龟”时，先认识乌龟的外形特征，有四条腿，一个硬壳，一条小尾巴，一个长脖子，一个头。可以给幼儿展示一个乌龟的模型，幼儿传阅模型，“眼见为实”地了解乌龟的外形，再讲乌龟的技能，能把四条腿，小尾巴，长脖子，“缩”到硬壳里去，幼儿听得津津有味。学“缩”这个字时，怎样启发幼儿去联想也很难想象出乌龟“缩”的样子。而出示多媒体动画片，教师操作，乌龟的脖子和头一下子“缩”进硬壳里去，再用同样的方法把四条腿和小尾巴“缩”进硬壳里去，幼儿很自然地把这种动物的外形特征，技能联系起来，这样幼儿能形象地模仿乌龟的各种动作，使它的“原型”再现于幼儿的脑海之中。几种媒体的合理利用，代替了教师许多不能讲明的语言，且把抽象的知识形象化，这种教学手段既节省时间，又加深了对知识的理解。

但是，要特别注意的是媒体的组合要以取得最佳的教学效果为出发点，而不只是形式上的相加。

（三）选择教学媒体的程序

在具体教学中，选择教学媒体的一般程序如下。

1．明确对媒体的要求

首先，要确定媒体在教学过程中起什么作用。如是用于激发学生的学习兴趣、引起学生的注意还是主要用于呈现教学信息、用于指导学生练习？其次，要明确通过媒体传递哪些教学信息？这些信息服务于什么教学目标？最后，要明确所选用的教学媒体是否与教学环境条件一致。不同教学媒体对教学环境条件有不同要求，反之，选择教学媒体必须考虑教学环境和具体条件。

2．采用适当的选择模型

在教学过程中，可以根据教学目标要求和所采用的教学组织形式如集体授课、小组相互作用和个别化学习等来确定媒体选择的基本模型。

3．做出最优选择

不同教学媒体的教学特性既有相同的地方，也有不同的地方。一般来说，在媒体的选择中要综合考虑媒体能否得到、制作成本、复制经费、准备时间、技能要求、设施要求、维护要求、学生心态、教师心态等因素做出最优的选择，而不是使用的教学媒体越多越好，多媒体运用太多了会导致教师为完成预设好的教学环节疲于奔命，整堂课教师只能被课件牵着鼻子走，匆匆跑过场，根本无暇顾及学生尚未解决的问题，学生也犹如走马观花、蜻蜓点水，对应该掌握的知识没时间细细咀嚼、品味，最终落得“食而不化”。有位老师在上《福楼拜家的星期天》这课时，只用了一张朋友们聚集在福楼拜家高谈阔论的图片及几框写有阅读要求的文字幻灯片让学生讨论，指出图片中每个人物的姓名，并用文中的语句概括人物的性格，结果整堂课学生学得趣味盎然。例如，幼儿园小朋友在美术课《春天》就可以利用多媒体引导幼儿观察春天并画画。通过多媒体教学，展示春天的景色由静到动，由近到远，由简到繁，按照循序渐进的原则，若只利用一张图片就不能做得这么全面；而运用多媒体教学，让幼儿边听音乐，边观察草地上的颜色，摆动的柳条，花朵的盛放，小孩子们在放风筝，燕子飞来，小草慢慢长出来的情景。春天这一主题活动原本较抽象，但通过多媒体教学，让幼儿把自己感知的事物在脑中记下来，经过分析、判断、想象并通过各种绘画材料，把自己的意愿在纸上反映出来，丰富了幼儿的生活，陶冶了性情，提高了幼儿感受美、欣赏美的能力。以往的观察方法只能观察图片或室外进行，比较单一，而且效果不是那么理想。例如燕子飞来，鲜花的开放，小草的生长等，并不是一天就可以看到，而且需要长期的观察，而采取多媒体教学，能够在较短的时间内让幼儿完成一系列的观察，并收到较好的效果。

案例："《物种起源》导言"的媒体选择

1. 实例概述

本课例是北京汇文中学"信息技术与语文课程整合"实验的优秀课例，教学内容是高中语文"《物种起源》导言"。

2. 教学媒体与教学材料的选择与设计

本课是基于 Internet 开展的，学生运用的学习资源主要是网上资源。在教师指导下，学生结合课文内容，根据教师给出的相关资源网址或利用目录和搜索引擎进行信息搜索。

① 资源网址或网上搜索引擎作为信息搜集工具。

② 以电子邮件、BBS、QQ、聊天室等作为交流和协同学习工具。

③ 以 Office 系列工具或网页制作软件作为成果展示工具，撰写报告，制作成果展示课件。

本单元课文内容涉及达尔文和《物种起源》。教师讲述达尔文的故事或者《物种起源》的学术价值，从一定程度上调动了学生学习的热情和积极性。教师让学生以小组为单位分工协作，营造一种"比学赶帮超"的学习氛围，教师及时指导，为学生排忧解难，缓解学生学习过程中的压力。

第四节　教学过程的设计

教学是师生的双边活动，教学过程实质上是教师引导学生学习的教与学相统一活动的时间进程。在课堂教学设计中，完成了前端分析、确定教学目标、制订教学策略及选择教学媒体这些环节之后，教师紧接着要做的下一步工作就是设计师生的双边活动。古往今来，为了便于教师设计课堂上的师生双边活动，许多教育家都力图根据认知活动规律揭示教学活动的一般规律。

一、历史上的教学过程模式

（一）赫尔巴特的教学过程模式与教例

1. 赫尔巴特的四段（或五段）教学过程模式

19 世纪前期，德国心理学家、教育学家赫尔巴特提出的四段教学过程模式或许是教育史上最早的一般教学过程模式。他按照儿童获得知识的心理过程，把教学过程分为四个阶段：明了——给学生明确讲授新知；联想——使学生将新知与旧知联系起来；系统——指导学生在新旧知识基础上做出概况和总结；方法——引导学生把所学知识用于实际。后来，赫尔巴特的弟子莱因将他的四阶段教学过程模式改为五段教学过程模式，即人们所熟知的"五段教学法"，这五个步骤是：

(1) 预备。教师从全班学生真正熟悉的知识开始上课，换句话说，教学应该从学生已经形成的清晰的概念开始。

（2）提示。教师呈现当天需要学习的新材料。

（3）比较。这是教学中最重要的一步。教师引导学生对前两步所呈现的材料进行比较，注意新材料中哪些部分是在预备阶段已经熟悉的，哪些是超出了原有的材料的。通过比较和联系，教师帮助学生把新旧知识结合起来。新旧知识结合得越好，心理上的统觉就越成功。

（4）系统（或概括）。教师把引起学生注意的那些新知识的其他实例呈现给全班同学，借助这些实例，学生概括出在第三步中学到（或统觉）了的知识。

（5）应用。教师要求学生回答一些问题或者解释一段文章，即要求每一个学生根据已经概括出的规则独立地解决问题。

2. 运用赫尔巴特五段教学过程模式的教例

19 世纪末 20 世纪初，赫尔巴特五段教学过程模式盛行于欧美，后人称其为传统教育派，也影响到日本，清末兴学校后流传到我国。1909 年商务印书馆创办的《教育杂志》第一期曾征集和悬赏用五段教学编写的教案。下列“植物”教案就是该刊 1910 年第九期刊载的，它很好地说明了教案设计者对五段教学的理解，从中我们可以透视出五段教学理论中鲜明的知识传递色彩。

理科教案（高小一、二年级程度）

目的之提出：今日者讲梅花，看其属何物

一、预备：

（教）诸生见人家窗棂上，与冰纹合嵌者，为何花之纹。

（生）梅花之纹。

（教）当新春之时，不畏寒气而开放者何花乎？

（生）梅花。

（教）战争之时，军人所用之干果为何？

（生）梅干。

二、提示：

示梅之图及实物

（教）叶如何？

（生）圆形。

（教）叶之生法如何？

（生）互生。

（教）持花而嗅之如何？

（生）有清香。

（教）其色如何？

（生）有白色者，有红色者。

（教）瓣之数如何？

（生）大概五枚。

（教）萼如何？

（生）亦五枚。

(教)蕊之数如何?

(生)雄蕊二十,雌蕊一个

(教)实之形如何?

(生)圆形。

(教)其味如何?

(生)极酸。

(教)枝之状如何?

(生)概屈曲。

(教)其表面如何?

(生)粗而坚。

(教)梅之功用如何?

(生)花可赏,实可食。

(教)其外如何?

(生)用其种以为种种之细工。

(教)何物系梅所作?

(生)栉箱及算盘之珠。

三、联结:

(教)今日之梅与前日之桃比较,其花梅似?

(生)梅花颇似桃花。

(教)桃之花瓣如何?

(生)有一重者,有数重者。

(教)瓣之数如何?

(生)每重五枚。

(教)蕊之数如何?

(生)雄蕊二十,雌蕊一个。

(教)(示以樱花)知此花之名否?

(生)樱花。

(教)樱花之前,既讲之花何花?

(生)蔷薇。

(教)梅桃樱之花,与蔷薇似否?

(生)皆似蔷薇。

(教)是等之花,皆似蔷薇,故总括之曰蔷薇科。

四、总括:本于问答而书之黑板者如左。

(叶):圆形,互生。

(花):白色或红色,有清香。

(瓣)五枚。

(萼)五枚。

(蕊)雄蕊二十,雌蕊一。

(实)形圆而味酸。

(枝)概屈曲,表面粗而坚。

(效用)赏花、食实、其才可为种种之细工。

(科)蔷薇科。

既毕令生凸出笔记簿书之。

五、应用:

(教)梅花与樱花,其差别如何?

(生)樱花之瓣,其尖头裂而香不及梅。

(教)梅花以何见贵于世?

(生)以香。

(教)花之有香,譬之于人何似?

(生)花之有香犹人之有德。

(教)花之美丽胜于梅者,草木中多有之,而梅特以其芳香见重于人,人之技能不见胜于众人,而以道德之高见重于世,亦犹梅也。

(教)做梅花与樱花比较表。

(教)作观梅记。

上之比较表及问题或当时即作,或用为宿题。

(此案例转引自皮连生主编:《教学设计——心理学的理论与技术》,高等教育出版社 2000 年 6 月,第 95—96 页)

(二) 凯洛夫的教学过程模式与教例

1. 凯洛夫的五环节课堂教学过程模式

20 世纪前期,苏联教育学家凯洛夫创立了五环节教学法:组织教学→复习旧课→讲授新课→巩固新课→布置作业。它与当时苏联三十年代的经济建设需要培养大批初级文化的劳动者的社会需要是相适应的,并在很长一段时间内,对我国的教育产生了较深远的影响。

2. 运用凯洛夫五环节课堂教学过程模式的教例

下面以我国 20 世纪 50 年代发表的一份语文教案为例,具体说明凯洛夫五环节课堂教学过程模式的运用。

治水(初级中学国语课本第八册)

一、教学目标与要求

(一) 思想教育方面

1. 从记叙大禹带领劳动人民治水中,培养儿童学习大禹坚持工作、忘我不懈的治水精神。

2. 认识劳动人民在治水中集体力量的伟大,使儿童知道人类可以改造自然。

(二) 语文知识方面

1. 使儿童了解大禹治水的时代背景、人物、语文结构、语句运用及作者的地位等。

2. 使儿童懂得在写作时怎样分段。

二、教学要点

相传在中国四千多年以前,遍地洪水,许多劳动人民由大禹带去治水。前后共三十年,劳动人民在大禹“三过家门而不入”的积极影响下,终于战胜了自然灾害,将大水引到海里去。

三、教学时间45分钟

四、教学过程(第一节)

(一) 组织教学(2分钟)

检查人数及课业用品。

(二) 检查复习(约8分钟)

1. 马丽骅给斯大林的信的主要内容是什么?

2. 书信有哪些格式?(利用小黑板,二人,记分)

(三) 进行新课(约27分钟)

1. 联系旧知识,提示新材料:从人民政府积极带领劳动人民根绝淮河水患说起,启发诱导儿童学习四千多年前大禹带领劳动人民治水的故事(板书课题)。

2. 讲述故事,解说课文大意:

(1) 大禹以前,劳动人民虽常年与大水斗争,但不能把大水克服。大禹治水时,情况却迥然不同了。

(2) 大禹带领劳动人民去治水,自始至终,坚持工作,“三过家门而不入”。

(3) 由于劳动人民的集体力量和大禹的忘我精神,终于战胜了自然灾害,引水入海,奠定了农业生产的基础。

3. 朗读:教师朗读课文。

(四) 巩固新教材(约5分钟)

儿童分段试读,教师订正。

(五) 布置作业(约3分钟)

1. 课后朗读课文四遍,要求吐字清晰,一字不多,一字不少,一字不错。

2. 知道课文中的大概内容。

(此案例转引自皮连生主编:《教学设计——心理学的理论与技术》,高等教育出版社2000年6月,第97—98页)

(三) 加涅的九阶段教学过程模式及教例

1. 加涅的九阶段教学过程模式

在本章第二节中,我们介绍了加涅的九段教学策略:引起注意→告知学习目标→刺激回忆→呈现刺激材料→根据学习者特征提供学习指导→诱导反应→提供反馈→评定学生成绩→促进知识保持与迁移,这是加涅根据他对学习过程和教学阶段的理解所提出的一种教学程序。他认为教学是一种旨在影响学习内部过程的外部事件,因此教学的程序应该与学习的阶段以及学生内部活动过程相吻合。他把每一个学习行动分解成九个阶段,相应的教学基本过程则也是九个步骤。

划分九个教学步骤的目的是为了使教师的教学活动符合学生的学习规律,更好地指导学生,从而促使学习活动更加有效。它将学生的学习过程视为信息处理的过程,规定了教师在此过程中的各个阶段里的主要工作。这九个教学步骤对各类学习均有促进作用,可以作为教学活动的一般指导。教师可以通过研究和掌握九个教学步骤,确定教学活动的一般过程,明确自己的教学任务。下面对九个教学步骤的具体内容做简单介绍。

(1) 引起注意

注意是指心理状态的指向和集中,它是任何学习活动的前提条件。教师必须唤起和调控学生的注意，调动学生认知注意和情绪注意。基本方式常有：引起学生兴趣，如提出学习者感兴趣的问题；突然改变刺激，如教师突然提高或降低说话音量，或改变声调等；用体态语引起学生注意，如手势、表情、身体动作等。

（2）告诉学生学习目标

教学开始时，应让学生具体了解当教学目标达到后，他们将学会做什么，应能达到什么指标，获得什么能力，从而激起学生对学习的期望，有利于形成学生的认知内驱力。告知学习者目标，不是把答案告诉学生，而是设法使学习者明白，在教学活动结束时，教师期望他们能表现出哪一类行为表现。

要有效地陈述目标，必须借助适当的言语或非言语沟通手段。如果教学目标是："给出一个名词物体、一个主语及一个行为动词，能据此口头造句。"那么，对小学低年级的儿童来说，教师必须通俗明白地表述这一目标。教师或许可以这样说明目标：同学们，我想给大家三个词组，比方说"花狗""小明"和"抓住"，你能把它们组成一句话吗？好，我们来试试看……

（3）刺激对先前学习的回忆

学生已有的知识、技能是学习新知识的重要基础。教师应有意激发学生检索已有的知识、能力，让学生在学习新知识之前回忆与该新知识有关的先前学习的知识和技能，可以使学生充分利用认知结构中已有的观念同化新知识，有助于进行有意义学习。如教学内容是"平行四边形的面积计算公式"，教师可先复习长方形的面积计算公式，以及有关平行四边形特点的知识。

（4）呈现刺激材料

为学生呈现适当的学习材料。为了促进学生的选择性知觉，通过各种媒体呈现的学习材料应具有鲜明的特征，例如提供多种例题和变式，合理使用正例和反例等。这样，学生的知觉就会变得更容易和更准确。

呈现新材料涉及两个方面：一是新材料顺序的安排；二是教学过程中每次呈现知识内容的多少。呈现的材料应尽可能适合学习者的特点，如年龄、知识准备、学习类型等。

（5）提供学习指导

为了使学生的学习成功，教师要通过某种方式给予学生某些指导。这种指导并非是告诉学生答案，而主要为了使学生不要偏离正确的学习方向或程序，这种指导可以通过教师或教材进行。学习指导的程度必须适应学生特征，指导过多会使理解快的学生厌烦，而指导过少则可能使领会慢的学生失去信心。

（6）诱发学生行为

至此为止的教学事件均是为了保证学习者"拥有"些什么。当学习的材料已经被编码进入长时记忆中储存后，就到了该让学生实践证明这一新习得的才能的时候了，这是学生知识获得或技能形成的必经阶段，也是教师判断学生学习效果的有效途径。在教学过程中，学生对所呈现的信息以各种方式做出积极的反应。通过参与，学生能更好地理解并保持所呈现的信息。学生参与学习活动越积极主动，学习效率就越高。教师如能在呈现信息过程中插入问题，提高学生的心理参与度，这种方式即使不期望学生回答，也能产生推动学生思考的效果。

(7) 提供反馈

在学生做出反应、表现出行为之后，应及时让学生知道其结果，这就是提供反馈的活动，提供反馈的目的是促进“强化”的内部学习过程。在有些情况下，这种反馈是自动提供的。例如，某个学生上体育课练习投掷标枪，几乎标枪一落地，他就能马上看到投得有多远。但是有许多学习任务并没有提供这种“自动化”的反馈，如教学过程中学生概念的形成以及规则的运用等，这时候教师就必须为学生提供反馈。教师为学生提供反馈的方式多种多样，包括可采用向学生点头、微笑以及手势等非言语的交互作用方式。

(8) 评定行为

学生的学习是否真正产生和成立，应根据学生的学习行为加以确定。评定学习行为的目的是促进回忆并巩固学习结果。评定方式要求学生完成一个更具有总结性的作业，作业一般分为重复性作业和相似问题性作业，作业完毕后对学习成绩进行评定。一般来说，测试是评定行为的主要手段，既能检查学习结果，又能起强化作用。

(9) 促进记忆和迁移

这一活动步骤的目的在于使学生进一步牢固掌握所学内容，培养运用所学知识与技能来解决新问题的迁移能力。就陈述性知识的学习而言，教师可提供有意义的知识结构，供学生回忆知识时使用；就程序性知识的学习而言，教师应安排各种练习机会，反复要求学生回忆和运用已学的技能，进行有间隔的系统复习。

要保证学习迁移，最好能提供新知识的变式——即要求应用新知识的情境与课堂上讲解例子的情境是有所不同的。例如，学习了英语中“主谓语保持一致”的规则后，就可以提供各种不同的主谓语句子来评价学习行为，然后在迁移的情境中进一步扩展应用，如造句、改错、作文等。总之，如果某一种习得的才能够在尽可能多样的情境中加以练习，那么，任何学会的能力都会得到增强。

由以上九大教学活动所组成的教学程序具有一定的普遍性，但由于教师所面临的教学对象、教学内容以及教学环境都处于不断的变化之中，因此教师在具体应用时还需注意以下几点：

① 这九个方面组成的教学活动过程只是教学程序的基本框架，而非缺一不可、不可调整的刻板程式。

② 这九大教学活动的设计，较多地是从替代型学习策略范畴考虑的，如果完全照搬地应用，那么就会陷入策略的单一化，而会忽视生成型学习策略。在实际教学过程中，哪些活动由教师来安排，哪些活动的主动权交给学生，应当根据具体情况灵活地加以选择应用。

③ 应根据教学目标来设计相应的教学活动。对不同类型的学习，应采用不同的方法。例如，“告诉学生目标”的活动，在发现法教学中是不必要的；在“先行组织者”式教学中，往往可以使用。

④ 对一节课的教学活动的设计应灵活、突出重点，不必要在每一节课都包含所有的九个教学步骤。例如，我国学校中将课分为单一课和综合课两种类型。单一课是完成一种教学任务，涉及少数教学活动，或重复进行一项活动，如复习课、练习课等；综合课是同时完成几种教学任务，一般包括多项教学活动。

2. 运用加涅九阶段教学过程模式的教例

加涅的九大教学实践科学地阐明了学习与教学之间的关系，创造性地沟通了教和学之间的联系。下面我们以一个教学实例来说明加涅九大教学实践在教学实践中的具体运用。

“宾语”教学设计(加涅等,1988)

(1) 引起注意

先用视听手段让学生看几段对话、听听录音。用“仔细看……”“注意听……”等语词引起学生注意。

(2) 告诉目标

用简单的语言告诉学生在完成这堂课学习任务后将会做什么。

举例:Joe chased the ball.(乔击球。)　The sun shines brightly.(阳光闪耀。)

两个句子中一个带有宾语,另一个则没有。你能指出哪一个是宾语吗?第一句中“球”是动词“击”的宾语,第二句没有带宾语。这节课要掌握的是如何确定句子中的宾语。

(3) 刺激回忆先前学习

回忆以前学过的概念。

举例,任何句子都有主语和谓语。主语往往是一个名词或名词短语,动词及动词以后的句子都是谓语。下面这句句子中哪一个词是主语呢?

The play began at eight o'clock.(演出定于8时开始。)

下句中谓语从哪里开始呢?

The child upset the cart.(孩子弄倒了小推车。)

(4) 呈现刺激

给概念下定义。

举例:宾语是谓语中受(动词的)动作支配的某个名词。如下列句子:

The rain pelted the roof.(雨点敲打着屋顶。)“屋顶”是动词“敲打”的宾语。

(5) 提供学习指导

提供讲解例句:

Peter killed the cow.(彼特杀死了这头奶牛。)“奶牛”是动词的宾语。注意,有些句子并没有宾语。例如:

The rain fell slowly down.(细雨稀稀落下。)动词“落下”的动作并没有直接支配某一事物,所以该句没有宾语。

(6) 引发业绩

逐一提供3～5句例句。要求学生在带有宾语的例句旁画上圆圈,然后在宾语底下划线。

例如:Sally closed the book.(萨利合上了书本。)The kite rose steadily.(风筝扶摇直上。)

(7) 提供反馈

提供反映正确与否的信息。

举例:“书本”是“合上”的宾语,第二个句子无宾语。

(8) 评估业绩

再提供3～5句带宾语和不带宾语的例句,要求学生回答。告诉学生①是否达到了掌握水平;②如果没有掌握还需要做哪些补救矫正。

(9) 增强保持和迁移

再提供 3～5 个带宾语的例句。

间时引入复习性问题。

(此案例转引自杭州师范大学《教育学》精品课程网站 http://jyx.jpkc.cc/jyx/showindex/283/100)

二、现代教学过程的基本环节

到 20 世纪 80 年代,我国教育界对“教学过程”进行了长期的大范围研讨,提出了种种“教学过程的阶段”的见解。其中影响比较大的见解为:在教师指导下学生掌握知识的活动是教学过程中最基本的活动,学生掌握知识的基本过程由“引起求知欲”、“感知教材”、“理解教材”、“巩固知识”、“运用知识”、“检查知识、技能和技巧” 六个阶段构成。[①]

随着理论研究和实践的深入,人们逐渐认识到学生学习动机的激发和维持是展开和推进教学活动进程不可缺少的环节。同时,也逐渐认识到对教学效果的测评,能够及时了解教学进展情况,及时发现问题和及时解决问题。所以,在已有的对教学过程环节的认识基础上,现代教学过程包括“明确教学目标”、“激发学习动机”、“感知教学材料”、“理解教学材料”、“巩固知识经验”、“运用知识经验”和“测评教学效果”七个基本环节。教学过程的每一环节既是相对独立的,各自发挥着独特作用,又是彼此关联的,产生着相互作用。[②]

(一) 明确教学目标

教学目标是教师和学生双方根据一定的要求预先设想和确定的学习结果。明确教学目标,在教师方面就是要在研究教学系统特点的基础上,透彻理解教育方针、教育宗旨和教育目的,以书面材料的形式把课程目的和目标具体化,提出适切于学生身心发展水平的具体教学目标和任务,激发学生的内心需要,使他们感到需要去掌握新的概念、新的法则和把它们运用于实践的方法。要做到这一点,可以通过创设问题情境的途径,使教学目标和任务在问题情境中鲜明地表现出来。在学生方面,就是要明确自己的学习目标,并在教师创设的问题情境中,进行猜测、探索和设想,产生强烈的求知欲和学习动机。

下面一则小学数学“体积和体积单位”一课教学片段很好地展示了明确教学目标这一环节的做法。

体积和体积单位

(执教者:湖北省郧县实验小学 张汉中)

师:同学们,老师非常想和大家交个朋友,愿意吗?

生:(非常高兴地,齐答)愿意。

师:是朋友就应该相互了解,相互信任。老师想了解一下大家,可以吗?

生:(非常高兴地,齐答)可以。

师:我在家里,我的女儿非常爱穿我的衣服,你们在家是不是也这样呢?

生:是的。

师:穿上你爸爸的衣服有什么感觉?

---

① 王道俊,王汉澜主编.教育学.北京:人民教育出版社,1989 版,第 201～209 页。

② 黄甫全主编.现代课程与教学论学程(下册).北京:人民教育出版社,2006 版,第 666～669 页。

生1:很大。

生2:非常宽松。

生3:很温暖、很舒服。

生4:很温馨,感觉自己长大了。

……

师:你爸爸穿你的衣服吗?(学生个个很惊讶,大多数笑)

师:你们笑什么?

生1:我的衣服太小,爸爸穿不上的。

生2:爸爸太胖,会把我的衣服撑破。

……

师:你的衣服,你爸爸穿不上,为什么呢?像这样日常生活中看起来非常简单的问题,实际上包含着丰富的数学知识,每个同学都应该善于从生活中发现数学问题。今天我们一起研究"体积和体积单位",相信通过学习大家会理解得更清楚!

(注:此课例来自互联网)

(二)激发学习动机

教学活动主要是学生的学习活动,而这种学习活动,总是在一定的思想、情感和愿望的影响下,在学习动机的支配下进行的。学习动机是引发学生学习行为的重要力量。心理学研究表明,学习动机与学习活动可以相互激发、相互加强。一方面学习动机可以通过学习活动逐步地引发和形成;另一方面,学习动机一旦形成,它就会自始至终,贯穿于某一学习活动的全过程。学生的学习动机既可以由内驱力所激起,也可以由外部刺激引起。

在教学过程中,首先需要激发学生的学习动机。教师采取一些有效策略,可以激发学生的学习动机。如向学生提出学习要求、适当的奖励和惩罚、唤起学生学习的兴趣和求知的欲望、培养学生的责任感和使命感等,都能够在一定程度上激发和维持学生的学习动机。

例如,在数学课"等比数列的前 n 项和"的教学中,教师可创设这样的故事情境。

【故事情景】

话说猪八戒自西天取经回到了高老庄,经过几年拼搏,创建了高老庄集团,摇身变成了CEO,可好景不长,便因资金周转不灵而陷入了窘境,急需大量资金投入,于是他就找孙悟空帮忙。悟空一口答应:"行!咱们这样行不行……"

我每天投资100万元,连续30天,但有一个条件:作为回报,从投资的第一天起你必须返还我1元,第二天返还2元,第三天返还4元……即后一天返还数为前一天的2倍。八戒听了,心里打起了小算盘:

"第一天:支出1元,收入100万元;"

"第二天:支出2元,收入100万元;"

"第三天:支出4元,收入100万元;"

"……哇,发财了",心里是越想越美……不过又看看悟空的表情,心里又嘀咕了:"这猴子老欺负我,会不会又在耍我?"

【教师提问】

聪明的同学们，帮八戒一把，帮他算一算，这笔交易划不划算？下面相互讨论一下。

在学生讨论的过程中，教师引出本节课的主题“等比数列的前n项和”。

（三）感知教学材料

学生在教学过程中，主要是以学习书本知识来认识客观世界的。书本知识一般以抽象的理性知识为主，具体表现为概念、定理、公式、原理等，而这些理性的知识都是对客观世界各种事实和现象的抽象概括。学生要理解这些抽象的理性知识，必须以一定的感性知识为支撑。感知教学材料，就是对教学材料进行初步的把握，将教学材料承载的抽象的知识与直观、生动的形象结合起来，形成关于客观事物的正确表象，从而有利于学生对抽象知识的理解。

教学过程中学生获得感性知识的途径和形式是多方面的。一是直接感知。通过参观见习、实验实习等，对相关对象进行直接的感知，获得大量的感性认识和直接经验，为理解抽象的书本知识创造条件。二是间接感知。通过直观教具的使用、利用生动形象的语言描述、引导学生回忆、使记忆表象重现等办法，可以帮助学生用所获得的感性知识来理解抽象的知识。

例如，小学数学例“万以内数的认识”，教师可以给学生播放一系列图片：世界最高峰珠穆朗玛峰的海拔高度大约 8 848 米；世界第一大洋太平洋的平均深度大约 4 028 米；世界第一斜拉索桥上海杨浦大桥全长 8 354 米……学生通过观看这些壮丽的图片，形象地感知了图中每一个数字。

再如，上海复旦附中康桥学校周金芳老师巧用实物及图片，进行小学英语词汇教学，取得了良好的效果。

把英语单词同实物或情景直接联系，增强语言的真实性、形象感，易于调动和保持学生的学习兴趣。特别是对于英语学习初级阶段的学生，采用直观教学，使学生一开始就把实物或动作与英语直接联系起来，获得一个直观印象。

例如，在教学“melon”一词时，我把西瓜装在袋中，让学生触摸后猜一猜，等学生猜中后，我拿出“melon”让学生抱着西瓜一个接一个学说“melon”，最后西瓜传到我手中，我切开西瓜尝了一口，点点头说：“It’s sweet. I like melon.”学生们都会心地笑了。在如此轻松欢快的氛围中，“melon” “sweet” “I like melon.”已深深印在他们脑中。

新异的刺激物也能激起学生的兴趣。在教学“blouse，dress，coat，shoes，trousers，skirt，shirt”等单词时，我带了一男一女两个可以站立的塑料小模特。首先，我拿起 shirt 穿在男孩子身上，再拿起 skirt 套在女模特身上，然后让学生听音区别。孩子们顿时活跃起来，坐在前面的几个还站起来，揪住小模特的裙子和衬衫，嘴里直叫 skirt，shirt 两个单词。到最后，当我把 blouse，dress，coat，shoes，trousers，hat 等全套在两个小模特身上，孩子们纷纷举手站起来说。我想这两个小模特在孩子们心目中的“爆炸力”不亚于他们过新年时的“炮仗”。

（四）理解教学材料

理解教学材料就是要领会书本上的理性知识，从而达到对客观事物本质及规律的认识。

理解教学材料是在学生获得感性知识的基础上，在教师的指导下，经过学生自己的思维加工而实现的，思维是认识活动的核心要素。理解教学材料阶段的重要任务，就是启发学生，引导学生开展积极的思维活动。

在教学过程中，要实现感性知识到理性知识的上升，关键就是要使学生开展积极的思维活动。为此，教师工作的重心通常放在提示学生思路、引导学生自己探索、教给学生思维的方法、培养学生的思维能力等方面。在学生的认识活动中，除了思维这一核心要素之外，还有观察、记忆、想象等要素的参与，所以，在教学过程中对学生观察力、记忆力、想象力的培养也是不可忽视的。

例如，在小学数学教学中，教师可设计如下活动，促使学生理解“周长”的概念，并上升到“计算周长的方法”。

教学长方形、正方形周长时，在学生通过直观形象认识三角形、长方形等图形的周长含义后，给每人发一个长方形（大小不一），要求他们动脑筋想办法算出它的周长。这时，可以发现学生都用直尺测量，但有的是量四条边的长，有的只量长和宽，虽然这两种测量方法反映了学生智力水平的差异，但全体学生都积极参与了这一活动。在列式时，有的列：（长＋宽）×2，有的列：长×2＋宽×2，较多的是把四条边顺次相加。这时让学生大胆说出思考过程，在相互交流和讨论、分析、比较中，选出最适合自己的方法，从而把低层次的数学知识上升到高层次的数学知识，这样学生亲身经历了知识的形成过程，在数学活动中学会了数学。

同样，教师在教学“面积”这一知识点时，亦可设计如下活动来激发学生的想象力和创造力。

学习平行四边形、三角形、梯形的面积后，教师打破常规，带领学生走出教室，来到学校一块空地旁，然后安排了一道题：“要在这块空地设计一个花坛，它的面积是60平方米，可以有几种设计方案？”当学生接触这道题时，积极性十分高涨，他们运用已学习的基础知识，加上丰富的想象，各种很有创见的设计方案展现在人们面前，这时，学生的创新意识得到了充分的发挥。

（五）巩固知识经验

巩固知识经验是指学生把所学的知识经验牢固地保存在记忆中。学生以学习书本知识、接受间接经验为主，如不及时地巩固强化，就会产生遗忘，不利于对后续知识经验的学习理解，也难以做到学以致用。

在教学过程中，教师不仅要向学生提出记忆的要求，而且要指导学生记忆的方法。尤其要注意将巩固知识经验与死记硬背知识经验区分开来，帮助学生认识和掌握记忆的基本规律，帮助学生认清机械记忆和理解记忆的特点和作用，着重培养学生理解记忆的能力，帮助学生掌握或形成适合自己的记忆知识经验的方法。此外，通过加强复习和练习，也可以达到巩固知识经验的目的。

如小学语文教师在教低年级学生认字时，可以参考下面的方法。

在课堂中，教师要找准游戏与教学内容的结合开展游戏，使学生真正“动”起来，做到在玩中学习，玩中思考，玩中创新。比如在教学一年级下册《识字7》时，教师可穿插以下活动辅导教学：出示课文左上方插图，让学生“猜一猜”、“演一演”。使学生主动参与到课堂中来，充分调动学生的学习积极性。针对学生的年龄特征和注意特征，在教学中要经常变换不同的教学方法进行巩固识字练习。复习生字笔顺时，可以用"对口令"的游戏。如"斗"字的笔顺，口令如下："斗"字怎么写？"斗"字这样写：点点横竖。这就是"对口令"。复习组词可以用"找朋友"、"词语接龙"等游戏进行。

（六）运用知识经验

将所学知识经验运用于实践，是帮助学生加深对书本知识的理解、形成分析问题和解决问题能力的关键环节，尤其是在培养学生的独立性和创造性方面有着重要的作用。

在教学过程中，教师引导学生运用知识的形式是多种多样的，有练习作业、实验、实习等，另外，还可以与生产劳动、社会实践等活动联系起来，相互配合、相互促进。其中，练习作业是最经常的一种运用知识经验的形式，但一定要注意练习作业的内容、类型、方式，努力避免一味地简单重复和机械模仿的练习，力求练习作业的灵活多样性和创造性，发挥练习作业在培养学生独立性、创造性方面的积极作用。

在实践中，教师可以变换一些题型，如诗体数学题，从形式到内容都能使学生耳目一新，诸如以下题目：

在教学了"最小公倍数"后，可以设计如下的一道诗体数学题。

三个女儿来看娘，
三五七天各一趟。
今日都往娘家走，
何日一齐再见娘？

这样一道关于最小公倍数的习题，如若用常规方法呈现，需要增加文字才能表述清楚：一位婆婆有 3 个女儿，大女儿 3 天来一趟，二女儿 5 天来一趟，三女儿 7 天来一趟，她们今天恰好在娘家聚齐，请问三姐妹再次聚齐，至少需要多少天？相比之下，28 字的诗体题不但叙述简洁，而且还富有韵味，读来朗朗上口，学生怎会不感兴趣？

再举一例，国标苏教版五年级下册第九单元《解决问题的策略——倒过来推想》，教材就安排了这样一道诗体题。

李白街上走，提壶去买酒。
遇店加一倍，见花喝一斗。
三遇店和花，喝光壶中酒。
借问此壶中，原有多少酒？

这样的题型学生觉得生动有趣，乐于接受。同时还为我们的数学课堂增添了几分"文学味"！

在设计作业时，教师还应该尊重差异，从学生实际情况出发，为了满足不同个体的不同要求，练习设计要着力体现新课程的要求，为不同水平的学生提供不同的展示平台，实施分层建构，扩大练习参与度，如下面的例子：

在学习完百分数应用题以后，我们以奥运福娃为主题由易到难安排以下 4 道题供学生选择练习。

一星题：奥运专卖店运来一批奥运吉祥物"福娃"，共 400 个。1 小时就售出了总数的 40%，已售出了多少个？

二星题：奥运专卖店运来一批奥运吉祥物“福娃”，1小时就售出了160个，正好占总数的40%，这批“福娃”共多少个？

三星题：奥运专卖店运来一批奥运吉祥物“福娃”，已经售出40%，营业员又进货180个，正好相当于原来的25%，已售出了多少个？

四星题：奥运专卖店运来一件大型奥运吉祥物“福娃”，第一天按原价出售，没人来买，第二天降价10%，仍没人来买，第三天再降价120元，售出，出售的价格恰好是原价的66%，原价是多少元？

同时，教师还需考虑设计内容丰富、形式新颖、具有发散性的开放题，例如：

为了配合学校校本课程《家乡特产》的实施，可围绕“大蒜种植”这一主题在各年级开发一系列实践性作业，例如三年级学生学习“毫米、分米的认识”后，让学生当当小小农科员：取一瓣蒜放在有少量水的玻杯内，先观察它几天后开始发芽，再记录下一周内蒜叶的生长情况；四年级学生在学习统计后，要求他们每两天一次记录蒜苗生长情况，并制作统计图；高年级学生我们则要求学生测算大蒜的发芽率及产量分析，写分析报告。在这样的一段探究、实践过程中，孩子们不但收获了观察的乐趣、研究的艰辛，更收获了一种习惯、一种态度。孩子们感受到数学就在身边的同时我们也实现了数学与综合实践的学科整合。

（七）测评教学效果

教学效果检查、测量和评价，是保证教学过程良性循环，争取理想教学效果的重要环节。系统科学的反馈原理表明，任何系统只有通过信息反馈，才可能实现有效地控制，从而达到预期的目的。教学作为一个特殊系统，要保证课程与教学目标的有效达成，就必须通过信息反馈，实现对教学过程的有效控制。而教学效果的检查、测量和评价是获取反馈信息的重要来源。

教学效果的测评包括检查、测量与评价两个方面。教学效果的检查和测量是对教学过程及其结果进行事实信息的收集和判断，而教学效果的评价是对教学过程及其结果的价值判断，前者是后者的基础和前提。教师在教学过程中，一般可以通过观察、提问、家庭访问、检查书面作业、评阅单元测验和考试试卷等方式，还可以采用专门的测量方法，来了解学生掌握知识、智力水平、学习态度等方面的情况，获得有关的反馈信息，及时调控教学过程。在教学过程中，教师还应注意引导学生学会自我检查与测量和自我评价，促使学生自觉调控学习过程，强化学习动机，增强学习能力，从而保证教学取得更好的效果。

尤其需要指出的是，许多老师在检查学生作业时，仅仅是打钩、打叉，再给一个分数，概括起来就是“生硬批改多，人文评价少”。实质上，在测评教学效果时，“分数也应有人情味”。[①] 下面的例子中，教师正是做到了这一点。

著名教育家陶行知先生当年任育才学校校长时，有一次，一位女生在数学考试的一道题中少写了一个小数点，被他扣了2分。试卷发下来后，她偷偷地添上了这一点。然后，来找陶先生要求加分。先生虽然从墨迹上看出了试卷是改动过的，但并没有批评，没有当面点破，反而满足了那个孩子的补分愿望，不过，他在那个小数点上重重地画了一个红圈，作为一

① 曾文婕编著.课堂教学设计.北京：北京师范大学出版社，2011版，第131～132页。

种暗示。

学生领会了老师的意图，惭愧不已，以至多年以后还难以忘怀。已经成人成才的女孩回想起当年那一幕，仍然激动异常。她当时是抱着忐忑的心情去找老师的，生怕老师看出破绽来。然而，老师的举动没让她的面子难堪，却让她的心震撼了。她说："那件事过后，我才真下决心用功学习，才下决心做个诚实的人。"

在实际教学中，我们通常会发现一个看似不经意的教育行为和习惯的背后，却往往能折射出教师的价值观和教育观。细细品味陶先生的做法，整个过程不露一丝教育的痕迹，但陶先生在不动声色中掸去了蒙在学生心灵上的尘埃，"点到为止"地唤醒了学生内心深处的美德，收到了润物无声的教育效果。这貌似普通的教育案例里蕴含着大师的教育艺术和教育机智，更闪现着人性的光辉。

另一位老师，则做着"分数中的减法"。

一位老师布置学生写作文，其中一个孩子只写了200多字，而且字迹潦草，错别字连篇，但是文章的构思较为新颖。按惯例，这样的作文给60分也就差不多了，但对学生的触动不大。于是老师给他打了"95—20—15"这样一个分数，并在分数下面做了解释。95分——构思新颖，有创新精神，减20分——字数不足规定数，减15分——由于书写太潦草，还有错别字。

同是60分，但两者不可同日而语，不仅肯定了学生的创新精神，而且较为具体地指出了存在的问题，比单一的60分更具激励性、针对性。学生从这个分数中不仅看到老师对他的信任，而且看到了自己的希望和努力方向。这是一个简单的60分能做到的吗？

上述教学过程的基本环节反映了教学过程时间连续性的特征，各个环节都有自己独立地位，发挥着独特的作用；彼此之间又是有机联系、相互衔接的。这七个基本环节也是各个学段、各门课程的教学一般都要经历的共同的环节，我们可以把它叫作"基本式"。

在教学活动中，由于情况的复杂多样性，教学过程的基本环节也就不可能是一成不变的，会因时因地因人因课和因条件不同而衍生出若干的"变式"。在若干的变式中，有的是对"基本式"的"适当改造"的结果，具体表现为有的环节可以省略，或者是环节之间的顺序可以调换。不过需要注意的是，在这样的"变式"中，尽管有的环节可以省略，但只能是形式上的省略，所省略环节的作用是不可忽视、不能省略的。例如，在某门课程的教学中，学生对即将学习的内容已经产生了浓厚的兴趣，那么教师在教学活动展开时，可以省略激发学习动机这一环节，但学生的学习动机对整个教学过程所起的作用是不能省略的。

另外，在若干的"变式"中，也有与"基本式"完全不同的形式，可以看作是"基本式"的"变异"。由于具体的教学目标、教学任务和教学内容，以及所采用的教学方法、组织形式等具有比较强的差异性，就使得教学过程的环节也有多种多样的表现形式。教师在教学过程中，引导学生学习一个相对完整的知识内容所需要经历的阶段，可以根据具体情况对教学过程的环节做出具体的安排。此外，需要注意的是，有的教学过程并不一定是以学习掌握一个相对完整的知识内容为目标，而可能是对某个问题进行思考和探索、对某种技能进行操练和巩固等，因此，教学过程的环节还会有更多的"变式"。

第五节　教学设计方案的形成

在进行了课程标准分析、学习需要分析、学习者情况分析、教学内容分析、教学目标阐明、教学策略制订、教学媒体的选择以及教学过程的设计的基础上，就可以按照规范的结构撰写出课堂教学设计方案了。

本书提倡的课堂教学设计模板采用内蒙古师范大学李龙教授编制的分页式教学设计模板及连页式教学设计模板两种，其具体填写要求及模板基本格式如下。

一、课堂教学设计模板的填写

课堂教学设计模板通常称为课堂教学设计表，除首页（上报材料时用）外，由5张基本表格组成。在填写时应注意以下几点：

1. 章节名称

按照教科书上的章、节（或课）的顺序和名称填写。在一般情况下，是以教科书上的一节（或一课）为单位进行课堂教学设计的。如果教科书上的一节（或一课）在实际教学时需要两堂以上的课（我们把它称为学时）才能完成，那么在进行课堂教学设计时，既可以统一设计、分段教学，也可以按学时分别设计、各成体系。

如《初中化学》第二章第二节：原子，统一设计时章节名称可填写为：§2.2　原子；分别设计时则为：§2.2　原子（第一学时）和§2.2　原子（第二学时）两个设计表。

2. 计划学时

按照设计的授课实际需要填写。如上述统一设计，需要两堂课来完成“原子”这一节的教学内容，因此在“计划学时”栏中应填写“2”；若按照第二种分学时的设计方案，则在对应的“计划学时”栏中填写“1”。

3. 教学目标

应根据本课程的课程标准（教学大纲）的要求，认真研究教学内容和分析教学对象（学生）的特点，提出本节（课）的教学目标。

教学目标的编写一般包括了认知、动作技能和情感三方面的内容。按新课标的要求，教学目标应包括知识和能力、过程和方法、情感态度和价值观三方面。尤其是情感目标，应在深入研究教学内容的基础上，挖掘、提炼对学生思想、品德发展有积极意义的方面，因势利导、自然贴切。

教学目标的叙述应简洁、准确、精练，概括性强，包括对象、行为、条件和标准四个要素。它和表下方的各知识点学习目标有着直接的关系，但又不是所有学习目标的简单相加。

另外要注意的是，教学目标涉及的范围要和上面“章节名称”栏中所确定的范围相符合。如果是一节（课）的统一设计，教学目标也应是整节（课）的；若是按学时分别设计的，则教学目标应是对应该学时教学内容的那一部分，而不是该节（课）的全部。

4. 学生特征

填写学生在学习本节（课）时的学习准备情况，作为解决教学重点、难点，选择教学策略，设计课堂教学过程的依据。如果在课程教学设计时，已经对教学对象做过分析，没有新的内容，此栏可以不填或删去。

5. 学习目标描述

学习目标描述的内容分三个部分：

(1) 知识点编号

指该知识点的代号，它在本课程中具有唯一性。知识点编号由两部分组成：前边为章、节（或课）的代号，后边为该知识点在本节（课）中的顺序号，中间用短横线相连。如：

2.6－1　代表第二章第六节的第一个知识点；

3.2－3　代表第三章第二节的第三个知识点；

28－4　代表第28课的第四个知识点；

1.3.4－2　代表第一编第三章第四节的第二个知识点。

(2) 学习目标

指每个知识点所具有的学习目标层次。

(3) 具体描述语句

指对学习目标各个层次的具体描述。

在课堂教学的条件下，教学对象特指授课班级的学生，因此在目标描述中可以省略而不致引起误解；教学条件一般都在教室、实验室等教学场所进行，如非必要也可以省略；评价标准除了特指以外，都以达到本节课的教学目标或本知识点的学习目标层次为依据，因此也不必再重复说明。对于学习目标的具体描述，只要用动宾短语来说明与学习目标相对应的学习行为就可以了。如：

知道电路各组成部分的名称和基本作用；

画出常见电路组件的符号和简单的电路图；

掌握二氧化碳的实验室制法；

了解环境对人类生存的重要性，树立环保意识。

6. 教学重点和难点

教学重点是构成本课程的知识和能力体系中最重要和最本质的学习内容。教学难点主要指由于知识的深度和知识的模糊性造成学生在学习过程中遇到的困难问题。

在填写此栏时，除应简要地说明重点、难点的内容外，更重要的是考虑如何突出和强化教学重点、突破和化解教学难点。在填写“解决措施”一栏时，应把考虑的具体措施简要地加以说明。

7. 教学媒体（资源）的选择

本栏是对课程教学设计表中教学媒体（资源）列表的具体落实，此栏共有9项内容：

(1) 知识点编号

同前。

(2) 学习目标

同前。

(3) 媒体类型

指选用的教学媒体的物理形态。一般常用的媒体有：图表、照片、标本、模型、幻灯、投影、电影、录音（CD）、录像（VCD）、课件（文本、图片、动画、视频、音频）、网络等。除此之外还包括教师和学生在教学过程中的活动，如演示、示范、实验、上网等。

(4) 媒体内容要点

指选用的教学媒体的主要内容,用一句简洁的话来概括。一般情况下,媒体的名称(题目)大多可以反映它的内容要点。

(5) 教学作用

指媒体在教学中所起的作用。它已经在表中列出,选用时只要把相应的代号 A、B 等填入栏内即可。

(6) 使用方式

指媒体在教学过程中使用的方法。它也在表中列出,只要把相应的代号 A、B 等填入栏内即可。

(7) 所得结论

指媒体使用后预期的结果。如阿基米德演示实验预期的结果是学生将认识到物体在液体中受到的浮力与排开液体的体积有关系。

(8) 占用时间

指媒体使用过程需要的时间。在进行教学设计时,应充分估计到实际教学过程进行中可能出现的情况,计划好媒体使用的时间。这样有利于教学进度及课堂教学各个环节的合理掌握。

(9) 媒体来源

包括自制、购入、库存、取自××资源库、网上下载等。

8. 板书设计

板书是指教师讲课时在黑板(白板)上所写的文字、公式符号和所画的图表等内容。它是整个教学思路和内容的浓缩,是课堂教学重要的一环。

板书设计的目的不仅仅是从表面上要求做到美观、整齐,充分合理地利用板面,更重要的在于板书可以使课堂讲授的主要内容按一定的形式有条理地呈现在黑板上,有助于学生更好地突破难点、掌握重点,进而提高教学质量。

因此,要求板书设计紧密结合教学内容,做到重点突出、内容完整,系统性、逻辑性强,符合视觉心理,便于学生的学习。

"板书设计"一栏,整体可作为一幅板面,也可分为 4 幅板面,或者作为 8 幅投影片(只限板书内容)使用。如果需要在板面上书写的内容较多,设计时可以只用符号"×××"代替板书内容即可,不必把字符一一写出。

我们通常所用的板书,多为逻辑式的,如:

一、× × × × × × ×

1. × × × × ×

(1)× × × ×

① × × × × × × ×

其实,板书的形式是多种多样的。如果精心设计,学生得到的将不仅仅是学习的内容,而且是一种艺术上的享受和审美情趣的陶冶。

9. 课堂教学过程结构的设计

课堂教学过程结构图通常称为流程图,这是课堂教学设计的关键所在。前面所进行的教学目标、教学内容、教学对象的分析,教学策略(包括教学模式、教学方法、教学组织形式)、教学媒体(资源)的选择,课堂教学结构类型的选择与组合等工作,都将在课堂教学过程结构的设计中得到体现。

为了便于教学和交流,我们规定在课堂教学过程结构设计中统一使用下列图形符号:

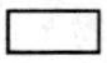 内填写教学内容和教师的活动内容;

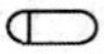 内填写媒体的类型和媒体的内容要点;

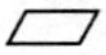 内填写学生在课堂教学过程中所进行的活动内容;

 内填写教师进行逻辑判断的内容;

 为课堂教学过程开始和结束的符号。

10. 课堂教学过程设计思路

详细叙述课堂教学过程每一步骤的设计依据、教学结构四要素(教师、学生、教学内容、教学媒体和资源)的相互关系,以及学习理论和教学理论的指导作用等。既可以用文字叙述,也可以采用以下任意一种表格形式叙述。如果课堂教学设计只是为自己的教学使用,不准备和别人交流,可以不填写此栏,只保留流程图即可。

教学环节	教师的活动	学生的活动	教学媒体(资源)	设计意图

教学环节	教师的活动	学生的活动	设计意图

教学环节	教师的活动	学生的活动	学习理论教学 理论的应用

11. 个性化教学

为学有余力的学生和需要帮助的学生设计不同的教学目标、选择相应的教学策略,促进他们的发展。

12. 形成性检测

它是按照教学目标编制的一组检测题,用以考核学生对本节课(或本知识单元)的基本知识和基本概念的掌握程度。它不同于课堂练习和课外作业,需要教师自己设计、编制。

形成性检测题的编制,应按如下要求进行:

(1) 将每个知识点用一个或一个以上的检测题与之对应;

(2) 将每个知识点上每个层次的学习目标用一个或一个以上的检测题与之对应;

(3) 将所有的检测题由简单到复杂顺序排列;

(4) 在满足上述三项要求的前提下,检测题要尽量精简,要求做到题量少但满足检测的需要。这就需要任课教师深入钻研、精心设计。

13. 评价量表

在课堂教学活动中,如果需要对学生进行过程性评价和成果评价,应该设计相应的评价量表。此栏可根据需要确定其大小。如果不需要,可将此栏删去。

14. 形成性评价

形成性评价是对每节课(或知识单元)教学情况的评价,在本栏中应填写以下内容:

(1) 形成性检测题的检测结果;

(2) 课堂教学过程中的反馈信息;

(3) 批改作业中发现的问题;

(4) 遇到有测验和考试时,记录其评价结果。

此栏应在每节课后及时填写。对上述反馈信息中发现的问题,应在后续教学中及时解决,以保证教学效果最优化。

15. 教学反思

教学反思是教师在教学过程中不断思考,不断进步的总结和记录,反映了教师成长的经过。此栏在需要时填写,内容较多时,可另加附页。

二、课堂教学设计模板(一)

该模板为分页式,供课堂教学设计使用,如表 3-9 所示。

表 3-9　分页式模板

课程名称__________设计者__________单位(学校)__________授课班级__________

<table>
<tr><td colspan="2">章节名称</td><td colspan="3"></td><td>学时</td><td></td></tr>
<tr><td colspan="2">教学目标</td><td colspan="5">课程标准:
本节(课)教学目标:
知识和能力:
过程和方法:
情感态度和价值观:</td></tr>
<tr><td colspan="2">学生特征</td><td colspan="5"></td></tr>
<tr><td rowspan="5">知识点学习目标描述</td><td>知识点编号</td><td>学习目标</td><td colspan="4">具体描述语句</td></tr>
<tr><td></td><td></td><td colspan="4"></td></tr>
<tr><td></td><td></td><td colspan="4"></td></tr>
<tr><td></td><td></td><td colspan="4"></td></tr>
<tr><td></td><td></td><td colspan="4"></td></tr>
<tr><td colspan="2">项目</td><td colspan="2">内容</td><td colspan="3">解决措施</td></tr>
<tr><td colspan="2">教学重点</td><td colspan="2"></td><td colspan="3"></td></tr>
<tr><td colspan="2">教学难点</td><td colspan="2"></td><td colspan="3"></td></tr>
</table>

<table>
<tr><td rowspan="5">教学媒体/
资源选择</td><td>知识点
编号</td><td>学习
目标</td><td>媒体
类型</td><td>媒体内容
要点</td><td>教学
作用</td><td>使用
方式</td><td>所得结论</td><td>占用
时间</td><td>媒体
来源</td></tr>
<tr><td></td><td></td><td></td><td></td><td></td><td></td><td></td><td></td><td></td></tr>
<tr><td></td><td></td><td></td><td></td><td></td><td></td><td></td><td></td><td></td></tr>
<tr><td></td><td></td><td></td><td></td><td></td><td></td><td></td><td></td><td></td></tr>
<tr><td colspan="9">①媒体在教学中的作用分为：A. 提供事实，建立经验；B. 创设情境，引发动机；C. 举例验证，建立概念；D. 提供示范，正确操作；E. 呈现过程，形成表象；F. 演绎原理，启发思维；G. 设难置疑，引起思辨；H. 展示事例，开阔视野；I. 欣赏审美，陶冶情操；J. 归纳总结，复习巩固；K. 自定义。
②媒体的使用方式包括：A. 设疑—播放—讲解；B. 设疑—播放—讨论；C. 讲解—播放—概括；D. 讲解—播放—举例；E. 播放—提问—讲解；F. 播放—讨论—总结；G. 边播放、边讲解；H. 边播放、边议论；I. 学习者自己操作媒体进行学习；J. 自定义。</td></tr>
<tr><td>板书
设计</td><td colspan="9"></td></tr>
</table>

<table>
<tr><td rowspan="2">课
堂
教
学
过
程
结
构
的
设
计</td><td>教学模式：　　　　　　　　教学过程结构：</td></tr>
<tr><td></td></tr>
</table>

课堂教学过程设计思路

思路 1：

教学环节	教师的活动	学生的活动	教学媒体（资源）	设计意图

思路 2：

教学环节	教师的活动	学生的活动	设计意图

思路 3：

教学环节	教师的活动	学生的活动	教学媒体（资源）的作用

思路 4：

续表

	教学模式：	教学过程结构：	
教学环节	教师的活动	学生的活动	学习理论教学理论的应用

思路5：

教学环节	教师的活动	学生的活动	信息技术的应用

思路6：

流程图或教学环节	学生的活动	教师的活动

个性化教学

为学有余力的学生所做的调整：

为需要帮助的学生所做的调整：

形成性检测	知识点编号	学习目标	检测题的内容
评价量表	（需要时，可在此处加入评价量表；不需要时，将该栏删除。）		
形成性评价	（本栏在每节课后必须及时填写。）		
教学反思	（需要时填写，内容较多时可另加附页。不需要时，将该栏删除。）		
备注	〔填写对帮助过自己的人（包括参阅的文献、借鉴的案例，以及在教学设计和教学实践中帮助过自己）表示的感谢和其他要说明的事项。〕		

三、课堂教学设计模板(二)

该模板为连页式,供课堂教学设计使用,如表 3-10 所示。

表 3-10 连页式模板

章节名称					
学科		授课班级		授课时数	
设计者		所属学校			

本节(课)教学内容分析

依据标准

课程标准:

本节(课)教学目标

知识和技能:

过程和方法:

情感态度和价值观:

学习者特征分析

一般特征:

初始能力:

信息素养:

知识点学习目标描述

知识点编号	学习目标	具体描述语句

教学重点和难点

项目	内容	解决措施
教学重点		
教学难点		

教学环境设计

教学媒体(资源)选择

知识点编号	学习目标	媒体类型	媒体内容要点	教学作用	使用方式	所得结论	占用时间	媒体来源

续 表

章节名称					
学科		授课班级		授课时数	
设计者		所属学校			

①媒体在教学中的作用分为：A. 提供事实，建立经验；B. 创设情境，引发动机；C. 举例验证，建立概念；D. 提供示范，正确操作；E. 呈现过程，形成表象；F. 演绎原理，启发思维；G. 设难置疑，引起思辨；H. 展示事例，开阔视野；I. 欣赏审美，陶冶情操；J. 归纳总结，复习巩固；K. 自定义。

②媒体的使用方式包括：A. 设疑—播放—讲解；B. 设疑—播放—讨论；C. 讲解—播放—概括；D. 讲解—播放—举例；E. 播放—提问—讲解；F. 播放—讨论—总结；G. 边播放、边讲解；H. 边播放、边议论；I. 学习者自己操作媒体进行学习；J. 自定义。

板书设计

关于教学策略选择的阐述

课堂教学过程结构设计（本栏为课堂教学设计的重点，应详细阐述并绘出流程图）

教学环节	教师的活动	学生的活动	教学媒体（资源）	设计意图、依据

教学流程图

教学内容和教师的活动　媒体的应用　学生的活动　教师进行逻辑判断

个性化教学

为学有余力的学生所做的调整：

为需要帮助的学生所做的调整：

形成性检测

知识点编号	学习目标	检测题的内容

评价量表

续 表

章节名称					
学科		授课班级		授课时数	
设计者		所属学校			

（需要时，可在此处加入评价量表；不需要时，将该栏删除。）

形成性评价

（本栏在每节课后必须及时填写。）

教学反思、总结

（需要时填写。不需要时，将该栏删除。）

感谢、其他

〔填写对帮助过自己的人（包括参阅的文献、借鉴的案例，以及在教学设计和教学实践中帮助过自己）表示的感谢和其他要说明的事项。〕

【自我评价】

（1）教学目标的陈述方法有哪些？请比较其各自的优缺点。

（2）请结合一给定的教学单元，撰写相应的教学目标。

（3）在前述活动的基础上，制订相应的教学策略。

（4）试分析各种教学媒体的优点及局限性。

（5）阐述教学媒体设计、选择的一般要求是什么？

（6）简述历史上著名的教学设计过程模式及其对现代课堂教学的影响。

（7）结合一个你熟悉的单元，在完成教学内容分析、学习者分析、教学目标阐明、教学策略制订、教学媒体选择的基础上，制订一个完整的教学设计方案。

【资源链接】

[1] 何克抗，林君芬，张文兰．教学系统设计[M]．北京：北京师范大学出版社，2006.

[2] 谭小林．课堂教学设计中教学目标的确定与陈述[J]．当代教育科学，2003(10).

[3] 李向荣，杨开城．对认知领域教学目标分类的再认识[J]．中国电化教育，2002(4).

[4] 陈晓慧．教学设计[M]．北京：电子工业出版社，2005.

[5] 李晓文，王莹．教学策略[M]．北京：高等教育出版社，2002.

[6] 林存华．教学策略、教学模式等概念辨析[OL]http://www.rr365.com/Article/Class4/200603/5820.html.

[7] 朱跃龙．教学媒体的选择与应用对教学设计要素的影响分析[J]．教学与管理，2014(2).

[8] 彭小明，郑东辉．课堂教学技能训练[M]．北京：高等教育出版社，2012.

[9] 彭保发，齐恒等．微格教学与教学技能[M]．南京：南京大学出版社，2011.

[10] 李龙．教学设计[M]．北京：高等教育出版社，2010.

第四章
主题单元教学设计

【学习目标】

学习本章后，你应能做到：

1. 了解什么是主题单元；
2. 掌握主题单元的设计方法；
3. 能够结合自己的专业完成主题单元设计，并填写设计模板。

【本章知识导图】

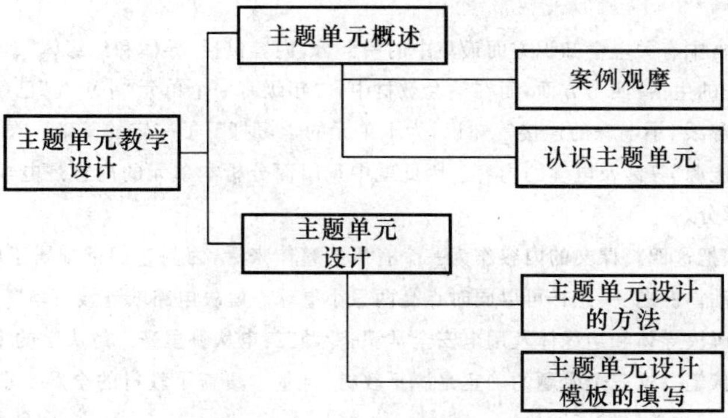

第一节　主题单元概述

本章采用案例研习的方法，分析主题单元及其设计要素，体验信息技术对主题单元的支持作用。

一、案例观摩

观摩小学自然《简单电路》单元教学设计案例，然后分析主题单元设计的含义、意义与设计要素。

表 4-1 主题单元教学设计模板

主题单元标题	简单电路		
作者姓名	张 军	所属单位	上海市民办丽英小学
联系地址	上海市虹口区广灵二路 89 号	联系电话	55388879
电子邮箱	Zhangjun0011@hotmail.com	邮政编码	200083

学科领域（在□内打√ 表示主属学科，打＋ 表示相关学科）

□ 思想品德 □ 音乐 □ 化学 ⊞信息技术 □ 劳动与技术 □ 其他(请列出)：	□ 语文 □ 美术 □ 生物 ⊞科学	□ 数学 □ 外语 □ 历史 □ 社区服务	□ 体育 □ 物理 □ 地理 ⊞社会实践

适用年级	小学四年级
所需时间	课内 5 课时＋课外 4 课时

主题单元学习概述

本单元是小学自然教材中有关电学知识方面最集中的一部分，内容包括“导体和绝缘体”、“电路的连接”、“小电珠的串联和并联”、“电与我们的生活”四个方面，而在整套教材中，二年级有一个单元“小电筒”已经让学生了解了小电珠发光的原理，知道了电池、导线、小电珠的连接等知识，为本单元的学习打下了一定的基础。在后续的教材中，五年级还将学习“电与磁”、“能与能源”等涉及电学的内容。因此就中观层面分析本单元的内容是电学知识在小学阶段的重点部分，也是承上启下的部分。

在本主题单元中，我们把这四篇课文的内容作为一个有机的整体来看，因为它们都统属于电学这个范畴之中，设计三个专题来组织教学活动。专题一：怎样可以同时点亮两只小电珠。解决电路的连接与串联、并联的知识；专题二：怎样才能做到安全用电。解决导体和绝缘体及用电安全常识；专题三：电从哪里来。解决电的来源、节约用电等知识，并为将来学习能的转化做伏笔。这三个专题的确定是源于教材，且基本覆盖了教材的全部要求，又不拘泥于教材，适当进行了拓展和延伸，为今后的学习做了铺垫。

主题单元规划思维导图

续表

主题单元标题	简单电路

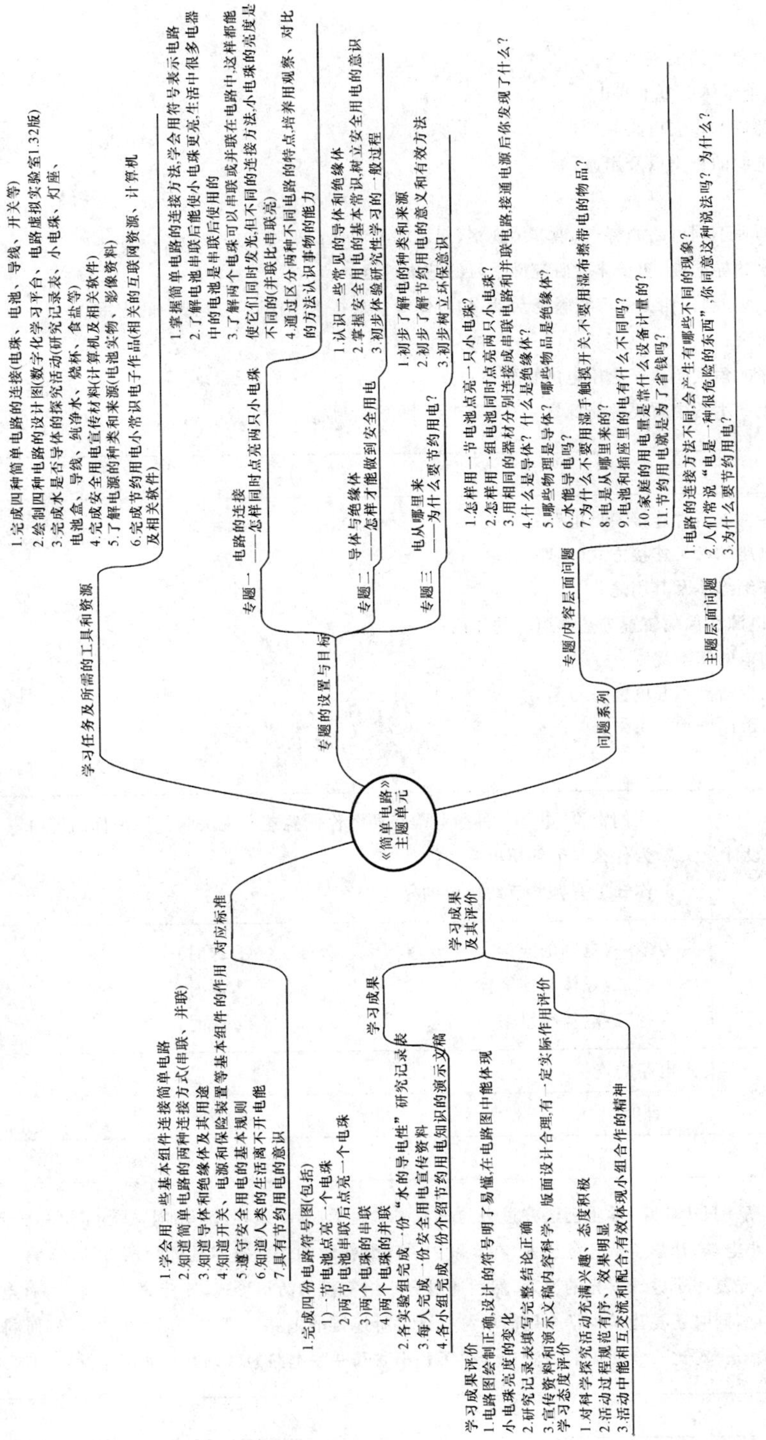

续 表

主题单元标题	简单电路

主题单元学习目标

知识与技能：

掌握连接简单电路的基本方法；

知道导体、绝缘体的基本知识；

初步知道并联和串联电路的特点；

初步了解电源的种类以及用途。

过程与方法：

通过区分两种不同电路的特点，培养用观察、对比的方法认识事物的能力；

通过研究水的导电性，初步体验研究性学习的基本过程；

通过开展收集、制作相关学习资料的活动，初步体验信息技术手段在科学课中的应用。

态度情感与价值观：

从珍爱生命的角度感悟安全用电的重要性；

了解电是生产生活中重要的能源之一，养成节约用电的习惯。

对应课标

1. 学会用一些基本组件连接简单电路；
2. 知道简单电路的两种连接方式(串联、并联)；
3. 知道导体和绝缘体及其用途；
4. 知道开关、电源和保险装置等基本组件的作用；
5. 遵守安全用电的基本规则；
6. 知道人类的生活离不开电能；
7. 具有节约用电的意识。

摘录自《上海市小学自然课程标准(试行稿)》

主题单元问题设计	1. 人们常说“电是一种很危险东西”，你同意这种说法吗？说说你的理由。 2. 为什么要节约用电？ 3. 你知道有哪些节约用电的好办法？
专题划分	专题一：电路的连接 (2 课时) 专题二：导体与绝缘体 (1 课时) 专题三：电从哪里来 (2 课时)
专题一	电路的连接
所需课时	2 课时

专题一概述

用一节电池点亮一只小电珠，学生已经在过去的学习中掌握了，本专题在此基础上提出了更高的要求，用一组电池去同时点亮两只小电珠，让学生从任务出发，在实践中去探究新的知识。本专题计划两个课时，第一课时是整个主题学习的准备阶段，先复习小电珠发光的原理，然后通过分小组实验的活动形式，连接简单电路，了解电池串联后带来的小电珠亮度的变化，同时还要让学生学会用简单符号画出所连接的电路。第二课时重点探究如何同时点亮两只电珠的方法，通过实验——对比——交流的方法让学生了解串联和并联电路的区别和在实际生活中的应用。

专题学习目标

续 表

<table>
<tr><th>主题单元标题</th><th>简单电路</th></tr>
<tr><td colspan="2">1. 掌握简单电路的连接方法，学会用符号表示电路；
2. 了解电池串联后能使小电珠更亮，生活中很多电器中的电池是串联后使用的；
3. 了解两个电珠可以串联或并联在电路中，这样都能使它们同时发光，但不同的连接方法，小电珠的亮度是不同的（并联比串联亮）；
4. 通过区分两种不同电路的特点，培养用观察、对比的方法认识事物的能力。</td></tr>
<tr><td>专题问题设计</td><td>1. 怎样用一节电池点亮一只小电珠？
2. 怎样用一组电池同时点亮两只小电珠？
3. 用相同的器材分别连接成串联电路和并联电路，接通电源后你发现了什么？</td></tr>
<tr><td colspan="2">所需教学材料和资源</td></tr>
<tr><td>信息化资源</td><td>数字化学习平台、电路虚拟实验室 1.32 版。</td></tr>
<tr><td>常规资源</td><td>每小组需要：小电珠 2 只、小电珠支架 2 只、电线若干、一号电池 2 节、电池夹 2 只、铡刀开关一只</td></tr>
<tr><td>教学支撑环境</td><td>第一课时：自然实验室
第二课时：电脑教室（或一对一数字化学习环境）</td></tr>
<tr><td>其他</td><td>记录用的纸、笔等</td></tr>
<tr><td colspan="2">学习活动设计</td></tr>
<tr><td colspan="2">第一课时
活动一：学习电路的连接方法
1. 教师提出问题
怎样用一节电池点亮一只小电珠？
2. 解剖手电筒
教师出示教学用电筒，通过集体讨论复习有关电池、电珠的知识，巩固小电珠发光的原理。
3. 学生操作——学习电器实验装置的组装
了解实验用品及安装方法：
（1）如何将小电珠安装在支架上；
（2）如何将电池装入电池夹；
（3）如何将导线与支架连接。
活动二：较复杂的电路
1. 根据学习任务单的要求完成下列任务
（1）用一节电池点亮一只电珠；
（2）用两节电池点亮一只电珠，比较与任务一的区别；
（3）用简单符号画出连接图（参见教材）。
2. 小结交流
学生学习成果：电路图包括对电珠亮度的对比记录。
活动三：布置课后活动
1. 登录网络学习平台，学习使用“电路虚拟实验室”；
2. 根据“学习任务”的要求，了解有关“串连电路与并联电路”的知识；
3. 用“电路虚拟实验室”任意组建一个电路，并生成电路图。</td></tr>
</table>

续表

主题单元标题	简单电路

第二课时

一、交流课前活动

1. 交流“电路虚拟实验室”的使用方法。

2. 展示各自组建的电路并展示电路图。

3. 交流“串连电路与并联电路”的有关知识。

二、学生自主活动

1. 登录网络学习平台，完成课内学习任务：

利用“电路虚拟实验室”工具完成“用一组电池同时点亮两只小电珠”的电路连接。（教师不做提示，学生自主实验，发现问题再进行讲解）

三、汇报交流实验成果

师：用相同的器材分别连接成串联电路和并联电路，接通电源后你发现了什么？

1. 分别展示一个串联电路和并联电路实验小组的电路实物，对比连接的不同以及电珠亮度的情况。

2. 结合学生的电路图，讲解串联电路和并联电路的本质区别。

3. 引导学生结合教材插图和观察教室内照明灯的连接情况，理解并联电路在生活中的应用。

四、教师引导学生思考实验电路和教室内照明电路的区别，为下一专题的学习做准备。

评价要点	1. 学生实验操作情况 指标：操作过程规范有序、效果明显。 方式：教师在巡视中做点评。 2. 学生绘制的电路图 指标：设计的符号明了易懂，在电路图中能体现小电珠亮度的变化。 方式：通过范例引导学生自评。

专题二	导体与绝缘体
所需课时	课堂教学 1 课时＋课外 2 课时

专题二概述

在专题一的学习中，学生已经掌握了几种简单电路的连接方法，同时也体会到电是可以根据需要进行控制的。本专题的学习是让学生认识到，因为有导体和绝缘体的存在，人们才能有效地控制电。

本专题主要通过组织学生开展探究性学习活动认识导体和绝缘体，让学生初步了解导体、绝缘体与安全用电的关系。

具体活动有三个内容，首先，通过实验操作，在电路中接入各种不同的物品，根据小电珠能否发光来判断接入的物品是否导电，从而初步认识导体与绝缘体的概念。第二，学习用研究性学习的方法，来探究水的导电性，判断水是导体还是绝缘体。这是一个开放性的活动，将会引申出很多相关的研究内容，如电压大小的问题，水的纯净度问题等，可以激发学生做进一步的研究。第三，引导学生从本课所学知识出发结合生活实际通过收集、制作、发布安全用电宣传资料等活动掌握安全用电的常识，提高自我保护意识。

专题学习目标

1. 认识一些常见的导体和绝缘体；

2. 掌握安全用电的基本常识，树立安全用电的意识；

3. 初步体验研究性学习的一般过程。

续表

主题单元标题	简单电路
专题问题设计	1. 什么叫导体？什么叫绝缘体？哪些物品是导体？哪些物品是绝缘体？ 2. 水能导电吗？ 3. 为什么不要用湿手触摸开关，不要用湿布擦带电的物品？
所需教学材料和资源	
信息化资源	电脑及相关应用软件
常规资源	小电珠、灯座、电池盒、导线、纯净水、烧杯、食盐、各种导体和绝缘体等
教学支撑环境	自然实验室
其他	记录用的纸、笔等
学习活动设计	

一、学生汇报交流课前学习成果

1. 展示学生在网络学习平台的讨论主题：人们常说"电是一种很危险东西"，你同意这种说法吗？说说你的理由。

2. 总结：电是可以被控制的，人们发现有些物体能导电，有些物体不能导电，利用物体的这些特性，就可以控制电。

3. 列举出常见的导体和绝缘体并提出本课探究活动内容——水能导电吗？

二、探究活动

1. 引出研究问题：水是导体还是绝缘体？

2. 提出假设

3. 设计研究方案

4. 实验操作，记录实验现象

5. 得出结论

6. 汇报研究结果

具体要求：

根据教师提供的《研究记录表》设计并完成研究活动

1. 研究对象：纯净水、自来水、食盐水

2. 所须实验工具：电池、导线、电珠等

3. 设计实验方案

4. 分组实验

5. 填写《研究记录表》

学生探究活动的结果大多是水不能导电，但很多学生会产生疑问，既然水不导电，但为什么书上说不要用湿手触摸开关，不要用湿布擦带电的物品。这时可以引发学生做深入的研究，教师不要急于给出答案，并能适时的布置新的探究内容。

三、拓展活动（课堂上布置要求，课后与班主任、信息教师协作，帮助学生完成）

针对研究结果，进一步讨论水与安全用电的关系。

具体活动要求：

1. 课后收集有关水的导电性的资料，深入探究安全用电的知识；

2. 将收集的资料用 Word 或 PPT 的形式制作成小报；

3. 以小组为单位在午会课时间进行交流。

将最终完成的《安全用电宣传资料》张贴在教室板报栏或发布到班级网页。

续表

主题单元标题	简单电路
评价要点	1. 研究记录表 指标:填写完整,结论正确 方式:学生互评,教师点评 2.《安全用电宣传资料》的制作 方式:评价量规

专题三	电从哪里来
所需课时	课堂教学 2 课时+课外 2 课时

专题三概述

通过本专题将指导学生完成一次基于项目的学习。具体要求是:学生将分成若干个小组,利用假期(或课余时间)到自己居住的社区(或校园)里完成一次节约用电的宣传活动。活动形式可以是张贴自制的节约用电宣传海报、发放自制的节约用电手册、表演宣传节约用电意义的小节目等。通过本活动试图培养学生关注书本知识与生活实际的关系,用所学到的知识来指导自己的行为,服务于社会,初步树立节约能源的意识。

本专题活动分两个阶段进行,第一阶段是通过课堂学习和交流,了解相关的知识。第二阶段是设计各组的活动方案和具体计划。第三阶段是汇报活动的成效。

专题学习目标

1. 初步了解电的种类和来源;
2. 初步了解节约用电的意义和有效方法;
3. 初步树立环保意识。

专题问题设计	1. 电是从哪里来的? 2. 电池和插座里的电有什么不同? 3. 家庭的用电量是靠什么设备计量的? 4. 节约用电就是为了省钱吗?

所需教学材料和资源

信息化资源	多媒体资料(电与发电、节约用电)、相关网站资源
常规资源	各类电池(实物)、电度表(实物)、家庭电费账单等
教学支撑环境	计算机教室
其他	记录用的纸、笔等

学习活动设计

第一课时

一、提出本专题的活动任务:开展一次宣传节约用电的社会活动

二、讨论要完成本次活动任务所必须具备的条件

1. 首先自己要比较系统地了解相关的科学知识。
2. 要做好宣传资料的收集和制作工作。
3. 制订详细、可行的活动方案。

续 表

主题单元标题	简单电路

三、围绕以下问题，阅读教材，浏览相关网站，学习节约用电的知识

问题：

1. 电是从哪里来的？
2. 电的种类有哪些？
3. 家庭的用电量是用什么设备计算出来的？
4. 你会看电度表上的数据吗？
5. 电度表上的数据为什么分两栏？
6. 为什么要提倡节约用电？
7. 你知道有哪些节约用电的好方法？

资源：

1. 各种电池的实物
2. 教师自制的学习网站
3. 资料影片《电与发电》
4. 教师提供的一组网络资源

四、归纳交流

围绕上述问题，交流各自的学习收获。

第二课时

一、分组

二、制订各组活动方案，完成《节约用电宣传计划表》（见“评价要点”）

三、分工完成各自的任务，准备宣传活动所需要的资料

课外活动

完成宣传计划

午会课

1. 汇报交流各组活动情况。
2. 进行小组间的互评，推选出本次活动的最佳小组。

<table>
<tr><td rowspan="11">评价要点</td><td colspan="3">“节约用电”宣传计划表</td></tr>
<tr><td>队名</td><td colspan="2"></td></tr>
<tr><td>小队成员</td><td colspan="2"></td></tr>
<tr><td>宣传主题</td><td colspan="2"></td></tr>
<tr><td>宣传地点
（宣传对象）</td><td colspan="2">□ 家庭　□ 学校　□ 社区　□ 街道　□ 公园　其他________</td></tr>
<tr><td>宣传形式</td><td colspan="2">□ 海报（口号）　□ 宣传板报（黑板报、宣传小报、电子小报）
□ 文艺演出（相声、小品等）　□ 演讲（电子文稿）
□ 其他____________</td></tr>
<tr><td rowspan="4">分工安排</td><td>队员</td><td>任务</td></tr>
<tr><td></td><td></td></tr>
<tr><td></td><td></td></tr>
<tr><td></td><td></td></tr>
<tr><td>备注</td><td></td><td></td></tr>
</table>

二、认识主题单元

从《简单电路》单元教学设计可以看出：

（一）什么是主题单元

主题单元是由具有较强内在联系的、具有共同主题的内容所构成的一个整体。

如《简单电路》是由四篇课文构成的主题单元，这四篇课文分别是“导体和绝缘体”、“电路的连接”、“小电珠的串联和并联”、“电与我们的生活”，它们都与电学相关，在主题单元的设计中，我们就可以把这四个有较强内在联系的、具有共同主题的内容作为一个有机的整体来看。

再如语文教学，教材本身虽然是以单元为单位进行编写，但是，语文教材的单元主题大多数都属于“话题”，而不是主题，文章的主题与我们所说的单元主题还不是一回事。因为语文单元基本上是由几篇相同素材的文章组成，很多时候这些文章的主题未必相同，有时候这些文章的文体也不相同。因此，我们不能简单按照语文现有的单元来进行主题单元设计。

必须强调的是：确定单元的主题后，必须始终围绕主题来设计教学。其他与主题无关的内容暂时不考虑，可以放在别的单元学习中加以解决。

（二）主题单元教学设计的意义

为什么要提倡主题单元教学设计？

（1）从课程设计的范畴来看。

课程设计可以分为微观、中观、宏观三个层面。微观设计是指对单节课层面所进行的教学设计；宏观设计是指针对某一学科课程或整本教材进行的教学设计；中观设计，是指介于课程与课时之间所展开的教学设计，通常是对课程单元或主题单元的设计。

开展中观层面的设计活动，向下可以关注到课时的微观设计，向上可以关注到课程的总目标，设计就不会偏离方向（如图 4-1 所示）。中观教学设计的好处是使教师对教学资源的操纵有较大的自由空间，利于优化教学方法，往下可以合理协调课时之间的教学逻辑，往上可以较好地兼顾课程整体目标和知识结构。目前，教师的教学设计视野大多停留于微观层面，在单个课时内“打转”，很难在同一课时内综合利用各种有益的方法，无法展示和提升更高层面的教学设计技能。

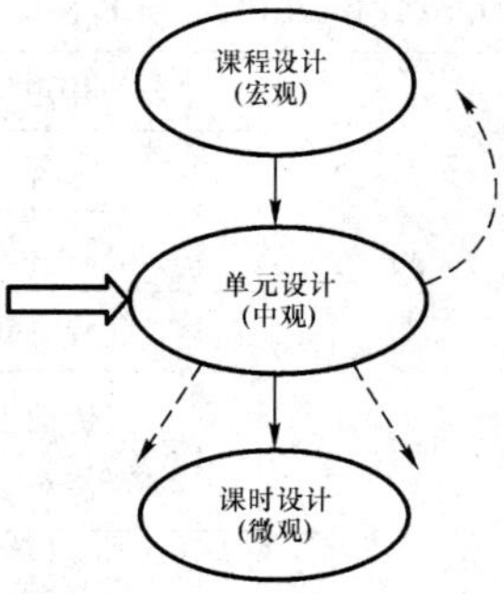

图 4-1 单元化规划与中观教学设计

因此，中观设计对于教学设计的优化来说是比较适当的。如果教师掌握了中观的教学设计，则他的教学能力就有了很大的提升。一些地方的教师试点培训，充分说明广大教师对教材特别认可的首先就是关于单元教学设计的思想。

（2）从新课程改革方面看。

新课改对培养学生的分析问题、解决问题能力与创新思维能力提出了新的挑战。教师在教学设计时必须考虑如何对课程进行优化整合，以培养学生的分析与解决问题能力，促进学生高级思维技能的发展。中国教育信息化发展规划（2011—2020）也指出，以教育信息化带动教育现代化，破解制约我国教育发展的难题，促进教育的创新与变革，是加快从教育大国向教育强国迈进的重大战略抉择；教育信息化要充分发挥现代信息技术优势，推进信息技术与教学融合；培养学生信息化环境下的学习能力。鼓励学生利用信息手段自主学习、合作学习；增强学生在网络环境下提出问题、分析问题和解决问题的能力；培养学生利用信息技术学习的良好习惯，发展兴趣特长，提高学习质量。

如何实施呢？新课程理念下，要注重多个学科领域的综合，这就要求教师一方面能够结合自己所在的学科；另一方面要能对其他学科知识领域有所关注，从而确定合适的学习主题，并通过信息技术与课程整合设计，形成综合性的、系统化的教学设计方案。

信息技术整合课程模式表现出革新教学模式的诸多特点：以真实的任务为学习单元，以主题与问题或任务活动为设计的核心，强调学生对学习活动主动参与，变“说教式”学习为“学习者主动探究式”学习，注重学习过程的评价。这些特点一方面强调学生的个性发展；另一方面也强调学生的合作；重视知识获取的过程，也强调个人经验基础上的知识建构。因此围绕主题单元展开信息技术与课程整合设计，成为一种新型的整合课程形式。

（3）主题单元设计有助于处理好几种关系。

① 教材内容和学习活动的关系

② 传授知识和培养能力的关系

③ 课堂教学和课外延伸的关系

④ 常规手段与技术整合的关系

例如在《简单电路》主题单元中，这四种关系的表现是：

① 教材内容和学习活动的关系：本案例涉及的教材内容包含四篇课文，分别是“导体和绝缘体”、“电路的连接”、“小电珠的串联和并联”、“电与我们的生活”都是与电学相关的。教材呈现的是学习内容，而这四个内容本身是相对独立的，传统的教学方式是一课一课的按照教材内容组织学习活动，在主题单元的设计中，我们可以把这四个内容作为一个有机的整体来看，因为它们都统属于电学这个范畴之中，因此在设计活动时可以打破教材内容的束缚，设计三个专题来组织学习活动。专题一：怎样可以同时点亮两只小电珠。解决电路的连接与串联、并联的知识；专题二：怎样才能安全用电。解决导体和绝缘体及用电安全常识；专题三：电从哪里来。解决电的来源、节约用电等知识，并为将来学习能的转化做伏笔。这三个专题的确定用主题活动的形式展开，既源于教材，又不拘泥于教材，而是用主题活动的形式展开。

② 传授知识与培养能力的关系：把四篇课文转变成三个专题，目的是用问题情境引领学生开展活动，通过学生的自主活动掌握相关的知识，更重要的是培养学生的能力。例如“怎样可以同时点亮两只小电珠”这就是一个带有挑战性的任务，学生在二年级学习的基础上已经知道一节电池可以点亮一只小电珠的知识，现在要求点亮两只应该怎么做，学生会有很多自己的想法，而在实践中，学生很自然地会出现串联和并联两种情况，这时教师再进行分析归纳，让学生真正理解相关知识。这样的活动形式要比直接呈现串联、并联的图片让学生去模仿验证有意义得多。

③ 课堂教学和课外延伸的关系：主题单元的设计还要注意学习内容的开放性和综合性，例如“怎样才能安全用电”这个专题就给学生提供了一个开放的学习空间，通过活动，不仅让学生了解导体、绝缘体的知识，还可以让学生调查家庭中有哪些安全用电的措施，这些

内容在教材中是无法穷尽的，只有通过组织开放的主题活动，将教材内容延伸到课外才能有更大的收获，当然这样的延伸必须基于本课教学的基础，有目的，有针对性，符合学生的年龄特点。

④ 常规手段与技术整合的关系：在设计主题单元的时候还要考虑活动的多样性和技术的应用。小学科学课强调学生的动手操作能力，因此设计的学生活动中必须保留传统的一些教学形式，如实验法，讲授法等。但同样可以合理有效地运用信息技术手段组织活动，例如在“电从哪里来”这个专题中，可以让学生在网上了解发电的知识，这比仅靠阅读教材要丰富得多，还可以让学生把家庭用电情况的数据输入电脑，绘制成统计图表进行计算和分析，也可以用 PPT 的形式汇报调查结果，用 Word 或画图软件制作宣传海报等。这些活动形式都是传统学习活动中很难替代的，也是培养学生多元智能的有效途径。

(4) 有利于整合教学内容，加强内容之间的内在联系与多向沟通。

(5) 有利于在学科课程的背景下实现教学内容的综合化和结构化。

(6) 为基础性、结构性的教学内容与生成性的内容的联结提供了可能。

(7) 进而为学术性知识与学生的生活世界的结合提供了空间，为学生获得一种结构化的、有意义的生活创造了条件。

(三) 主题单元的设计要素

主题单元的设计流程可以用图 4-2 表示：首先确定主题，然后描述主题单元的学习目标和预期的学习结果，再列出对应标准，规划学习任务，设计学习活动过程，最后设计评价的方法和完成学习资源的创建。

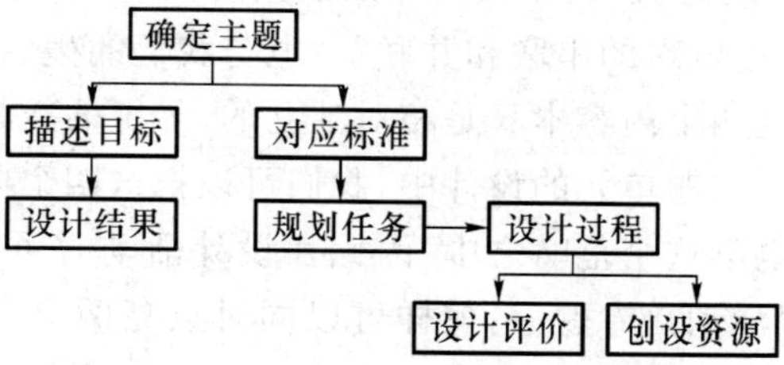

图 4-2 主题单元设计流程

从主题单元设计流程可以看出，主题单元的设计要素有：

(1) 确定主题及核心概念。

(2) 描述主题单元的多样化目标。

(3) 分析主题单元涉及的教学内容及对应课程标准。

(4) 设计主题单元可包含的学习成果以及学习任务。

(5) 根据学习成果及学习任务设计学习活动过程。

(6) 设计不同学习活动过程所适合的评价方式。

(7) 为主题单元设计和创建学习环境与资源。

综上所述，进行主题单元设计，就是把传统的“教教材”转变为“用教材教”，通过设计一组以学习目标为核心的开放性问题，引领学生开展自主实践活动，使学生既能掌握本学科的核心知识体系，又能促进多元智能的发展。

第二节　主题单元设计

基础教育课程改革的关键词之一是“综合化”。综合化是指按照现代社会与科学发展的要求，以综合性的思路对基础教育课程进行重新设置。这一综合性的改革体现在两个方面：(1)综合性课程，即对课程设置的综合化，选择多学科内容并进行组合，形成新的“综合实践活动”课程。(2)综合性学习，即学科内容及学习方式的综合化，在学科课程编制和教学中，既注重科学原理的认识和掌握，又注重态度、方法、精神的综合培养。

综合性学习的表现形式就是主题单元学习。在主题单元中，学习内容围绕主题与专题进行组织，主题及其专题构成了知识脉络；围绕主题与专题安排的学习活动也是丰富多样的，并且鼓励学习者主动探究，鼓励学习者通过活动亲自体验知识的形成过程；学习资源设计又为学习活动提供了支持；作为一种中观的教学设计，主题单元这种组织形式已经超越了课堂，实现了全时空的学习活动组织；学习的评价形式也是多元化的，评价内容以学习过程的评价为主，评价目标也以评价高级目标为主。

一、主题单元设计的方法

（一）浏览主题单元设计模板

通过前面的学习，我们已经初步了解了主题单元的设计要素与设计流程，在接下来的学习中，我们将学习主题单元的设计方法。首先，请大致浏览主题单元设计模板（如表 4-2 所示），熟悉模板内容，为主题单元设计做好准备。

表 4-2　主题单元教学设计模板

主题单元标题			
作者姓名			
学科领域（在□内打√ 表示主属学科，打＋ 表示相关学科）			
□ 思想品德 □ 音乐 □ 化学 □ 信息技术 □ 劳动与技术 □其他（请列出）：	□ 语文 □ 美术 □ 生物 □ 科学	□ 数学 □ 外语 □ 历史 □ 社区服务	□ 体育 □ 物理 □ 地理 □ 社会实践
适用年级			
所需时间	（说明：课内共用几课时，每周几课时；课外共用几课时）		
主题单元学习概述（说明：简述主题单元在课程中的地位和作用、单元的组成情况，单元的学习重点和难点、解释专题的划分和专题之间的关系，单元的主要学习方式和预期的学习成果，字数 300～500。）			

续表

<table>
<tr><td>主题单元标题</td><td></td></tr>
<tr><td colspan="2">主题单元规划思维导图（说明：将主题单元规划的思维导图导出为 jpeg 文件后，粘贴在这里；如果提交到平台，则需要使用图片导入的功能，具体操作见《2013 学员教师远程研修手册》）</td></tr>
<tr><td colspan="2"></td></tr>
<tr><td colspan="2">主题单元学习目标（说明：依据新课程标准要求描述学生在本主题单元学习中所要达到的主要目标）</td></tr>
<tr><td colspan="2">知识与技能：
过程与方法：
情感态度与价值观：</td></tr>
<tr><td colspan="2">对应课标（说明：学科课程标准对本单元学习的要求）</td></tr>
<tr><td colspan="2"></td></tr>
<tr><td>主题单元问题设计</td><td>（说明：设计几个能引领本单元学习的核心问题）</td></tr>
<tr><td>专题划分</td><td>（说明：除了说明主题单元将划分成几个专题以及每个专题所用的课时外，还应说明哪一个专题或专题中的哪一个活动将以研究性学习活动的形式来开展学习活动）
专题一：（ 课时）
专题二：（ 课时）
专题三：（ 课时）
……
其中，专题 （或专题 中的活动 作为研究性学习）</td></tr>
<tr><td>专题一</td><td></td></tr>
<tr><td>所需课时</td><td>（说明：课内共用几课时，每周几课时；课外共用几课时）</td></tr>
<tr><td colspan="2">专题学习目标（说明：描述学生在本专题学习中所要达到的学习目标，注意与主题单元的学习目标呼应）</td></tr>
<tr><td colspan="2"></td></tr>
<tr><td>专题问题设计</td><td>（说明：设计一系列能引领本专题学习的问题）</td></tr>
<tr><td colspan="2">所需教学环境和教学资源（说明：在此列出本专题所需要的教学环境和学习过程中所需的信息化资源、常规资源等和各种支持资源）</td></tr>
<tr><td colspan="2"></td></tr>
<tr><td colspan="2">学习活动设计（说明：为达到本专题的学习目标，从学生的角度设计学生应参与的学习活动。如本专题由几个课时组成，则应分课时描述每个课时的学习活动设计。请以活动 1、活动 2、活动 3 等的形式，提纲挈领地描述每个课时包含哪些学习活动以及每个活动的主要步骤。注意，在这些学习活动中应通过对所设计的本专题的问题的探究完成学习任务）</td></tr>
<tr><td>评价要点</td><td>（说明：设计本专题需要评价的学习环节或学习成果）</td></tr>
<tr><td>专题二</td><td></td></tr>
<tr><td>……</td><td></td></tr>
</table>

（二）确定主题单元选题

主题是学习者学习或探究的对象。选择合适的主题是设计主题单元学习的前提。主题又是由一组开放性、针对性问题，组织、引领学生开展的学习活动；体现了学习内容的综合性和跨学科性，体现了信息技术支撑的学习活动的多样性。

1. 如何选择主题

首先，主题单元的选题要立足教材，符合课标要求。因为较之其他一般资料，由专家紧扣课标、立足于教学大纲精心设计出来的教材，能够紧扣学习的规律，深入课程的实质内容，是组织学习活动的重要依据。目前，我们使用的许多教材其本身就体现了中观的教学设计思想，甚至某些学科的教材体例就是以主题单元的形式来呈现。然而立足教材、立足学科，不等于局限于课本、学科，也可以有所超越，跨越学科、实现综合学习，挖掘所涉及课程内容的实际应用，实现学生的能力培养和提高。

其次，选题时要考虑学习内容的集中性和相对独立性，既要为研究性学习提供一定的空间，又不宜过于宽泛而使得单元容量过大。一个主题单元一般可分 2～4 个专题，各专题可以各有侧重，但都应该紧紧围绕单元主题的线索展开，为实现主题目标服务。

最后，选题时必须考虑主题单元多样化活动和全空间环境的特点。因此，选题应尽量考虑与学生生活的相关性，是能够反映真实世界的真实问题。这样的问题，才可能是对学生真正有意义的，才可能是需要综合地运用跨学科的知识予以解决的。与生活密切相关的主题，学生会感到亲切，能够激发起兴趣，投入精力进行深入的研究。学科教学中有些系统知识是结构良好的问题，有明确的解决步骤和答案，这些内容往往可以通过授导型教学来完成。也有些是劣构的，是情景化的，定义不明确的，甚至目标是多样化的，具有多种解决方法和途径，没有唯一正确的答案，这些内容更适合通过研究性学习的方式来解决，这有利于培养学生的知识应用能力、批判性思维能力、人际交往能力和反思实践能力等高级能力。

2. 通过问题回答进一步确定主题选择合适与否

在为你的主题单元选择合适的主题时，请问自己如下几个问题：

(1) 这一主题是否来源于你所任教的课程？

(2) 这一主题能否包含多样的学习目标？

(3) 这一主题能从哪些方面与学生的生活建立联系？

(4) 这一主题是否能给学生提供适当的学习挑战？

如《简单电路》主题单元，它选择了四篇课文，这四篇课文分别是“导体和绝缘体”、“电路的连接”、“小电珠的串联和并联”、“电与我们的生活”，课文均来源于教材，每一篇课文都与电有关系，有较强的内在联系，又均与生活紧密相连，学习过程安排了自己设计实验并验证实验，根据实验画出电路图等活动，既学知识又培养实践动手能力，满足了多样化学习目标，因此主题单元选择是合适的。

需要注意的是中学语文教材的单元与我们所说的单元主题还不是一回事。因为它的单元基本上是由几篇相同素材的文章组成，很多时候这些文章的主题未必相同，有时候这些文章的文体也不相同。因此，语文老师在设计主题单元的时候，尽量要从语文学科的特点出发来重构单元主题。比如记叙文的叙事策略、记叙文的线索方式，记叙文的情感表达……又比如：某作家的作品风格、某些相似风格的作家作品比较……又比如：如何做到“意味深长”、比喻句如何恰当使用、古代诗词如何表达离别、山水如何有情……

（三）分析单元目标及对应标准

学习目标是课程设计的出发点和归宿。确定选题以后，我们还需要为主题单元学习编写多样学习目标以及列出对应的课程标准，将学习目标与课程标准建立关联。

1. 单元目标设计方法

教育部颁布的《基础教育课程改革纲要（试行）》对课程目标从“知识与技能”、“过程与方法”、“情感态度与价值观”三方面提出了要求。

(1) 知识与技能。知识是指事实、概念、原理、规律等；技能是指动作技能以及观察、阅读、计算、调查等技能。这方面强调基础知识和基本技能的获得。

(2) 过程与方法。过程与方法是指认知的过程和方法、科学探究的过程和方法以及认知过程中人际交往的过程和方法；就是让学生“学会学习”，使学生获得知识的同时获得学习方法和能力发展。

(3) 情感态度与价值观。情感态度与价值观一般包括对己、对人、对自然及其相互关系的情感、态度、价值判断以及做事应具有的科学态度、科学精神。这方面是建立在人文主义教育思想的基础上的，其逻辑起点是不仅专注于人的理性发展，更要致力于教育的终极目的即人格完善。

新课程将课程目标分为知识与技能、过程与方法、情感态度与价值观三个维度。三维教学目标不是三个目标，而是目标的三个方面。它集中体现了新课程的基本理念，集中体现了素质教育在学科课程中培养的基本途径，集中体现了学生的全面和谐发展。

主题单元目标在具体设计时要把原来单一的目标（知识与技能）转变为知识与技能、过程与方法、情感态度与价值观三个维度。

2. 观摩案例

案例一 高二语文学科“感悟孤独”的学习目标设计案例：

本单元学习基于学生自初中以来已经学习了鲁迅的主要小说作品的实际，依托《〈呐喊〉自序》一文的学习，进行拓展研究。整个单元分成三个专题进行：

专题一，走进孤独的鲁迅。指导学生结合自己的人生体验，体会鲁迅的孤独经历，评判鲁迅的人生价值，撰写鲁迅小传。

专题二，鲁迅和他小说中的孤独人物。引领学生以小组合作的形式研究鲁迅的人生理想追求和鲁迅小说人物的孤独特点，并尝试从鲁迅小说人物的描写刻画角度来撰写“文学鉴赏”文章。同时，拓展研究古今中外的文学名著中的“孤独现象”，并从文学审美的高度认识“孤独”的美学意义。

专题三，宣传“我所认识的鲁迅和他的小说”。以设计“走近鲁迅”橱窗的项目活动，完成本单元学习的成果展示。

单元目标描述如下。

知识与技能：

(1) 回味自己的孤独体验，并能够用文字片段比较准确地描写自己“孤独”时的心理状态；

(2) 了解鲁迅的生平简历和文学创作的主要成就；

(3) 能够依据鲁迅小说的人物特征，综合分析其情感经历对小说创作的影响，掌握“知人论文”的赏析技巧；

（4）能够辩证地评价人生历程的“孤独”体验。

过程与方法：

（1）通过搜索网络、查阅图书等学习活动，掌握搜集、处理信息的方法；

（2）在体验自己的“孤独感受”，品味鲁迅的孤独痛苦过程中，认识作为平民的鲁迅，掌握“知人论世”评价历史人物的方法；

（3）在研究鲁迅小说人物的“孤独”特点和刻画技巧过程中，认识作为作家的鲁迅，分析鲁迅的小说创作风格，提升文学赏析与评价的能力，掌握撰写文学评论的一般方法；

（4）利用网络平台交流和使用多媒体技术展示研究成果，提升信息技术素养。

情感态度与价值观：

（1）在合作学习的过程中，提高团队合作学习的自觉意识；

（2）以自己的情感体验走进鲁迅的情感世界，认同鲁迅的人格魅力，增强民族使命感；

（3）在古今中外的文学作品中发现“孤独”的美学价值，认同文学创作的“孤独美”；

（4）感悟“孤独”在人生历程中的特殊意义，养成乐观、豁达、坚毅的人格品质。

案例二《简单电路》主题单元教学目标案例：

知识与技能：

（1）掌握连接简单电路的基本方法；

（2）知道导体、绝缘体的基本知识；

（3）初步知道并联和串联电路的特点；

（4）初步了解电源的种类以及用途。

过程与方法：

（1）通过区分两种不同电路的特点，培养用观察、对比的方法认识事物的能力；

（2）通过研究水的导电性，初步体验研究性学习的基本过程；

（3）通过开展收集、制作相关学习资料的活动，初步体验信息技术手段在科学课中的应用。

情感态度与价值观：

（1）从珍爱生命的角度感悟安全用电的重要性；

（2）了解电是生产生活中重要的能源之一，养成节约用电的习惯。

3．设计单元学习目标时注意的问题

（1）要把原来目标单一（即知识与技能）的课堂转变为多维目标（即知识与技能、过程与方法、情感态度与价值观三个维度）。

（2）学习目标要符合课程标准的要求和学生的实际。

（3）学习目标中的过程与方法依然是学生的学习目标，不是教师的教学过程和教学策略。

（4）学习目标要有主题的针对性，避免过大过空。

（5）学习目标的主体是学生。避免出现“培养学生”等目标混乱的现象。

4．设计专题学习目标时注意的问题

（1）专题学习目标依然是学生通过专题学习后应达成的目标。目标的主体依然是学生。

（2）专题目标应与主题单元的目标呼应。把主题单元应达成的学习目标，分解到各个专题中落实。

(3) 由于专题的学习时间相对较少，例如，1～2 课时，因而，学习目标的描述中，不一定要采用三维目标分开来描述的方法。

(四) 规划单元学习成果及其评价要点

1. 学习成果设计方法

在主题单元的设计流程中，有时我们会先设计好学习的目标与成果，然后再按照目标与成果的要求展开学习过程的设计，这种设计方法称为逆向设计。逆向设计是指学习成果导向的设计。

为什么称它为逆向设计？单元从成果开始设计，这在理论和实践中听起来都有些矛盾。其实这并不矛盾。逆向设计是基于这样的概念：如果在一开始就让学生和教师明确学习的成果以及对这些成果的评价方式，他们便会对学习的进程有更清晰的把握。逆向设计的步骤如下：

(1) 为单元确定主题、学习专题和引导性问题；

(2) 为单元学习设计学习成果及学习评价方法；

(3) 为单元学习排列学习活动；

(4) 选择并创建支持主题单元的主题资源。

教学目标描述的是学习者通过学习将会获得或学到什么，其表现形式就是学习者学习的最终成果。

2. 学习者的学习成果种类

(1) 掌握了一系列知识。

(2) 解答了一系列问题。

(3) 培养了高级思维能力和信息处理能力。

(4) 总结了所创建的事物的特征。

(5) 阐明了自己的立场并进行了说明。

(6) 进行了具有创意的工作。

(7) 完成了学习作品的制作。

也可以参考 4-3 所示的表格设计学习成果。

表 4-3 学习成果表

产品	
报告	历史研究报告、科学研究报告、政策建议等
设计	产品设计、家居设计、建筑设计、校园蓝图、交通运输方案等
建造	模型、机器、陈列品、立体模型
文章	给编辑部的信、为报纸杂志撰写的专栏、书评、影评、自编的故事
艺术表达	陶器、雕塑、诗歌、海报、卡通、壁画、拼画、油画、歌曲写作等
印刷媒体	实地考察指南，社区历史手册、公共服务告示、历史剪贴簿、照片时间表、调查文献，导游手册
电子媒体	视频日记，照片日记，电子书，演示文稿，动画/卡通

续表

绩效	
演示	有说服力的建议、鼓舞人心的演说、辩论、讲座、研究报告、新闻广播
示范	科学实验过程、具体的运动技能、指导他人
表演	舞蹈、竞赛、讲故事、戏剧、广播、演出
模拟	模拟审判、再现历史事件、角色扮演

3. 评价要点

(1) 需评价主要的学习成果。

(2) 需评价主要的学习活动。

(3) 注意评价是为学习目标的达成服务的。

4. 学习成果与评价要点案例

如图 4-3 所示。

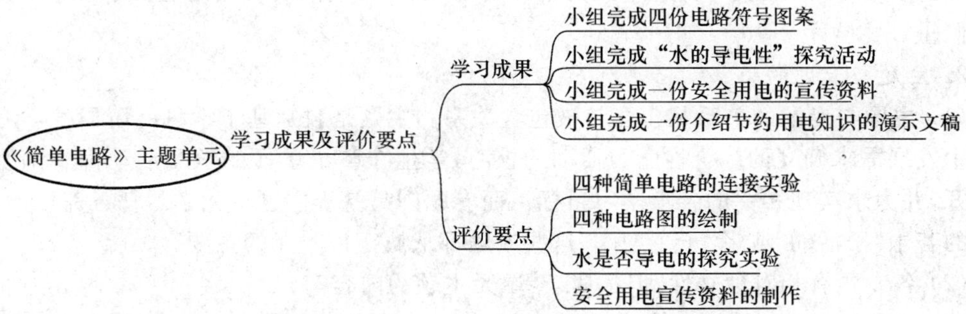

图 4-3　学习成果及评价要点设计案例

5. 主题单元设计中“学习任务”和“学习结果”的区别

针对不同学科、不同学段的学生而言，学习任务的表述可能各不相同，但是有一点是一致的，那就是“学习任务”都是为了实现教学目标而安排的各种具体的学习活动。那么，学习任务的表述应该是对各种活动形式的描述，如观察、操作、讨论、调查、阅读、制作等。

学习结果(成果)应该是指那些具体的学习活动所产生的后果，它可能是具体的作品，如美术课上的绘画、信息课上做的电子小报、语文课上的小论文等，也可能是抽象的知识或技能，然而这些抽象的知识也可以通过一些具体的成果形式来检验，否则就谈不上学习成果。当然，学习成果不完全是知识与技能方面的，如情感态度价值观方面的成果可能是需要逐渐积累后才能体现的，因此在设计学习成果及评价时我们重点要关注前者，但也要尽可能体现和考虑到后者。

(五) 规划主题单元的学习专题

在一个多课时的主题单元中，集中了该主题的多方面的内容。这些内容又常常可以采用多样化的学习活动方式。因此，可以将一个主题单元划分为若干个学习专题。这些学习专题从不同的内容或不同的深度阐述主题单元；这些学习专题相互之间有一定的关系，构成一个完整的主题单元。

1. 案例研习

研习主题单元案例《简单电路》,关注案例中的专题设置。在这些案例中,你可以注意到由若干个专题组成了整个单元的学习过程。学习活动是多空间、多课时的,学习活动的方式也是多样化的。图 4-4 描述了《简单电路》主题单元的专题设置框架。

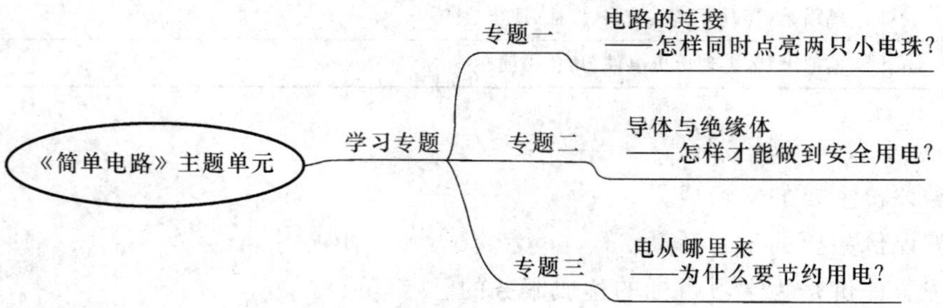

图 4-4 主题单元专题设置框架

在每一个学习专题中,针对单元的学习目标和学习内容,所采用的主要学习活动方式又各有侧重。

2. 主题与专题的关系

(1) 主题与专题的关系是包含与被包含关系。主题是教师基于学科的阶段性学习要求与学生发展需求确立的综合性学习活动的核心,学生在整个单元的学习活动都要围绕该主题展开,并力求实现相关的各项学习目标。而专题则是基于主题单元学习任务完成的需要,划分的若干"子活动"或者"子主题"。这些专题都从属于该单元的主题。

(2) 各专题有相对独立性,但都属于"单元主题的内容"。

(3) 各专题之间有先后逻辑递进关系。各专题按照先后顺序推进,最终帮助学生完成单元的学习任务。

举例:现代诗歌中的古典元素(主题)

历代诗词中的共同元素(专题一)

现代诗歌中的古典元素(专题二)

古典元素是如何传承的(专题三)

(六) 设计引导性问题

在这个步骤中,我们学习引导性问题的设计方法,有了问题的引导,就可以设计各专题的学习活动了。

1. 主题与专题问题设计方法

主题层面的问题是偏向综合性、哲理性的,是指向学科与社会发展的核心问题。比如《简单电路》单元中的"为什么要节约用电";这种问题的特性是指向单元主题、关注学科核心、包含主题领域重要问题、没有明显正确答案,其主要作用是引导学生不仅仅关注单元的学习内容(电的基本知识),更要超越内容(关注节约用电与社会发展的关系)。

专题/内容层面的问题是情境性或知识性的,专题/内容层面的问题涵盖单元学习内容,有明确的答案,有助于对专题中具体内容的学习活动设计,该层面的问题有的为单元的学习活动设计提供活动情境。如表 4-4 的单元问题"李斯特与周杰伦的共同点和差异分别是什么?"正是体现了情境性的特点。如《简单电路》单元中的"电是从哪来的";"什么是导体,什么是绝缘体"正是体现了知识性的特点，是开展专题活动的知识基础。

在设计主题单元的问题系列时，我们可以根据主题单元的学习目标要求，适当地策划问题的层次结构。

表 4-4　问题设计示例

	主题层面的问题	专题/内容层面的问题
简单电路	为什么要节约用电？	电是从哪里来的？ 电池和插座里的电有什么不同？ 节约用电就是为了省钱吗？
交响音乐——交响诗	在青少年心中为什么李斯特不如周杰伦？	交响诗是如何诞生的？ 交响诗《中亚细亚的草原》和《田园》交响曲的差别是什么？ 交响诗在当年是流行音乐吗？在当时李斯特是乐坛偶像吗？ 李斯特与周杰伦的共同点和差异分别是什么？
生态平衡	人类能否成为自然的"主宰"？	草、兔子、狼，我们应该保护谁？ 兔死狐会"悲"吗？ 我们能不能随意消灭我们不喜欢的或对人类"无益"的生物？毒蛇猛兽是否应该"斩尽杀绝"？ 绿色植物为什么会成为"温柔杀手"？ 洪水是"天灾"还是"人祸"？ 你能设计一份以"保护生态平衡从我做起"为主题的倡议书吗？
What job do you want to do?（你想做什么工作）	什么样的职业才是好的职业？	你的父母从事着怎样的职业？ 你认为你的父母的职业好吗？ 你将来想从事怎样的职业？
宝贵的自然资源	一万年后人类将如何生存？	你知道哪些物质（或能量）属于自然资源？ 你能从生活中的实例出发，证明人类对自然资源的利用吗？ 你对"自然资源会面临枯竭"问题持何态度？你的依据呢？

2．小组研讨

在阅读表 4-4 之后，请你和小组成员研讨：在下列问题中，哪些是主题单元问题，哪些是专题\内容层面的问题。

（1）你知道少数民族生活在哪里吗？

（2）怎样了解不同民族的民族风情？

（3）你知道他们住什么样的房子吗？为什么住这样的房子？

（4）你知道他们穿什么式样的衣服吗？为什么穿这样的衣服？

（5）不同的民族为什么会有不同的风俗习惯？

(6) 你知道他们喜欢吃什么吗？为什么喜欢吃这些？

(7) 你知道哪些他们的风俗节日？这些风俗节日怎么产生的？

3. 为主题单元设计问题

在学习了关于如何设计问题之后，请为你的主题单元设计问题系列。

在进行设计过程中，可参考图 4-5 的问题规划案例。

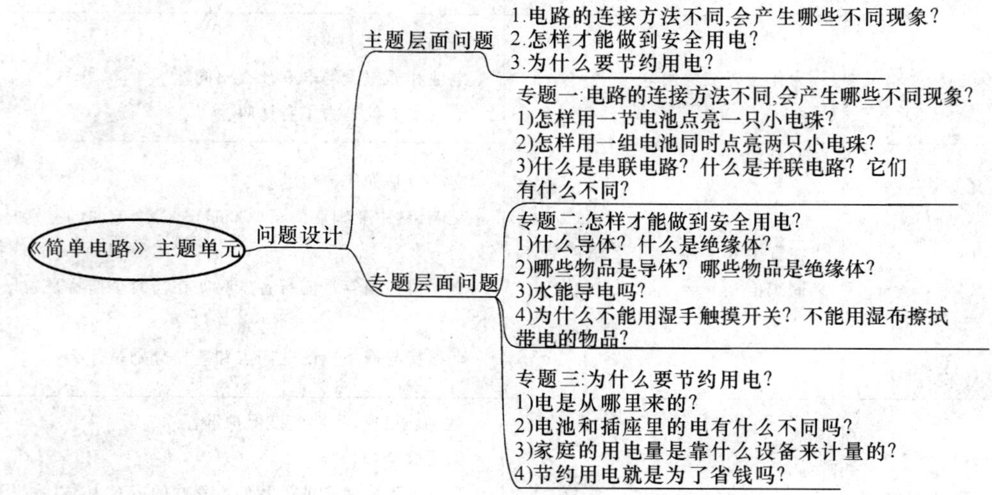

图 4-5 主题与专题问题设计

4. 设计专题问题时需要考虑的问题

(1) 专题/内容层面问题的设计是否面向主题单元具体内容，并为主题层面问题的解决提供了学科特定的思路及方法？

(2) 所设计的问题能否引导各个专题的学习，利于学习活动的开展？

(七) 规划学习活动

在这个步骤，我们将根据每个学习专题的学习目标和设计的系列问题，设计各个专题的学习活动。

再次仔细研习主题单元案例，分析案例中专题“学习活动设计”的设计方法。在每一个学习专题中，针对专题不同学习内容、学习目标和系列问题，所采用的主要学习活动方式又是各有侧重的，如图 4-6 所示。

1. 方法一

为了贯彻学生为主体的教育理念，教学设计专家越来越关注学生学习活动的设计。学习活动设计的最大难点是如何做到活动多样性与单元教学目标规范性相协调。一种比较可行的做法是将布鲁姆教学目标分类体系与加德纳的多元智能分类体系相结合，形成一个二维的学习活动设计框架。布鲁姆教学目标分类经过改进，由知道、领会、应用、分析、评价、创建六个层次构成，多元智能理论包括自然语言智能、数理逻辑智能、视觉空间智能、肢体运动智能、音乐韵律智能、人际沟通智能以及自我认识智能七个类型。结合后形成的二维学习活动框架如表 4-5 所示。教师可以根据学生擅长的智能活动以及要达到的教学目标选择学习活动。

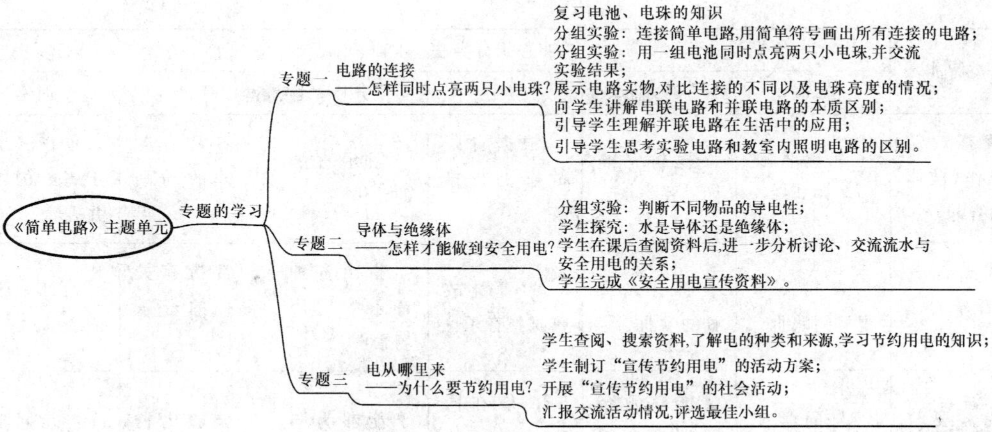

图 4-6　主题单元学习活动设计

表 4-5　多元智能与布鲁姆二维学习活动设计表

	改进的布鲁姆分类法					
	知道	领会	应用	分析	评价	创建
自然语言智能						
数理逻辑智能						
视觉空间智能						
肢体运动智能						
音乐韵律智能						
人际沟通智能						
自我认识智能						

如表 4-6 与表 4-7 是两位教师按照上述框架设计的一组活动,可以参照设计。

表 4-6　多元智能与布鲁姆二维学习活动设计案例 1　(学习单元:青蛙 小学高年级)

七类智能	布鲁姆分类法：六种思维层次					
	知道	理解	应用	分析	评价	创建
我擅长读、写和说(语言智能)	列出一些关于青蛙的常识	复述青蛙的故事中的一些细节	为青蛙设计适宜的生活环境	解释为何青蛙形态各异	评述一本关于青蛙的书	编制关于青蛙的新故事
我喜欢推理(数理逻辑智能)	说出青蛙和蟾蜍的区别	懂得青蛙和蟾蜍生存环境的异同	能识别青蛙、蟾蜍及其他两栖类动物	比较青蛙和蟾蜍的生活特征	说出青蛙对人类的影响	青蛙如何与人和谐相处
我能够绘画和想象(视觉空间智能)	说出青蛙身体各部分的名称	明确青蛙各部分的布局	画出一幅青蛙的外形图	比较青蛙和蟾蜍的外形	赏析齐白石的青蛙水墨画	创作一幅以青蛙为主题的水墨画

续表

七类智能	布鲁姆分类法：六种思维层次					
	知道	理解	应用	分析	评价	创建
我喜欢动手操作（肢体运动智能）	观察青蛙的各种动作	模仿青蛙的动作	根据青蛙故事进行排练	图示青蛙的动作	鉴赏有关青蛙的动画片	创作一个关于青蛙的剧本并表演
我关注音乐（音乐韵律智能）	查找关于青蛙的歌曲	听有关青蛙的歌曲	为青蛙故事选择音乐	指出各种音乐的适用场景	赏析有关青蛙的音乐剧	设计一个青蛙音乐剧
我需要与他人合作（人际沟通智能）	与同学交流有关青蛙的常识	能够领会同学设计的青蛙故事意图	能够在同学的青蛙故事中扮演角色	能够为同学的设计提出建议	能够比较自己与他人作品的优劣	能从同学的启发中修改自己的设计
我需要独立思考（自我认识智能）	回顾关于青蛙的常识	明确需要补充的知识	搜集并完善所需的青蛙知识	梳理青蛙知识结构	反思自己的青蛙作品	能够在反思中不断完善自己的作品

表 4-7 多元智能与布鲁姆二维学习活动设计案例 2（科学课：与盐共存单元 9/10 年级）

多元智能	布鲁姆分类法：六种思维层次					
	知道	理解	应用	分析	创新	评价
言语语言 我喜欢读、写和说	知道掌管盐的各种运作的政府部门的机构名字	勾廓出盐的制作流程	设计一个网页（海报，PPT），依附于水的循环	写信给当地报纸的编辑，比较河水的不同深度的盐分情况	为“与盐共存”设计一幅标语，并将它设想成进入当地农业展示的一个切入点	讨论一下调整盐问题所需要资金数量（政府花费与百姓联盟花费）
数理逻辑 我喜欢数字和科学方面的工作	写出在地里和水里的盐的词汇和符号	制作地下水的循环和运动的流程图	根据植被用水的知识，比较湿地和干旱地的盐分	用 SWOT 分析法定位种植树的盐的问题	设计一个实验测定不同的盐分土壤的培养能力	证明种植需要盐是正确的
视觉空间 我喜欢绘画、制图和观赏	画一张澳大利亚 2 亿～4 亿年前的地图（内陆的盐海）	做出干旱地、湿地和城市地的盐的相关表格	设计一张网页（海报，PPT），并明确在水循环中哪些地方可能要用到图片	使用韦恩图比较对比，2001 年 Enviro 发现的关于陆地和内陆水的关键问题	为“与盐共存”设计一幅标语，并将它设想成进入当地农业展示的一个切入点	准备一项两种途径的多媒体方案。如果我们没有采取方案和我们采取方案（使用流程图）

续表

多元智能	布鲁姆分类法：六种思维层次					
	知道	理解	应用	分析	创新	评价
肢体运动 我喜欢做传递性的活动	让全班模拟水的循环过程	实施关于盐的试验以及去测试在不同的盐分程度下的培养能力	通过在戏剧中扮演农夫、政府官员和关心盐的观光旅行者去说明盐的各种问题	准备一项基于两套实施方案的多媒体项目。如果我们没有采取方案和我们采取方案(使用流程图)	准备一项基于两套实施方案的多媒体项目。如果我们没有采取方案和我们采取方案(使用流程图)	准备一项基于两套实施方案的多媒体项目。如果我们没有采取方案和我们采取方案(使用流程图)
音乐韵律 我喜欢制作、欣赏音乐	找一首关于盐或者环境方面的歌	听不同的关于环境方面的歌，找出这些歌围绕的主题	想出一个广告小调，时间控制在30秒到2分钟之间，去解释一个关于盐分的问题	想出一个广告小调，时间控制在30秒到2分钟之间，去解释一个关于盐分的问题	想出一个广告小调，时间控制在30秒到2分钟之间，去解释一个关于盐分的问题	选出一首关于环境方面的歌（Midnight Oil的歌是很好的例子），吟唱这首歌，讨论这首歌所表达的关于环境问题的情感
人际沟通 我喜欢跟他人一起工作	3人一组用基本的电子设备制作一个盐的仪表	使用这个仪表测试不同的盐水的盐度，并制作成表	向其他的组汇报你们的盐度测试和种植试验的结果	将你们的结果和其他组的结果进行比较，并明确的阐述一组对于盐度和种植试验的结果	建构一组类似的试验，以用来测定盐湖条件下的盐度和可种植程度	在小组范围内推荐一个计划，用来帮助盐湖和陆地复原
自我认知 我喜欢独自一个人工作	寻找解决盐度问题的网站	对于政府要求我们合理使用水而出台的一些限制，你是怎么想的	保留一本盐度和种植能力测试实验结果的杂志或者日记	把你对整个盐度争论的概要的理解用思维图表示出来	准备一项基于两套实施方案的多媒体项目。如果我们没有采取方案和我们采取方案(使用流程图)	对于水的循环、陆地和盐度的组间关系，谈一下你的感受

2. 方法二

每一种学习活动模式也都与教学目标有关，教学目标用布鲁姆的传统的教育目标分类来表示，各种新型学习活动模式（问题学习、项目学习、案例学习、探究学习、模拟学习、协作学习)可以达到的教学目标如表 4-8 所示。教师可以结合教学目标并参照表格选择学习活动模式。

表 4-8 新型教学模式与高阶思维发展

	识记	了解	应用	分析	综合	评价
问题学习	☆	☆	☆	☆	☆	☆
项目学习	☆	☆	☆	☆	☆	☆
案例学习	☆	☆	☆	☆	☆	☆
探究学习	☆	☆	☆	☆	☆	☆
模拟学习	☆	☆	☆	☆		
协作学习	☆	☆	☆	☆	☆	☆

3. 方法三

每种学习活动都有其自身的价值，四种常用的活动(课堂讲授、个别辅导、信息搜索、同伴展示)的价值如表 4-9 所示。教师也可以根据学习活动价值选择学习活动。

表 4-9 学习活动定位表

	个人化……社会性	非反思……反思型	知识型……体验型
课堂讲授	------X-----	---X---------	—X----------
个别辅导	—X----------	---------X----	—X----------
信息搜索	—X----------	-----------X--	-----X------
同伴展示	----------X--	-----X------	----X------

以上介绍了三种教学活动的选择方法，教师在教学设计时可以参考上述方法设计你的主题单元学习活动，并且可以对这些活动进行组合与优化编排。这样学生也会有更多的学习空间，并达到较好的效果。

(八) 学习评价设计

传统教学评价存在诸多弊端，例如，评价功能单一，过分强调选拔和甄别功能，而不是面向学习者的发展；评价项目单一，忽视了对学生学习能力和态度、过程方法，以及高级思维技能的评价；评价方法单一，侧重利用测验与考试的分数对学生行为进行判断，无法全面真实地反映学习者的能力水平。在信息技术与课程整合过程中，倡导采用多样化评价方法来促进整合效果。评价特点如下：

1. 评价主体多元化：通常有学生自评、学伴互评、教师评价等形式。(1)学生自评能够提高他们的学习积极性、自主独立性和反思意识；(2)学伴互评能够培养学生的协作互助意识，使互评转化为相互学习和交流共享的过程；(3)教师评价有利于教师来把握学生的学习进度和效果等，指导和促进学生学习。

2. 评价项目综合化：在新课程改革中，强调评价项目的多元化、综合化，应该尽可能评价整个学习过程中一切可以观察和测量的因素。这包括传统的测试成绩，更包括体现过程与方法的学习作品等一切体现学生发展的因素。

3. 评价手段多样化：既包括传统的考试测评，更包括档案袋评定等发展性评价手段。

(1) 传统标准化测评方式，例如客观题考试等，具有客观性强、高时效等特点；

(2) 档案袋评定是一种面向过程、反映学习者能力发展的评价方法，是根据学生档案袋中所提供的各种作品成果，对学生的学习情况进行评价的。它具有许多优点：(a)具有评价的连续性，能够记录不同学习阶段中学习者的成果变化；(b)能够激励学习者的热情，并促进检查和反思，提高学习效果；(c)可以作为共享展示材料在学习者之间进行交流和观摩；(d)学生对档案袋的制作与内容选择，拥有很大的自主权。这使档案袋富有个性化。借助信息技术，可以将作品制作成数字化的电子档案袋，存储多媒体数字作品，易于获取、更新发布和共享交流。

(3) 量规评定：可以用来确定和区分学生的表现状态，具有量化和可操作性等特点。

《简单电路》主题单元评价方法如图 4-7 所示。

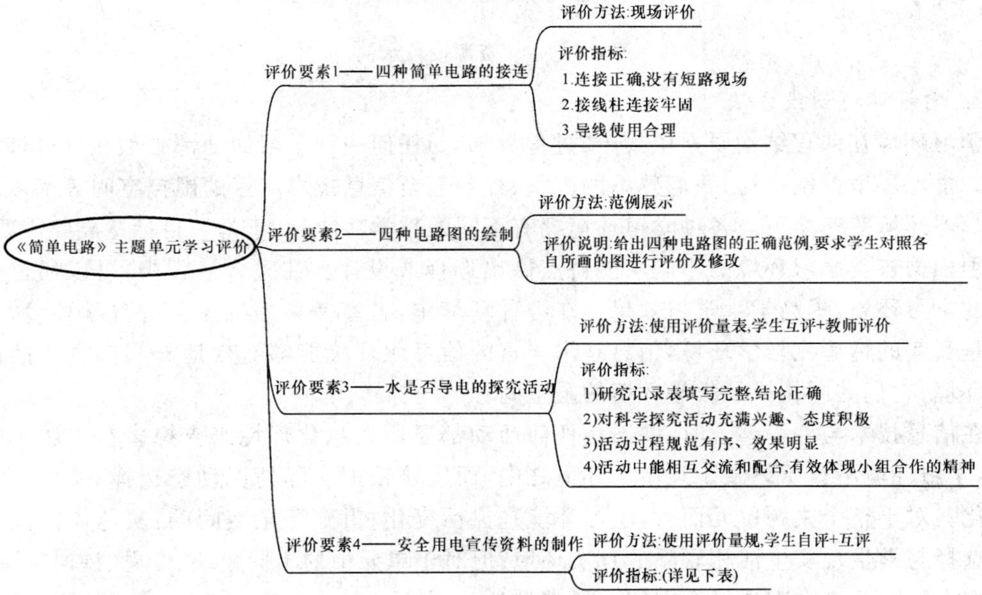

图 4-7　《简单电路》主题单元评价方法

(九) 学习环境与学习资源设计

为支持学习活动，单元设计中还需要考虑专题学习所需教学材料和资源，这包括信息化资源、常规资源、教学支撑环境或其他资源。

1. 主题资源的组织方法

主题资源是按照新课标课程标准，围绕某一主题展开教学活动所需要的一系列教学资源（如图 4-8 所示）。主题资源能够实现教学资源的有效应用。传统的教学资源是以备课为目标，以课件或素材的形式呈现，开发水平低、使用效率低。通过将教学资源围绕单元进行主题组织，能够符合课程改革要求，满足学习者基本的学习需要，又保证了学习者自主探究的需要。

完整的主题资源主要包括：(1)知识类资源：基本资源＋拓展资源；(2)工具类资源：学科软件＋工具模板；(3)案例类资源：教学案例＋学生作品；(4)评估类资源：小测验工具＋量规；(5)素材类资源：其他各种教学媒体材料等。工具软件建议使用“同方思科主题资源制作平台”,特点是方便快捷。

图 4-8 主题资源设计示例

2. 学习环境创设方法

学习环境在课程结构要素中属于“过程”部分。任何一种学习活动都必须在一种环境中展开。学习环境范围广泛,我们熟悉的教室、社会甚至信息技术支持的虚拟空间等都可以纳入到学习环境范畴之下。各种学习环境拥有不同的教学功能,基于学习目标达成的需要,我们必须根据各类学习环境的不同功能特点做出选择或设计。在整合过程中,可以通过创设合适的学习环境,提高学生学习效果。在各种环境中,教室是典型抽象化的教学环境,社会环境是真实的情境化教学环境,信息技术丰富的信息化环境能够有效地充当拟真化的虚拟教学环境,它们共同构成了教学环境的全空间。

在信息技术与课程整合时,并不是任何活动都要用信息化环境来支撑。在主题单元设计时,学习环境不要始终限于某单一环境之中,而应该根据实际情况动态选择,使教学效果最优化。对于整个主题单元而言,学习环境是灵活变化、贯穿于全空间的:从总体倾向上偏向于选择与学生现实生活相联系的真实环境;但对于单元中的不同模块、专题、课时来说,可以根据实际需要来动态选择全空间中的某种学习环境。

二、主题单元设计模板的填写

在这个步骤中,我们将对上述主题单元设计进行梳理,最后完成主题单元概述的撰写及设计模板其他内容的填写。

(一) 概述案例研习

再次仔细研习主题单元案例,如图 4-9,分析案例中“主题单元学习概述”的方法。

(二) 概述的方法

主题单元设计模板表格中的“主题单元概述”部分是整个单元规划的概述。因此,这部分应该描述主题单元在课程中的地位和作用、单元的内容组成情况(应特别说明主题单元内容与教材内容之间的关系),解释专题的划分和专题之间的关系,单元的学习重点和难点,主题单元的主要的学习方式和预期的学习成果等内容。

(三) 模板的填写方法

在完成概述部分的填写后,模板其他内容的填写如前面的案例,此处不再赘述。

主题单元学习概述

本单元是小学自然教材中有关电学知识方面最集中的一部分，内容包括“导体和绝缘体”“电路的连接”“小电珠的串联和并联”“电与我们的生活”四个方面，而在整套教材中，二年级有一个单元“小电筒”已经让学生了解了小电珠发光的原理，知道了电池、导线、小电珠的连接等知识，为本单元的学习打下了一定的基础。在后续的教材中，五年级还将学习“电与磁”“能与能源”等涉及电学的内容。因此就中观层面分析本单元的内容是电学知识在小学阶段的重点部分，也是承上启下的部分。

在本主题单元中，我们把这四篇课文的内容作为一个有机的整体来看，因为它们都统属于电学这个范畴之中，设计三个专题来组织教学活动。专题一：怎样可以同时点亮两只小电珠。解决电路的连接与串联、并联的知识；专题二：怎样才能做到安全用电。解决导体和绝缘体及用电安全常识；专题三：电从哪里来。解决电的来源、节约用电等知识，并为将来学习能的转化做伏笔。这三个专题的确定是源于教材，且基本覆盖了教材的全部要求，又不拘泥于教材，适当进行了拓展和延伸，为今后的学习做了铺垫。

图 4-9　主题单元概述

【自我评价】

1. 什么是主题单元学习？它与综合性学习有什么关系？
2. 主题单元包含哪些设计要素？通常我们如何组织这些要点？
3. 如何确定单元主题？主题单元中的主题与专题有什么关系？
4. 主题与专题问题的设计方法是什么？
5. 主题单元设计中“学习任务”和“学习结果”有什么区别？
6. 主题单元的评价特点是什么？
7. 学习活动设计需要注意的问题是什么？
8. 选择你的专业课程进行主题单元设计，并填写设计模板。

【参考文献】

【1】http://tl1301. teacheronline. cn/studio/topicres # topicres? topicid＝3&stepid＝19. 2013.10.

【2】祝智庭. 教育技术培训教程(教学人员版 中级). 北京:北京师范大学出版社. 2013.

【3】薄全锋. 通辽市中小学教师教育技术中级培训项目课件. 华东师范大学. 2013.10.

【资源链接】

[1] 祝智庭. 教育技术培训教程(教学人员版 中级)[M]. 北京:北京师范大学出版社, 2013.

[2] 薄全锋. 通辽市中小学教师教育技术中级培训课件. 华东师范大学, 2013(10).

[3] 肖平. 基于主题教学的教学设计应用研究[D]. 华东师范大学, 2006.

[4] 通辽市中小学教师教育技术能力(中级)远程培训网[OL]. http://tl1301. teacher-online. cn/

第五章
探究性学习设计

【学习目标】

学习本章后，你应能够做到：

1. 正确认识探究性学习，理解开展探究性学习的意义。
2. 学会使用 WebQuest 学习模式设计探究性学习方案。
3. 能够使用评价量规评价探究性学习方案。

【本章知识导图】

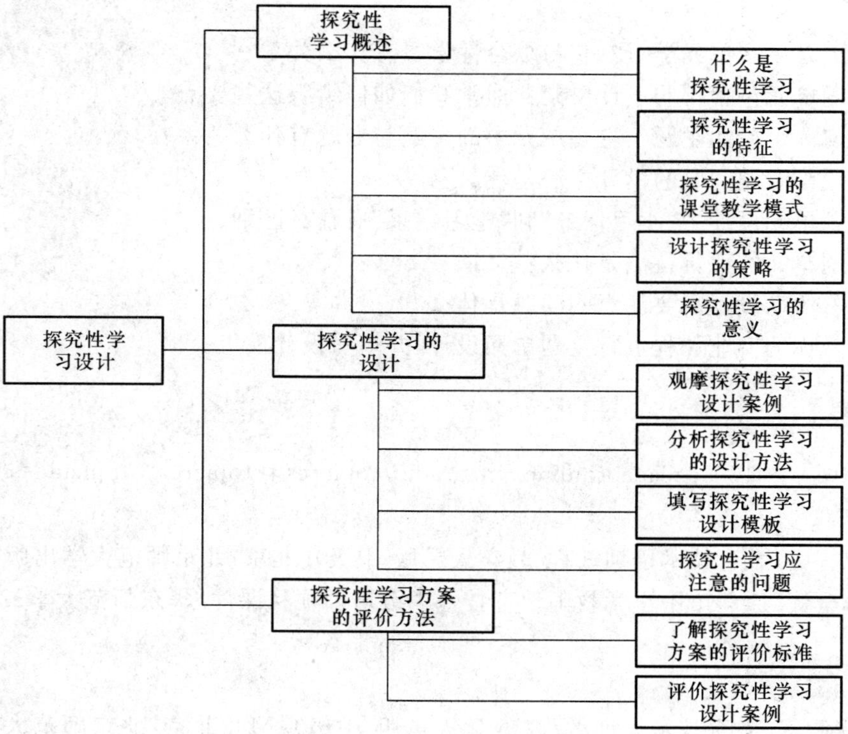

第一节　探究性学习概述

一、什么是探究性学习

不同的教学目标和教学内容需要不同的教学方式，我们可以将中小学的教学方式归纳为授导性与探究性两大类。授导性教学是指在课堂教学中以教师讲解与演示为主，引导学生通过操练及练习、自主学习、小组讨论、合作学习、问题化学习等方法获得对现成知识的理解与掌握。探究性学习是指学生在教师指导下，从自然、社会和生活中选择和确定选题进行探究，并在探究过程中主动地获取知识、应用知识，以解决问题的学习活动。探究性学习强调学生通过尝试问题解决过程，来获取知识、提升能力，强调对所学知识、技能的实际运用；注重学习的过程和学生的实践与体验。

新课程教学改革主张培养学生的探究与创新能力，因此探究性学习日益受到重视。在单元学习过程中通过设计适当的探究活动，既能培养学生的探究与创新能力，又能激发学习者的学习热情与潜能。

探究性学习由"问题学习"与"项目学习"构成。"问题学习"是以问题为出发点，首先要描述问题、建立假设，然后是规划、开展调研，最后分析结果、展示分享；而"项目学习"是先有目标成果，然后对目标成果进行规划设计、研讨交流、建构测试、分析说明和展示分享。

"问题学习"和创新教育存在什么关系？问题分为"老问题"和"新问题"，问题的解决方法可以分为"老方法"和"新方法"。如果是"老问题""老方法"，就谈不上创新；如果是"老问题""新方法"，就是创新；如果是"新问题""老方法"，这就是将学到的知识在新的情境下运用的过程，属于创新；如果是"新问题""新方法"，这样更属于创新。"项目学习"对创新教育有什么价值？目前，国际上非常强调设计学习，通过设计进行学习是有助于培养创新能力的，因为它从真实世界的需求出发来进行创意。项目学习偏向于设计学习，与其他学科也有所关联，因此利于创新能力培养。

二、探究性学习的特征

(1) 开放性。探究性学习必须把学生置于一种动态、开放、主动、多元的学习环境中。

(2) 探究性。它包括探究性的问题和探究性的方法两层含义。探究性的问题对学生而言，须具备两个特征，接受性，即学生愿意解决这种问题，并且具备一定的知识基础和能力基础；障碍性，即学生不能直接看出它的解决方法和答案，而必须经过思考、探索和探究来寻找答案。

(3) 创新性。对学生来说，创新更多的是指在学习过程中所表现出来的探索精神、求异思维和非常规想象等。

(4) 自主性。探究性学习强调以学生的自主性、探索性学习为基础。

(5) 交互性。探究性学习的交互性表现在师生、生生之间的交互上，是师生共同探索新知的学习过程，是围绕问题共同完成探究内容的确定、方法的选择。

(6) 实践性。探究性学习是一个实践性很强的过程，需要学生观察、动脑和实际操作。

(7) 过程性。注重探究的过程。学生的体验和表现比结果更重要。强调探究的过程，但不能让探究的过程模式化、固定化。

(8) 教学方式的任务驱动性。应提倡以任务驱动的方式组织进行教学，即以课题任务为中心来组织教学，让学生通过完成课题任务的过程获得知识，发展自己的能力，使自己的情感、态度、价值观得到培养和提高。

三、探究性学习的课堂教学模式

（一）就教学环境而言，可分为两种基本模式

1. 网络环境下的探究性学习

网络技术由于能提供界面友好、形象直观的交互式学习环境，能提供图文声像并茂的多种感官综合刺激，还能按超文本、超链接方式组织管理学科知识和各种教学信息，因而对学生认知结构的形成与发展是非常有利的。而“情境创设”“协商会话”和“信息资源提供”正是探究性学习理论所要求的学习环境必须具备的基本属性或基本要素。

2. 一般条件下的探究性学习

通常是指非网络环境下的探究性学习（包括多媒体）。应该注意到，并不是所有的课都需要用网络，网络只是一种教学手段，其他的教学手段一样可以实现教学过程最优化。

（二）就探究问题的结构而言，分为两种基本方式

1. 常规性探究方式

它是指结构良好的问题探究或者常规性问题的探究。可分为两类：一是利用概念或规则来解决问题。这种探究可以通过变式引导学生自主探究，寻求多种解决办法。或者赋予概念规则以实际意义，深刻理解概念规则。如例题的变式，常规问题就有了探究的意义。二是通过问题，发现概念、规则或原理。这种问题，需要教师创设情境，采用发现学习方式，引导学生在类似于科学探究的情境中，观察、实验、归纳来揭示问题的本质。例如物理、化学、生物学科的原理，大多可用这种探究方式。

2. 开放性探究方式

它是指结构不良的问题探究，通常情况下，结构不良的问题主要有三种形式。一种是问题的起点、目标、方法明确，但不知道哪一种选择方法最好。如不限制体裁的材料作文问题。教师应鼓励学生选择富有个性的方法。二是问题的起点、目标明确，但不知道解决问题的方法。如分析长三角与珠三角经济社会发展的异同。对这类问题，应鼓励学生采用头脑风暴法（集体探究），鼓励学生踊跃发言，确定多种解决方案，然后再改进、合并、完善，达到最优化。三是问题的起点明确，但问题解决的目标和解决问题的方法和途径都不明确。如解决汾河的污染问题。我们不清楚要达到的具体指标，也不清楚用何方法达到这个目标。解决这类问题，应先明确一级子目标，然后限定在某一个子目标的前提下，寻求解决办法，再逐个解决。

四、设计探究性学习的策略

探究性学习的模式很多，该如何设计探究性学习呢？本章将选择以 WebQuest 学习模式为基础，帮助同学们开展探究性学习的设计。

WebQuest 是一种基于因特网资源的课程单元式学习方式，在国际上已被看作一种规范化的利用网络进行学习探究的方法，特别适合多学科综合主题学习。一个完整的 WebQuest 包括六大设计要素：

情境部分为问题解决提供可信的具体情境。这部分的作用是导入学习情境，吸引学生的学习兴趣。

任务部分是对学生们在探究结束时要完成的绩效或成果的简洁描述。其中成果通常为电子作品形式,不但可以用于班级交流汇报,教师也可借此评估学生的理解。

过程部分描述在学习与探究过程中学生应遵循的活动步骤,并提供相关建议,包括小组角色与任务分配、工作流程与进度控制、思考方法与探究路径等。

资源部分为学生提供解决问题所需的网上资源、图书馆资料等。这些资源都是事先经过教师预选的,以便学生们可以应用有质量的资源进行探究。

评价部分是通过量规来实现的。量规不但有助于评价学生的学习成果,还要有助于评价学生的学习过程及学习技巧。

结语部分通过简短的一两句话,概述学生完成此 WebQuest 将会获得或学到什么。

WebQuest 的用时比较灵活,作为成熟的学习模式,其设计要素含纳了设计探究性学习的实用策略,为教师开展探究性学习的设计提供了较为快捷的途径。它为教师从授导性教学到完全开放的探究性学习提供了一个中间阶段的良好过渡,可以引导学生像熟练的探究者那样对问题进行思考和探究,进而逐渐形成自主选题、自主探究和自由创造的探究性学习能力。

五、探究性学习的意义

(一) 探究性学习的人文教育意义

探究性学习突出了情感态度和价值观的培养目标,使人文精神得以充分体现;有利于确定科学的不断质疑、不断探究的特性,从而将人文精神回归于其中;有利于建立民主、平等、和谐的师生关系,从而升华人文精神。

(二) 探究性学习有利于学生创造力的培养

传统的课堂讲授的确能让学生在较短时间内学到人类在漫长历史过程中所积累的规律性知识。但是,现代社会飞速发展,知识呈爆炸性增长,面对纷繁复杂的世界所呈现的各种矛盾,特别需要综合素质强、能不断吸收新知的创新型人才来解决实际问题。因而新课程教学改革努力探索一种新的学习方式,旨在改变学生以单纯接受教师传授知识为主的学习模式,为其建构一种开放的学习环境,提供多种渠道获取知识,并将学到的知识综合应用于实践的机会。

探究性学习在新课程教学改革的背景下有着十分重要的意义。在教师指导下,学生以个人或小组的形式从自然、社会和生活中选择和确定专题开展探究性学习,有利于培养学生观察生活、思考生活并从中发现问题的意识,有利于学生在开展探索探究的过程中更积极主动地获取知识、应用知识、建构知识、解决问题,从而提升学习的能力,培养创新精神和综合实践素质,在多元评价体系的支持下全面积极地评价学生,有利于激发其巨大的学习热忱,在相互配合、友好协作的学习氛围中使学生获得健康向上的情感体验。相对授导型教学,探究性学习有着独特的优势。

为什么要强调创新教育?因为创新确定了价值。以 ipod 为例,ipod 在美国推出时,卖 299 美元一个,在生产分工中,美国主要做整体的设计;把 ipod 当中的 60 G 硬盘交给了日本的索尼公司生产,日本又把这个 60 G 硬盘放到中国来组装。而中国工人只得到了 3 美元,日本得到了 67 美元,美国却得到了 229 美元(表 5-1)。所以创新能力的培养是何等的重要。

表 5-1 iPod 价值分配表

	生产分工	获得价值
美国	整体设计	$229
日本	设计 60 G 硬盘	$67
中国	组装 60 G 硬盘	$3

第二节 探究性学习的设计

一、观摩探究性学习设计案例

（一）浏览探究性学习设计案例

表 5-2 探究性学习设计案例 1

作者姓名	王晶	任职单位	通辽实验中学
学科	思想政治	年级	高一年级
单元标题	《生活与消费》		
探究性学习名称	中学生消费现状调查		
所需时间	3 课时		

【学习目标】

知识与技能：

1. 通过调查走访使学生深入了解中学生的消费状况和消费心理。
2. 通过本课题探究，使学生了解消费的分类、消费结构的特点并理解影响消费的因素。
3. 通过甄别比较不同消费类型及消费观念，培养学生对比分析的能力。

过程与方法：

1. 通过实地访谈、问卷调查、网络信息整理，学习信息收集与整理的方法。
2. 在收集整理资料的过程中学会信息的筛选与分类的方法，学习透过现象分析本质的方法。

情感态度价值观：

1. 通过亲身调查走访和发表倡议书引导学生树立正确的消费观，避免盲目消费和攀比消费。
2. 培养学生养成适度消费、量入为出的好习惯，学习做理性的消费者。
3. 通过本课题探究，使学生树立环保和绿色消费的理念，树立可持续发展、人与自然和谐互动等观念。从小做起，从自身做起，关心人类社会的可持续发展。

【情境】

随着人们的物质生活水平的提高，生活也由温饱奔向小康。许多父母对子女们“千依百顺”，每月都会给他们零用钱，但青少年的消费额超乎想象的多，而且他们也不满足现状，肆意花费零用钱，对钱财根本没有节约的观念。吃名牌、穿名牌、用名牌……高消费浪潮正攻克着我们的校园。于是，在校园里，就多了那么些打手机、听 MP3、穿 NIKE、吃肯德基、德克士的“校园款爷”，我们学校作为一所住校生占 80％的高中学校常常会看到这样一种现象，每逢周日住校生放假时，他们多数人的活动项目都是“消费”，商场、超市、网吧、书店、饭店，随处可见我校学生的身影。他们的消费情况如何？哪些因素影响着他们的消费水平？什么样的消费观念才是科学的？让我们走进他们、走进自己做一个深度调查。

续 表

作者姓名	王晶	任职单位	通辽实验中学

【任务】

1. 完成问卷调查的统计分类工作，通过对问卷调查数据的统计分析探究完成如下问题：中学生消费的现状（消费结构、消费水平、消费观念）如何？这种消费现状形成的原因是什么？

2. 通过对学生、家长、老师的走访和对相关资料的查找，讨论正确消费观念的积极影响，分析为什么要坚持正确的消费原则，树立正确的消费观念？

3. 通过“我的消费倡议书”的发表，探究怎样树立正确的消费观。

4. 以课题探究报告的形式总结完成以上任务。

【过程】

活动一：将学生分为8个小组，每组8个人，以组为单位查找相关资料，结合实际情况，讨论并设计印刷《中学生消费情况问卷调查表》；确定问卷调查和实际访谈的范围和人员。（建议范围集中在学校高一年级、人员数量不宜过多但要有代表性如中学生、家长及老师都应占一定比例）

活动二：回收消费问卷调查表和访谈记录，以组为单位整理分析相关数据。（借助电脑完成数据统计分类，可利用PPT、Excel表格等形式）

主要数据统计包括：

1. 中学生零用钱的使用情况；

2. 中学生消费结构：食品支出比例、发展性资料消费比例及享受性资料消费情况。（学习绘制消费结构图，参考必修一第20页）；

3. 影响消费的因素：收入水平（中学生生活费零用钱水平）；各种消费心理所占比例情况（从众心理、攀比心理等）；

4. 关于绿色消费，环保消费的消费心理及消费行为有哪些？

5. 中学生的消费方式有哪些？

活动三：查找相关资料对统计数据进行讨论分析，透过现象看本质，完成相关任务，形成课题探究报告。（任务参看上一表格，由每组负责其中一个任务而后共同分享成果）

活动四：课上展示并分享探究成果。（每组1名代表以PPT的形式展示）

【评价】

1. 分析课题探究报告：通过评价《中学生消费情况分析报告》分析此次探究性学习获得的成果。

2. 用1课时对各组积累的解决问题的方法和策略、此次探究性学习的心得体会及课题报告进行分享展示。

3. 设计综合评价表，采取投票的形式选出优秀小组。

4. 通过发表《我的消费倡议书》评价学生情感态度价值观目标的实现情况。

【资源】

1. 常用搜索引擎：百度、谷歌等。

http://www.baidu.com/

http://www.google.com.hk/

2. PPT、Excel模板。

3. 必修一《经济生活》教材。

4. 部分调查问卷学生的家长联系电话。

5. 参考网上资料《关于中学生消费状况的调查探究计划》。

表 5-3 探究性学习设计案例 2

作者姓名	叶红英	任职单位	通辽实验中学
学科	地理	年级	高二年级
单元标题	区域生态环境建设		
探究性学习名称	认识沙尘暴		
所需时间	3 课时		

【学习目标】

1. 了解荒漠化的形成原因(其中又分人为原因和自然原因),让学生懂得人为因素对自然的惊人破坏力,分析西北荒漠化的解决对策,培养学生分析问题解决问题的能力。

2. 学会在信息化环境下的学习方法和获取信息的能力。

3. 小组合作,制作演示文稿,设问和解说,培养合作学习与动口、动手能力。

4. 培养学生保护生态环境的观念,培养学生热爱科学,热爱家乡的使命感。

5. 能够通过本次探究性学习,知道地理知识无处不在,生活中处处有地理的观念。

【情境】

近年来,北京频繁遭遇沙尘暴天气,而我们的家乡通辽有着著名的科尔沁沙地,是周边很多地区发生沙尘暴的沙源。每次发生沙尘暴,黄沙漫天,即便同学们戴着厚厚的口罩,依然呼吸困难。到底沙尘暴是一种什么地理现象?它的起源是什么?我们日常生活中可以采取哪些措施防治它?我们通过探究性学习来真正认识一下“沙尘暴”。

【任务】

1. 学生以小组为单位分成小组合作探究学习,分时期搜集关于沙尘暴的相关图片、文字、视频资料。

2. 以小组为单位进行资料汇总,对于沙尘暴发生的频率、地点、沙源、危害、防治措施等进行汇总分析。

3. 每组选出讲解员,利用多媒体展示自己小组的成果。

4. 解说员不但要展示成果,还要与本组成员共同努力回答其他小组成员提出的相关问题。

【过程】

活动一:划分小组,明确任务,收集资料

根据具体人数划分小组,每组 8 人,每组选出组长一人。组长负责小组内同学的分工和探究课题的开展和管理。

我的任课班级一般在 70 人左右,可分为三大组 9 个小组。组长统筹安排每人工作任务,监督任务完成情况。告诉学生活动最后要设置“最佳小组”、“最佳讲解员”、“最佳调查员”、“最佳评审员”等荣誉评比,激励学生认真努力准备。

活动二:搜集资料,加工处理

同学们小组分工,利用课余时间在各种统计网站、百度、谷歌等收集资料。根据资料,制作展示课件,设计问题。在准备过程中,教师要及时沟通,注意学生问题设计的合理性。问题一定要细化,要有针对性(教师应在一旁指导),例如:

① 北京的沙尘暴自 2005—2013 年 8 年来每年共发生几次?

② 沙尘暴有哪些危害?

③ 各处沙尘暴频发地的沙源来自哪里?

④ 沙尘暴的沙源地的植被覆盖率如何?

⑤ 我们该如何防治沙尘暴肆虐?

活动三:展示成果,汇报交流

结合各自课题,各小组把自己的探究成果制作成 PPT 课件,在班内展示交流。在讲解的过程中,每个小组给 10 分钟时间,讲完后有 2 分钟时间提问,同小组其他成员也可进行解答。然后由评审团进行打分。

活动四:颁发荣誉,合影留念

每个小组选出一名评委,9 个评委进行打分,最终选出“最佳小组”,“最佳讲解员”、“最佳调查员”、“最佳评审员”等奖项。颁发荣誉证书,并合影留念。

续 表

作者姓名	叶红英	任职单位	通辽实验中学

【评价】

1. 了解沙尘暴相关情况——沙尘暴的沙源、危害、防治措施。
2. 能够较全面搜集相关必要资料，做出正确筛选，提取有效信息。
3. 积极主动参与小组活动，发挥小组合作学习的作用。
4. 准确阐述自己的观点，运用 PPT 课件等展示自己的探究成果。

【资源】

1. 常用搜索引擎：百度、谷歌等。
http://www.baidu.com/
http://www.google.com.hk/
2. 高中地理课程标准、教材、教师教学用书。
3. 专业书籍：《中国地理》《中学地理——图文详解》等。
4. 相关网站：
人民教育出版社 http://www.pep.com.cn；
中学地理教学园地：http://www.zxdl.com。
5. 数码相机和 U 盘等。
6. 多媒体教室。

表 5-4　探究性学习设计案例 3

作者姓名	张军	任职单位	上海市民办丽英小学
学科	信息技术 科学 社会实践	年级	小学四年级
单元标题	《简单电路》		
探究性学习名称	水能导电吗？		
所需时间	1 课时		

【学习目标】

1. 了解纯净水是不导电的，但自然环境中的水往往不是纯净水，它是会导电的。
2. 掌握一些安全用电的基本常识，初步树立安全用电的意识。
3. 初步体验探究性学习的一般过程。

【情境】

小明从《科学》书中看到“纯净的水是不导电的”，但是家长和老师又经常告诫他不要用湿手去打开电器开关，不要用湿抹布去擦拭带电物体，还有很多东西干燥的时候不导电，遇到水以后就能导电了，这到底是怎么回事？

【任务与成果】

1. 对水的导电性有较科学的理解。
2. 能结合自己的日常生活，总结出一些规范的安全用电常识。

【学习过程】

续表

作者姓名	张军	任职单位	上海市民办丽英小学

一、分组讨论任务情境，确定探究课题

探究问题：水究竟能导电吗？

二、讨论探究的步骤

1. 提出假设

如果水能导电，那么将水接入电路后，小电珠会怎样……

2. 设计实验方案（参照教材）

1）选择探究对象：纯净水、自来水、食盐水……

2）选择实验器材：电池、导线、电珠等

3. 实验操作，记录实验现象，填写《探究活动记录表》

4. 得出结论

三、汇报探究结果

四、拓展活动

要求：针对探究结果，讨论在生活中应该怎样注意用电安全，并用 WORD 或 PPT 的形式制作一份《水与安全用电》的宣传资料。

【评价】

1. 通过对《探究活动记录表》的填写，评价学生探究过程的参与度和效果。

2. 通过量规评价学生制作的"宣传资料"，评价学生对安全用电常识的掌握情况和理解程度以及对信息的收集、组织和表达能力。

【资源】

实验器材：

小电珠、灯座、电池盒、导线、纯净水、烧杯、食盐等。

其他资源：

《探究活动记录表》《"安全用电宣传资料"评价表》等。

（二）案例分析

分析上面的三个案例，思考探究性学习与日常教学有何异同，探究性学习模板由哪几部分构成，探究性学习由哪几部分构成。

二、分析探究性学习的设计方法

基于前面的三个案例，我们来分析探究性学习的设计方法，之后请同学们尝试运用探究性学习的设计方法，为自己的主题单元设计探究性学习方案。

（一）确定探究性学习的内容

在这一步骤中，我们将在主题单元的构架下，选择一个具有探究意义的内容（可以是一个专题，也可以是某个专题下的活动）来开始探究性学习的设计，并完成该探究性学习的学习目标撰写。

1. 探究性学习和主题单元学习的关系

一般情况下，主题单元是一个围绕特定学习主题展开的阶段性学习活动，这些学习活动有的可以通过教师讲授方式完成，另外也有些学习活动，特别是旨在培养学生有效运用知识、方法、技术解决具体问题或完成实际生活工作中的任务时，可以采用探究性学习来完成。从这个意义上讲，探究性学习是主题单元教学的一个组成部分。

例如，“水能导电吗？”探究性学习就是《简单电路》主题单元中其中一个专题“导体与绝缘体”下的一个学习活动，此学习活动的学习目标是学习使用探究性学习的方法，来探究水的导电性，判断水是导体还是绝缘体。这是一个开放性的活动，将会引申出很多相关的探究内容，如电压大小的问题，水的纯净度问题等，可以激发学生做进一步的探究。

再如“认识沙尘暴”探究性学习内容是《区域生态环境建设》主题单元中专题一“荒漠化的防治——以我国西北地区为例”中的一个学习活动。此活动的学习目标是(1)了解荒漠化的形成原因(其中又分人为原因和自然原因)，让学生懂得人为因素对自然的惊人破坏力，分析西北荒漠化的解决对策，培养学生分析问题解决问题的能力。(2)学会在信息化环境下的学习方法和获取信息的能力。(3)小组合作，制作演示文稿，设问和解说，培养合作学习与动口、动手能力。(4)培养学生保护生态环境的观念，培养学生热爱科学，热爱家乡的使命感。(5)能够通过本次探究性学习，知道地理知识无处不在，生活中处处有地理的观念。

2. 如何确定探究性学习的学习内容

探究性学习以个人或小组形式从自然、社会和生活中选择和确定专题进行探究，这些专题的出发点都与某一门学科或某几门学科密切相关，探究目标和学科教学目标密切相关，只是探究性学习更加强调的是学生在其中更加自主地探究空间和活动，从而在这些过程中能力得以提升。

例如数学课上，教师将“勾股定理”作为探究性学习活动。请问这种举世皆知的定理、公理性的知识，用得着使用探究性学习吗？

我们开展探究性学习的目的不仅是在于探究的内容，可能更重要的是培养学生学会探究的方法。就中学低年级段和小学生的认知水平而言，可能探究的课题或者问题都是有现成答案的，但这并不影响我们开展探究性学习活动。就“勾股定理”这个内容来说，可以有很多教学方法使学生理解掌握它，当然通过探究性学习的方式来学习这个内容，既可以让学生掌握这个经典的定理，又培养了学生的学习方法，这也不失为一种一举两得的结果。

还比如《简单电路》中将“水能导电吗？”作为探究性学习内容，这样学生可以初步体验科学探究的一般过程与方法，还引出许多相关问题，让学生进一步了解水有很多种，如纯净水、矿泉水、盐水等，知道纯净水是不导电的，但自然环境中的水往往不是纯净水，它是会导电的，开阔了学生的思维，增强了探究的兴趣，利于创新思维能力的培养。

再比如思想政治《生活与消费》主题单元中，将“中学生消费现状调查”作为探究性学习，不但了解消费知识，树立正确的消费观和绿色消费的理念，更重要的是使学生了解了信息收集与整理的方法，学会了透过现象分析本质的方法，培养了分析实际问题与解决实际问题的能力，避免了传统教学中一味地记忆与理解现成知识的弊端。

在你的主题单元中，到底哪一部分内容适合开发成为探究性学习？可以用以下几个问题来询问自己，如果这些问题的答案都是“是”，那么你已选择到了适合的内容。

(1) 这部分内容中是否蕴含着值得深度探究的问题？

(2) 以学生们当前的认知水平，他们是否能够完成探究？

(3) 是否拥有可用的资源(包括在线资源与离线资源)？

(4) 这部分内容与现实世界能够建立起关联吗？

(5) 学生对此问题感兴趣吗?

(6) 学生们解决问题是否需要分析、解释、争论、假说、评价等高级思维活动?

(二) 设计探究性学习的情境

1. 如何理解情境

在探究性学习中,"情境"不是简单的导入语或开场白,而是贯穿于整个探究性学习过程的虚拟项目或仿真环境。情境的创设方法可以归纳为:

(1) 优化组织形式,营造合作情境;

(2) 精选生活问题,诱发探究情境;

(3) 巧用现代媒体,再生直观情境;

(4) 引导自主探究,体现活动情境;

(5) 细挖创新题材,激发探究情境;

(6) 拓宽探究渠道,创设实践情境。

例如"认识沙尘暴"探究性专题的情境创设是:近年来,北京频繁遭遇沙尘暴天气,而我们的家乡通辽有着著名的科尔沁沙地,是周边很多地区发生沙尘暴的沙源。每次发生沙尘暴,黄沙漫天,即便同学们戴着厚厚的口罩,依然呼吸困难。到底沙尘暴是一种什么地理现象? 它的起源是什么? 我们日常生活中可以采取哪些措施防治它? 我们通过探究性学习来真正认识一下"沙尘暴"。对照上述方法,不难看出探究专题是结合了通辽地区学生实际生活环境的现状,并对学习内容的细挖创新而得到的,可以激发学生的探究热情。同理,"中学生消费现状调查"探究专题更是贴近学生生活,通过调查对学生调整消费观起到积极作用。

2. 创设探究性学习活动情境的策略

(1) 力求使探究始于真实和接近学生所处的真实环境(自然、生活和社会的环境)。

探究性学习特别强调问题来源的真实性,在真实情境下的充分体验和对困惑的感受,是问题产生的根源。真实性可以让"情境"抽象的知识学习与现实生活关联起来,情境事实上是与学生生活有关的真实事件或对真实事件的模拟。

(2) 情境中隐藏着可能被学生发现的问题,努力创设给学生发现问题和提出质疑的机会。

不同的情境将引出不同的问题,带来丰富多彩的学习内容;情境性问题的来源非常开放,不同的人即使在相同的情境中,也会以不同的视角理解学习的内容,情境又将随着探究的过程不断变化,随着问题的发展而不断产生新的学习内容。

(3) 情境有一定的综合性和复杂性。

情境的综合性和复杂性表明探究问题的解决可以涉及不同的学科、应用不同的知识、从不同的角度解决问题。真实(或仿真)情境中的问题解决路径从来就不是唯一的,往往从不同的角度入手就会有不同的解决方案。学生在解决问题的过程中要扩展和加深自己针对探究问题的理解,从而使解决问题的路径充满了创造性与个性特征。

(4) 情境有可探究性,关注实验和其他实践途径的探究。

情境的可探究性表明一定要创设有一定的探究价值、并且能够利用实验或其他途径开展探究的教学情境。但是在实际教学中,有的教师只把情境创设当作点缀,还有一些教师则因为创设情境迷失了教学方向，创设出的情境形式化、问题虚假，无法起到激励学生去探究的目的。有探究价值的教学情境应该是将基于生活、体现学科特点、含纳有内涵、有一定难度的问题作为探究问题呈现于学生面前。

3. 好的情境设计需要进一步思考的几个问题

(1) 所选择的这部分内容所需的知识技能与哪些真实工作相关？

(2) 在这些工作中，通常所需的专业人员是哪些人？他们是怎样工作的？他们是为谁服务的？

(3) 在备选的多个情境中，哪些情境对学生而言是有吸引力的？

(4) 在可能的情境中，哪些问题有助于激发学生的兴趣？

(三) 设计探究性学习的任务

1. 什么是学习任务

学习任务是对学生们在探究结束时要完成的绩效或成果的简洁描述。其中成果通常为电子作品形式，不但可以用于班级交流汇报，教师也可借此评估学生的理解。

2. 为什么要设计学习任务

首先，探究性学习的教学方式是任务驱动的。即以课题任务为中心来组织教学，让学生通过完成课题任务的过程获得知识，发展自己的能力，使自己的情感、态度、价值观得到培养和提高。

其次，如果探究性学习的创造性和个性特征不通过一个有形的产品(如演示文稿、新闻稿)或绩效(如演讲、表演)外化出来，个人的知识与能力获得便缺少了一个必要的深化环节，其他学生便缺少了一个共享学习的机会，教师也就缺少了衡量学习成果的途径。因此，在探究性学习中，学生们并不是通过传统意义的考试来证明自己的理解的，而是通过作品或绩效来验证学习成效的，这也就是我们所说的“任务”。

3. 任务的确定方法

首先来看探究性学习“认识沙尘暴”中的学习任务：

(1) 学生以小组为单位分成小组合作探究学习，分时期搜集关于沙尘暴的相关图片、文字、视频资料。

(2) 以小组为单位进行资料汇总，对于沙尘暴发生的频率、地点、沙源、危害、防治措施等进行汇总分析。

(3) 每组选出讲解员，利用多媒体展示自己小组的成果。

(4) 解说员不但要展示成果，还要与本组成员共同努力回答其他小组成员提出的相关问题。

从案例可以看出，好的任务应该是真实的，同时又具有一定的挑战性与开放性，各学习小组可以形成各具特色的学习成果；另外，好的任务还应该是有效的，通过该任务的完成，学生能够学到或用到需要掌握的知识与技能，促进高级思维能力的发展，继而达到既定的学习目标。

表现任务的产品与绩效有很多种，在设计时，可以参考表5-5产品与绩效表，再根据实际需要进行选择。

表 5-5 产品与绩效表

产品	
报告	历史研究报告、科学研究报告、政策建议等
设计	产品设计、家居设计、建筑设计、校园蓝图、交通运输方案等
建造	模型、机器、陈列品、立体模型
文章	给编辑部的信、为报纸杂志撰写的专栏、书评、影评、自编的故事
艺术表达	陶器、雕塑、诗歌、海报、卡通、壁画、拼画、油画、歌曲写作等
印刷媒体	实地考察指南，社区历史手册、公共服务告示、历史剪贴簿、照片时间表、调查文献，导游手册
电子媒体	视频日记，照片日记，电子书，演示文稿，动画/卡通
绩效	
演示	有说服力的建议、鼓舞人心的演说、辩论、讲座、研究报告、新闻广播
示范	科学实验过程、具体的运动技能、指导他人
表演	舞蹈、竞赛、讲故事、戏剧、广播、演出
模拟	模拟审判、再现历史事件、角色扮演

4. 设计任务时还需要思考以下几个问题，它将帮助你判断任务的好坏

(1) 学生们在完成任务的过程中，是否有机会遇到并解决这个探究性学习中所蕴含的问题？是否有机会获得学习目标中所指向的知识、技能以及情感体验？

(2) 这个任务有趣吗？对学生而言有认知挑战吗？

(3) 这个(或几个)任务的完成质量是可以评测的吗？

当全部回答"是"时，这个任务就是好的任务。

(四) 设计探究性学习的过程

在这个步骤中，我们将在探究性学习目标与任务的基础上，为学生们设计学习的过程。

探究性学习注重组内合作学习及组间协作学习，强调学习团队的凝聚力与责任感，要求每一个学习小组以组内成员共同进步为目标。

1. 合作学习

合作学习在 20 世纪 70 年代初兴起于美国，由于它在改善课堂内的社会心理气氛、大面积提高学生的学业成绩、促进学生形成良好非认知品质等方面实效显著，很快引起了世界各国的关注，并成为当代主流教学理论与策略之一，被人们誉为近十几年来最重要和最成功的教学改革。合作学习要求学生们在一些由 2～6 人组成的异质性小组中一起从事学习活动，共同完成教师分配的学习任务。在每个小组中，学生们通常从事于各种需要合作和相互支持的学习活动。

在合作学习中，有五个基本要素：

(1) 积极的相互依赖——学生们知道他们不仅要为自己的学习负责，而且要为他们所在小组中其他同学的学习负责；

(2) 小组成员的责任感——小组成绩取决于小组总的任务的完成情况，小组成绩将影响个人的成绩记录；

(3) 面对面的建设性的相互交流——学生们有机会相互解释所学的东西，有机会相互

帮助、理解和完成作业；

(4) 小组合作技能——期望所有学生能进行有效地沟通，对小组的活动提供指导，建立并维护小组成员之间的相互信任，有效地解决组内冲突；

(5) 小组的自我评估——各小组必须定期评价共同活动的情况是否良好，应怎样提高其有效性。

与合作学习密切相关的是协作学习，不强调组员之间的严格任务分工，而是重视组员之间的相互支持。在国内外教育实践中，都存在这两者之间混用的现象。

2. 分组策略

无论合作学习或协作学习，首先涉及如何分组的问题。一个最基本的分组方法是“异质”分组，就是把学习成绩、能力、性别甚至性格、家庭背景等方面不同的学生分在一个合作小组内。这样，小组内的学生在能力、个性、性别等方面是不同且互补的，便于学生之间互相学习、互相帮助，充分发挥小组的作用。小组的规模是不确定的，通常在2～6人之间。多于6人的小组就需要有一位有才能的小组长负责分工、组织、监督与管理，否则，学生们就不可能在没有经验和不经训练的条件下进行有效的合作活动。

3. 学习过程设计

学习过程是指在学习与探究过程中学生应遵循的活动步骤。在设计探究性学习的过程时，最重要的是理解“过程”的意义，“过程”实际上就是学生们开展自主探究的“支架”，学生们将经由它获得有经验的学习者的思考过程和行动方法，进而提升自己的思维能力，高质量地完成探究任务。

那么，什么是“支架”呢？

“支架”原是建筑行业的术语，又译作“脚手架”，是建筑楼房时施予的暂时性支持，当楼房建好后，这种支持就撤掉了。根据这个建筑隐喻，伍德最先借用了这个术语来描述同行、成人或有成就的人在另外一个人的学习过程中所施予的有效支持。苏联著名心理学家维果斯基的“最近发展区”理论，对“学习支架”提出了意义明晰的需求说明。维果斯基将学生的实际发展水平与潜在发展水平相交叠的区域称为“最近发展区”。这个发展区存在于学生已知与未知，能够胜任和不能胜任之间，是学生需要“支架”才能够完成任务的区域。

总的来讲，学习支架的作用就在于帮助学生顺利穿越“最近发展区”以获得更进一步的发展。学习支架的形式灵活多样，根据任务、目的的不同，其形式也会有所变化。但它最核心的理念是：为学生提供解决问题的指导，而不是给学生提供现成的答案。

仔细研读案例“水能导电吗？”的探究性学习过程：

(1) 分组讨论任务情境，确定探究问题

探究问题：水究竟能导电吗？

(2) 讨论探究的步骤

1) 提出假设

如果水能导电，那么将水接入电路后，小电珠会怎样……

2) 设计实验方案(参照教材)

① 选择探究对象：纯净水、自来水、食盐水……

② 选择实验器材：电池、导线、电珠等

3）实验操作，记录实验现象，填写《探究活动记录表》

4. 得出结论

（1）汇报探究结果

（2）拓展活动

要求：针对探究结果，讨论在生活中应该怎样注意用电安全，并用 Word 或 PPT 的形式制作一份《水与安全用电》的宣传资料。

从案例可以看出：关于“水是否能导电？”的知识学习，教师并没有采取常用的演示与讲授相结合的方法，而是根据情境的创设，与同学们共同商量决定要探讨的问题“水是否能导电？”，然后按照“提出假设、设计方案、实验操作、得出结论、汇报结果”这样的科学探究方法进行探究论证，最后安排学生制作一份《水与安全用电》的宣传资料，又是对“探究结论”的实际应用，探究活动的拓展。通过探究学习，学生们不但掌握了知识，还促进了高级思维能力的发展，动脑动手又动口。

再仔细研读案例“认识沙尘暴”的探究性学习过程：

活动一：划分小组，明确任务，收集资料。

根据具体人数划分小组，每组 8 人，每组选出组长一人。组长负责小组内同学的分工和探究课题的开展和管理。

我的任课班级一般在 70 人左右，可分为三大组 9 个小组。组长统筹安排每人工作任务，监督任务完成情况。告诉学生活动最后要设置“最佳小组”、“最佳讲解员”、“最佳调查员”、“最佳评审员”等荣誉评比，激励学生认真努力准备。

活动二：搜集资料，加工处理。

同学们小组分工，利用课余时间在各种统计网站、百度、谷歌等收集资料。根据资料，制作展示课件，设计问题。在准备过程中，教师要及时沟通，注意学生问题设计的合理性。问题一定要细化，要有针对性（教师应在一旁指导），例如：

① 北京的沙尘暴自 2005—2013 年 8 年来每年共发生几次？

② 沙尘暴有哪些危害？

③ 各处沙尘暴频发地的沙源来自哪里？

④ 沙尘暴的沙源地的植被覆盖率如何？

⑤ 我们该如何防治沙尘暴肆虐？

活动三：展示成果，汇报交流。

结合各自课题，各小组把自己的探究成果制作成 PPT 课件，在班内展示交流。在讲解的过程中，每个小组给 10 分钟时间，讲完后有 2 分钟时间提问，同小组其他成员也可进行解答，然后由评审团进行打分。

活动四：颁发荣誉，合影留念。

每个小组选出一名评委，9 个评委进行打分，最终选出“最佳小组”、“最佳讲解员”、“最佳调查员”、“最佳评审员”等奖项。颁发荣誉证书，并合影留念。

“认识沙尘暴”专题则是各小组的同学们根据教师的情境创设，自己拟定具体的探究问题，然后充分利用网络资源进行探究，探究中小组成员分工合作，最后完成 PPT 的制作。选题真实，理论联系实际，探究过程又依托网络进行，非常符合网络时代探究学习的特点。

4. 学习过程再评价

怎样才能设计好"过程"呢？表 5-6 的自查表将有助于我们设计好"过程"部分。

表 5-6　探究性学习方案的"过程"部分设计自查表

自查条目	做到	不清楚	未做到
如果为学生分配了角色，那么应该角色明确，谁在什么时间做什么事情都十分清晰			
各个角色应构成完成工作所必需的整体，而不仅仅是牵强地附加上去的			
活动步骤的逻辑清楚，学生可以清楚地知道自己在各个步骤将做什么			
有高质量的、充分的资源帮助学习者开展他们的探究活动			
为各种学习活动提供了充分的活动指南。这些活动可以是学习者之间的交互(例如集体自由讨论)，或者与数据的交互(例如分析一张照片、采访一位专家等)			
对怎样完成/执行任务有充分而详细的指南(例如建议、提示问题、样例、模板等)			
过程的设计能够支持学生自主完成任务			
始终如一的表述角度(如称呼学习者的时候用"你"，而不是"同学们")			
所用词汇与学习者的阅读水平相符			

(五) 评价设计

1. 探究性学习评价的原则

(1) 评价手段多样化。坚持笔试同时，采用建立电子档案袋、量规、交流和汇报及实践技能考查等方式，多角度、全方位对探究性学习做出评价。

(2) 拓宽评价的内容范围。探究性学习更重视探究学习过程的评价、学生智能发展的评价、学生情感的评价。

(3) 评价是为了每一个学生的发展。

(4) 评价主体多元化。学生不仅是评价的客体，而且是学习评价的主体。评价的主体不仅是教师，而且还包括家长、同学和学生自己。

2. 评价的方法

探究性学习注重过程设计，比较适合的评价方法是评价量规。评价量规是一种结构化很强的、操作性又强的定量评价方法，由评价指标、评价标准、得分三部分构成。评价量规设计可以参考"水能导电吗？"探究性学习中《安全用电宣传资料》评价量规，如表 5-7 所示。

表 5-7 《安全用电宣传资料》评价量规

评价指标（权重）	评价标准描述				
	好[1,0.8]	较好(0.8,0.6]	需修改(0.6,0]	自评	互评
内容选择（60分）	1. 作品所介绍的安全用电常识都符合科学原理。 2. 作品所介绍的安全用电常识有5项以上(含5项)。 3. 作品所介绍的安全用电常识既有教材中的内容，也有课外收集的内容	1. 作品所介绍的安全用电常识都符合科学原理。 2. 作品所介绍的安全用电常识有3～4项。 3. 作品所介绍的安全用电常识都是教材中的内容	1. 作品所介绍的安全用电常识有部分不符合科学原理。 2. 作品所介绍的安全用电常识少于3项		
电脑制作（20分）	1. 版面整体协调、美观，排版合理。 2. 有图文混排、艺术字和分栏效果。 3. 字体颜色和大小设置适当	1. 版面较美观，排版较合理。 2. 有图文混排或艺术字效果。 3. 字体颜色和大小有一些变化	1. 排版不够合理，版面空白处较多。 2. 仅有文字资料，或所选择的图片与内容无关。 3. 缺少字体颜色、大小或艺术字效果		
合作学习（20分）	1. 小组内有明确的分工计划。 2. 作品的制作是按照分工计划集体合作完成的。 3. 在完成各自分工后同学间还能相互帮助	1. 小组内有分工，但不明确。 2. 作品主要是由一两个同学为主完成的。 3. 小组内有个别同学没有积极参与制作	1. 小组内没有明确的分工。 2. 作品全部是由一两个学生完成的。 3. 小组内有同学根本没有参与制作		
自评评语					
互评评语					

三、填写探究性学习设计模板

探究性学习设计模板如表5-8所示。按照要求将你的设计内容填写到相应的栏目中。学习目标与学习资源的设计方法参考主题单元设计部分，此处不再赘述。

表 5-8 探究性学习设计模板

作者姓名		任职单位	
学科		年级	
单元标题	（此处为你在模块三确定的单元标题）		
探究性学习名称	（此探究性学习应是单元中的一部分，可能是一个专题，也可能是专题中的一个或多个相互关联的活动）		

续表

<table>
<tr><td>作者姓名</td><td></td><td>任职单位</td><td></td></tr>
<tr><td>所需时间</td><td colspan="3">（开展此探究性学习所需的时间，如 2 课时）</td></tr>
<tr><td colspan="4">【学习目标】</td></tr>
<tr><td colspan="4">（学生在开展本探究性学习后应达到的学习目标）</td></tr>
<tr><td colspan="4">【情境】</td></tr>
<tr><td colspan="4">（为问题解决提供可信的具体情境。这部分的作用是导入学习情境，吸引学生的学习兴趣）</td></tr>
<tr><td colspan="4">【任务】</td></tr>
<tr><td colspan="4">（对于学生们在探究结束时要完成的绩效或成果的简洁描述）</td></tr>
<tr><td colspan="4">【过程】</td></tr>
<tr><td colspan="4">（描述在学习与探究过程中学生应遵循的活动步骤，并提供相关建议）</td></tr>
<tr><td colspan="4">【评价】</td></tr>
<tr><td colspan="4">（提出几个评价要点来评价学习绩效和最终成果，还可评价学生的学习过程及学习技巧，以引导学生们向优秀的标准努力）</td></tr>
<tr><td colspan="4">【资源】</td></tr>
<tr><td colspan="4">（为学生提供有质量的资源，以支持学生们探究和解决问题）</td></tr>
</table>

四、探究性学习设计应注意的问题

（一）设计探究性学习时应避免将其设计成授导型教学

怎样做到这一点呢？首先，要深入理解探究性学习的内涵，在设计探究性学习时要突出其特征：以学生合作学习、自主探究为主，而不是教师讲授为主；侧重问题的探究而不是理论知识的学习；强调问题来源于真实情境，以及问题的选择最好是处在学生已知世界与未知世界边缘的中构问题等。其次，可以运用 Webquest 方法来比较快速地设计探究性学习。第三，注意探究性学习中“过程”环节，过程描述的是学生应遵循的活动步骤和相关建议，包括小组角色与任务分配、信息的收集整理分析、工作流程与进度控制、创建答案/解决方案、评价与展示作品等内容。第四，注意开展探究性学习所需的技术工具，环境空间应全方位、多角度考虑，而不是仅局限于网络工具、因特网资源。

（二）低年级学生的探究性学习设计

低年级学生尤其是一二年级学生的探究性学习如何进行？根据最近发展区理论，任何学段的学生都有一个最近发展区的问题，只要教师充分考虑了学生的最近发展区，由此出发设计适合学生特点的难度适中的探究性学习是可能的。我们一定要明白，指导学生进行探究性学习，绝对不是让学生进行成人化的科学探究，只是体验探究的乐趣，激发学生的好奇心与想象力。小学低年级学生的探究可能是我们早已知道的知识和技术，但对学生而言却可能是全新的。

探究性学习强调学生的自主学习，但绝对不是不要教师，相反，教师的指导作用更重要。教师的指导作用还应表现在活动的组织、关键地方的评价指导、提供学生需要的支持材料等。只要我们能够顺利地指导学生达成预期的目标，就是成功的指导。

（三）人数较多班级的探究性学习设计

在人数较多的班级实施探究性学习主要困难可能在于管理。要确保探究性学习的质量，建议考虑以下几点意见：(1)探究性学习的方案尽量不复杂，实施周期适当短一点。(2)充分发挥学校教师的各种资源，可以在一次探究性学习中邀请几个相关的老师作为专家参与管理和指导。(3)细化小组分工，使每一学生的作用都得到发挥。

（四）探究性学习中的情境创设不等于开场白

情境创设要贯穿于整个探究性学习中，才能激发起学生的学习热情。请问怎样创设才能贯穿于整个学习过程中呢？

探究性学习强调情境设计。这有两层意思，一是探究性学习都有难度，为了不使学生在困难中产生倦怠，最有效的办法就是把学习的内容与真实生活紧密联系，让学生进入特定的生活情境，从而产生强烈的学习、探究的愿望。二是让这种情境贯穿于学习过程中，让学生始终以特定身份从事探究，也能培养学生的自信心和积极的生活态度。

如何创设这样的情境？这个确实是考验教师智慧的问题。一般情况下，将探究性学习“包装”为“真实生活”的探究项目是最好的情境。或者想方设法激发学生的认知冲突，让学生始终沉浸在“问题答案”的求索中，也能造成理想的“情境”效果。

第三节 探究性学习方案的评价方法

一、了解探究性学习方案的评价标准

怎样才是一个好的探究性学习方案呢？表 5-9 所示的评价量规呈现了探究性学习中各关键要素的评价标准，请仔细阅读并体会。

表 5-9 探究学习评价量规

评价项目	优秀(3′)	良好(2′)	继续努力(1′)
探究内容	所选的内容是单元的有机组成部分。该内容具有深度探究的必要性	所选内容是单元中的有机组成部分	所选内容与单元没有关系
学习目标	学习目标表述简洁、准确，有指向高级思维的学习目标	学习目标表述简洁、准确，学习目标中缺乏高级思维指向	学习目标表述不够简洁、准确，且学习目标中缺乏高级思维指向

续表

评价项目	优秀(3′)	良好(2′)	继续努力(1′)
情境	情境与真实世界相关联，通过与学生相关的兴趣点和目标，让学生产生对本次探究性学习的兴趣	情境可以激发学生的一些兴趣，或者描述了引人注目的问题	情境不够生动，没有让学生产生继续探究下去的愿望
任务	任务要求学生通过分析、合作、交流、综合等多种手段解决实际的问题。任务表述清晰、明了，充分关注了高级思维能力的培养。任务的完成可以验证学生达到了既定学习目标	任务要求学生通过分析和合作等方式解决问题，任务表述虽然清晰明了，但对高级思维能力的关注不足。即便学生完成了任务，也不足以说明他们达到了既定的学习目标	任务要求学生通过简单的信息浏览即可解决问题。学生完成的任务与学习目标之间没有关系
过程	每一个活动环节都被清晰地阐述，大多数学生知道他们处在过程中的哪一步，并且知道下一步要做什么。提供了方便可用的各种学习支持，学生能有效地组织和管理自己的学习	过程给出了一些指导，但不够清晰，学生可能对各环节之间的定位不准确。提供了少量的学习支持，支持作用不显著	活动环节的阐述很不清晰，学生无法借此知道自己下一步做什么。几乎没有或很少提供学习支持
资源	提供了合适的，与探究性学习专题紧密相关的高质量资源	提供了一定的资源，但学生查找和使用起来不方便	提供了极少的资源，使用不便利
评价	清楚地描述了如何评价学生的学习过程和学习作品	部分描述了评价标准	学生不知道自己是如何被评价的标准

二、评价探究性学习设计案例

在这个步骤中，利用“探究性学习方案”评价量规评价你的设计案例或其他案例。思考案例中的优点与不足，为自己设计探究性学习方案积累经验。

请你按照如下思路与你的学友交流分享自己所浏览的案例。

你选择的案例是：(标题描述)

它的优点在于：(请根据“探究性学习方案”评价量规来描述)

它的缺点在于：(请根据“探究性学习方案”评价量规来描述)

改进建议：(用语言描述)

【自我评价】

1. 回顾你以往的教学，比较探究性学习与你的日常教学的异同。

2. 确定适合探究性学习的主题，从学习目标、情境、任务、过程、评价、资源六方面着手设计探究性学习方案，并填写模板。

3. 结合前一模块你所设计的单元学习主题，谈谈你设计探究性学习方案的体会。

【参考文献】

【1】http://tl1301.teacheronline.cn/studio/topicres＃topicres? topicid＝3&stepid＝19. 2013.10.

【2】祝智庭.教育技术培训教程(教学人员版 中级).北京:北京师范大学出版社.2013.

【3】薄全锋.通辽市中小学教师教育技术中级培训项目课件.华东师范大学.2013.10.

【资源链接】

[1]高凌飚，张春燕.探究性学习的特点———个国外案例的分析[J].课程.教材.教法，2002(5).

[2] 陆璟.探究性学习[OL]. http://www.edu.cn/20020521/3026270.shtml

[3] 赵希强.探究性学习方式研究与实践[M].济南:山东大学出版社，2009.

[4] 祝智庭.教育技术培训教程(教学人员版 中级)[M].北京:北京师范大学出版社，2013.

[5] 薄全锋.通辽市中小学教师教育技术中级培训课件.华东师范大学，2013(10).

第六章
课堂教学设计的评价

【学习目标】

学习本章后你应能：

1. 熟悉教学评价的功能和类型。
2. 掌握新课程理念下教学评价的几种方法。
3. 掌握形成性评价和总结性评价的定义、原则及其设计方法。

【本章知识导图】

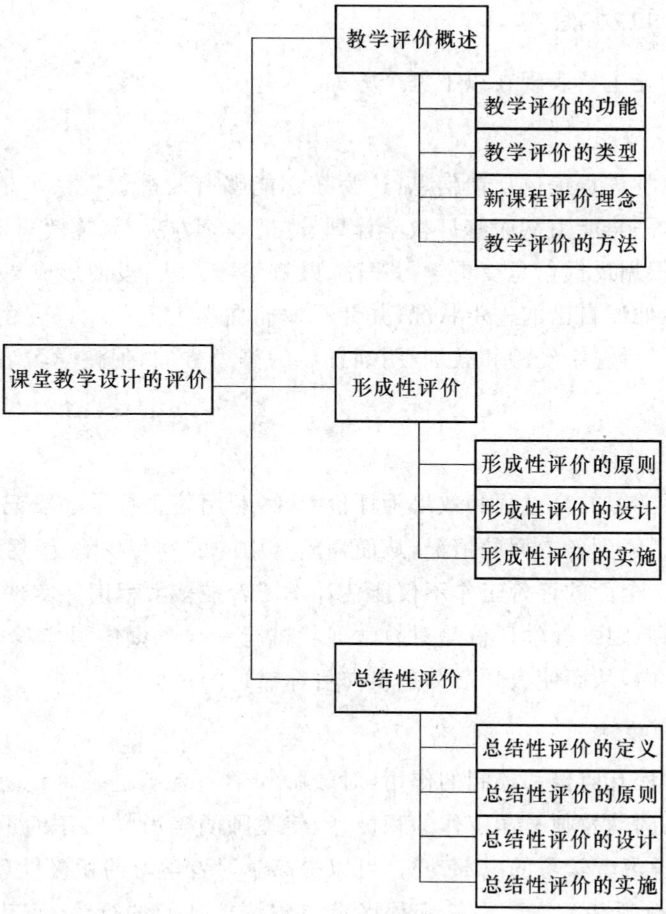

评价是乌美娜教学设计模式中非常重要的环节，它贯穿整个教学设计的过程，无论是前期分析、确立目标、策略制订、教学实施都离不开评价。评价是对教学设计方案进行修改的基础，也是使教学设计方案不断趋向完善的依据，是教学设计不可或缺的组成部分。本章主要介绍课堂教学评价的基本观念，内容涉及评价功能、类型、教学评价的主要方法，课堂教学设计成果的评价指标体系以及形成性评价和总结性评价的设计与实施。

第一节 教学评价概述

教学评价是指以教学目标为依据，制订科学的标准，运用一切有效的技术手段，对教学活动的过程及其结果进行测定、衡量，并给以价值判断（乌美娜，1994）。教学评价的目的是为了促进学生的学习和提升学习者的能力。评价不仅关注学习者知识的掌握，还要促进其兴趣、爱好、意志等个性品质的形成和发展；不但要注重学习者的学习状态和情感体验以及教学过程中学习者主体地位的体现和主体作用的发挥，而且要尊重学习者人格和个性，鼓励发现、探究与质疑，以培养学习者的创新精神和实践能力。

一、教学评价的功能

教学评价的功能主要表现在以下五个方面。

（一）反馈调节功能

评价可以为教学进程提供反馈信息，这为教学能够有效进行提供了依据。教师可以获知学习者的学习水平与能力从而修订教学计划、改进教学方法、完善教学指导进而进行自我调节；学习者可以根据反馈信息变更学习策略、改进学习方法，以便形成高质量的学习活动。教师向学习者传达他们自己的进步状况，并针对他们在学习过程中存在的问题提出具体的改进建议，使得学习者总结经验和教训、明确日后的努力方向，促使学习者在原有的水平上有所提高。

（二）诊断指导功能

评价以学习者学习的全过程和效果为评价对象，利用信息技术手段记录、跟踪学习者的学习过程，据此可了解到各方面的情况，从而判断其中的成效和缺陷、矛盾和问题，以及自身优势、长处与特色。全面的评价工作不仅能估计学习者在多大程度上实现了教学目标，而且能解释没有实现的原因。教学评价是对教学现状进行一次严谨的科学诊断，以便为教学的决策或改进指明方向，从而使教学活动逐步向目标靠近的过程。

（三）强化激励功能

评价对教学过程有监督和控制的作用，对教师和学习者则是一种促进和强化。科学合理的教学评价可以调动教师教学工作的积极性，使教师明确教学工作的重心以及需要努力的方向，可以激发学习者学习的内部动机，可以提高学习者学习的积极性和学习效果。通过评价，有利于促使教师和学习者在一定程度上自觉调控他们的行为，使其符合相应的教学目标。

（四）教学提高功能

教学评价本身也是一种教学活动，在这种活动中，学习者的知识、技能将获得提高。教师可在对学习者水平进行全面估计的前提下，将学习内容以测评的形式呈现，并使其包含有意义的启示，让学习者通过探索和领悟来获得新的学习体会和经验，以达到更高的教学目标。教学评价的教学功能主要体现在促进教学进步、改进教学组织管理、促进教学改革进行和教育科研发展等方面。

（五）目标导向功能

评价以发展为目的，其最终目标是充分调动学习者的积极性，为日后的学习提供规范、指明努力的方向，从而实现自身的发展需求。如果在进行教学评价之前，将评价标准公布给被评价人（教师或学习者），将对被评价人下一步的教学或学习目标起到导向作用。教学设计越来越强调以学为中心，强调学习者的主动性和独立性，教师更为关注学习者是否能够在学习过程中按照既定的教学目标努力。为此，事先将评价的标准交给学习者，使他们知道教师或其他学习者将如何评价他们完成的学习任务，将有助于学习者自己调节努力方向，从而达到教师预想的教学目标。

二、教学评价的类型

依据不同的分类标准，教学评价可以划分为不同的类型。

（一）按评价基准

按评价基准的不同，教学评价可分为相对评价、绝对评价和自身评价。

1. 相对评价

相对评价是在被评价对象的集合中选取一个或若干个个体为基准，然后把各个评价对象与基准进行比较，确定每个评价对象在集合中所处的相对位置。为相对评价而进行的测验一般称为常模参照测验。它的试题取样范围广泛，测验成绩表明了学习者学习的相对等级。由于所谓的常模实际上近似学习者群体的平均水平，所以这种测验的成绩分布符合正态分布规律。

利用相对评价了解学习者的总体表现和学习者之间的差异，或比较不同群体间学习成绩的优劣是一种有效的方法。它的缺点是基准会随着群体的不同而发生变化，易使评价标准偏离教学目标，不能充分反映教学上的优缺点。

2. 绝对评价

绝对评价是在被评价对象的集合之外确定一个标准，这个标准被称为客观标准。评价时把评价对象与客观标准进行比较，从而判断其优劣。评价标准一般是课程标准以及由此制订的评判细则。为绝对评价进行的测验一般称为标准参照测验。它的试题取样就是预先规定的教学目标，测验成绩主要表明教学目标的达到程度，所以这种测验的成绩分布通常是偏态的。低分多高分少，为正偏态；低分少高分多，为负偏态。

绝对评价的优点是评价标准比较客观，如果使用得当，可使每个被评价者都能看到自己与客观标准之间的差距，从而可以激励被评价者积极上进。另外，教学管理部门通过这种评价，可以直接鉴别各项教学目标的完成情况，明确今后的工作重点。它的缺点是在制订和掌握评价标准时，容易受评价者的原有经验和主观意愿的影响，也不易分析出学习者之间的学习差异。

3. 自身评价

自身评价是指把每个评价对象个体的过去与现在或个体的不同方面进行比较，从而得出评价结论的一种评价类型，即以评价对象自身状况作为参照系对个体进行纵横比较所做的判断。纵向比较是指把评价对象的过去与现在进行比较。例如，某生期中英语成绩为70分，期末为85分（假定这两次考试的难度相当），通过比较，可以判断该生英语的学习有进步。横向比较是指把评价对象的某几个方面进行比较，判断其强弱、长处与不足。例如，可对学习者的写作能力、阅读能力、口头表达能力作横向比较，以评价某生的语文水平，找出其强弱之处。自身评价可以综合、动态地考察学习者的发展变化过程，可以照顾到学习者的个体差异，不会给学习者造成更多的竞争压力。在教学实践中，自身评价常用作改变"学困生"的有效措施，并能收到较好的效果。自身评价也存在着明显的局限性，主要是没有客观标准，又无同类相比较，难以确定评价对象的真实水平，提供给学习者的反馈信息也很有限。因此，我们常把几种评价结合起来应用，从多角度对学习者进行评价，才能得出客观的结论。

（二）按评价功能

按评价功能，教学评价可分为诊断性评价、形成性评价和总结性评价。

1. 诊断性评价

诊断性评价是指为使教学适合于学习者的实际情况，满足其学习需要，使教学活动的设计具有较强的针对性，在进行教学活动之前，对学习者的知识基础、技能、能力水平和态度等学习准备状态以及影响学习的因素所实施的评价。

诊断性评价的主要作用：一是用于检查学习者的学习准备状态。教师经常在教学之前，例如在某门课程或某个单元教学开始前施测，通过测试结果，教师可了解学习者在教学开始时已具备的知识基础、技能水平和学习态度。二是用于确定对学习者的安排。通过诊断性测验，教师能够深入了解学习者在学习上的个别差异，在此基础上，经过合理调整和安排，使教学更加符合学习者的实际情况，更好地满足学习者多样化的学习需要。三是用于辨别造成学习者学习困难的原因。在教学过程中实施诊断性评价，可以诊断学习者在学习过程中所遇到的困难及其原因，并采取针对性的教学措施，对症下药，以取得良好的学习效果。

2. 形成性评价

形成性评价又称过程评价，是在教学活动过程中，为了更好地达到教学目标的要求，取得更佳的效果而进行的评价。它能及时了解阶段教学的结果和学习者学习的进展情况、存在的问题，因而可据此及时调整和改进教学工作。形成性评价关注学习者掌握知识、技能的过程与方法，以及与之相伴随的情感态度与价值观的形成，关注学习者的表现和进步以及学习者应用知识的能力。

形成性评价的主要作用：一是改善学习者的学习。通过形成性评价，揭示学习者在学习过程中所遇到的问题和困难，查找学习者在知识、技能、能力、态度等方面的欠缺。同时向学习者提供有针对性的学习指导和改善学习的计划，提出解决学习问题、克服学习困难和弥补学习者在知识、技能、能力等方面欠缺的措施。二是为学习者的下一步学习定步调。运用形成性评价的结果为学习者的下一步学习制订步调是形成性评价的重要功能。通过对每一学习阶段（例如每一单元）的形成性评价，可以确定学习者对前一阶段学习的掌握程度，并据此确定下一阶段学习的目标和任务。三是强化学习者的学习。对于已经较好地掌握了前一阶段学习任务的学习者来说,形成性评价可以使他们及时获取成功的体验,从而强化学习结果和增强学习动力。对于那些未能较好地掌握前一阶段学习任务的学习者来说,形成性评价可以使他们及时发现问题,找到差距和不足,及时加以改进。四是为教师提供反馈信息。教师通过形成性评价,可以及时发现和找出在教学目标的制订、教学内容的分析、教学方法的选择、教学媒体的选用、教学活动的组织、教学情境的设置、教学过程的安排上的一些问题,从而有针对性地改进教学工作,提升执教能力,增强教学效果,提高教学质量。

3. 总结性评价

总结性评价又称事后评价,一般是在教学活动告一段落后,为了解教学活动的最终效果而进行的评价。通过总结性评价,教师可以检验本学期教学目标的实现程度,从而判断教学效果的好与坏,确定是否需要对教学作进一步的改进,以及为制订新的教学目标提供参考。

总结性评价的主要作用:一是评定学习者的学习成绩。通过总结性评价,确认学习者在某门课程上达到教学目标的程度,对学习者的学业成就做出整体的和全面的价值判断。二是确定新的学习起点。在这一点上,总结性评价和形成性评价的作用基本相同,通过总结性评价,确定学习者在知识、技能、能力、态度等方面的程度和水平,这种程度和水平成为确定下一步学习起点的依据。三是为学习者提供反馈。总结性评价使学习者认识到了目前学习的现状,明确了目前学习的效果,了解了自己的学习程度和学习水平,清楚了对某门课程的掌握程度、问题和难点,这些都将成为学习者制订下一阶段学习目标的依据。

(三)按评价分析方法

按评价分析方法,教学评价分为定性评价和定量评价。

1. 定性评价

定性评价是对评价资料作质的分析,运用分析和综合、比较和分类、归纳和演绎等逻辑分析的方法,对所获取的数据资料进行思维加工,以描述性的语言而非数量化或数量化水平较低地对评价对象做出价值判断的一种教学评价方法。定性评价是用非量化手段收集教学过程中的各种信息和资料,对事物本质进行决策性判断。

2. 定量评价

定量评价则是从量的角度,运用统计分析、多元分析等数学方法,对所收集到的各种数据进行量化处理和分析,从复杂纷乱的评价数据中总结出规律性的结论。即定量评价是综合各种信息进行量化统计的评价方法。

定性评价和定量评价这两种教学评价方法各有所长,两者互为基础、优势互补。在实际应用过程中,定性评价和定量评价并不是截然分开而单独进行的。其一,定量分析所显示出的量差异性在某种程度上反映出了质的不同,也由于量的分析比较简洁和抽象,所以一般情况下还要借助于定性的描述说明各种数据的含义;其二,定性评价是定量评价的基础,定量评价中的量应是同质的,在进行定量评价之前首先要判断各种数据的同质性。因此,定性评价和定量评价经常结合在一起运用。

三、新课程评价理念

课程评价对课程的实施起着重要的导向和质量监控的作用。评价的目的功能、评价的目标体系和评价的方式方法等各方面都直接影响着课程培养目标的实现,影响课程功能的转向与落实。20 世纪 80 年代以来,越来越多的国家开始意识到实现课程变革的必要条件之一就是要建立与之相适应的评价体系和评价工作模式。因此,课程评价改革成为世界各国课程改革的重要组成部分。总的来说,新课程评价体现出以下特点。

（一）重视发展,淡化甄别与选拔,实现评价功能的转化

评价的功能不只是检查学生知识、技能的掌握情况,更为关注学习者掌握知识、技能的过程与方法,以及与之相伴随的情感态度与价值观的形成。评价不再是为了选拔和甄别,不是"选拔适合教育的儿童",而是如何发挥评价的激励作用,关注学习者成长与进步的状况,并通过分析指导,提出改进计划来促进学习者的发展。

（二）重综合评价,关注个体差异,实现评价指标的多元化

从过分关注学业成绩逐步转向对综合素质的考查。学业成绩曾经是考查学习者发展、教师业绩和学校办学水平的重要指标,但随着社会的发展,竞争加剧,网络与信息时代来临,仅仅掌握知识与技能已远远不能适应社会对人发展的要求,于是全球都在进行关于"教育与人"的大讨论,学业成绩作为评价单一指标的局限凸显出来。在关注学业成绩的同时,人们开始关注个体发展的其他方面,如积极的学习态度、创新精神、分析与解决问题的能力以及正确的人生观、价值观等,从考查学习者学到了什么,到对学习者是否学会学习、学会生存、学会合作、学会做人等进行考查和综合评价。

（三）强调质性评价,定性与定量相结合,实现评价方法的多样化

随着评价内容的综合化,以量化的方式描述、评定一个人的发展状况时则表现出僵化、简单化和表面化的特点,学习者发展的生动活泼和丰富性、学习者的个性特点、学习者的努力和进步都被泯灭在一组抽象的数据中。质性评价的方法则以其全面、深入、真实再现评价对象的特点和发展趋势的优点受到欢迎,成为近 30 年来世界各国课程改革倡导的评价方法。

需要强调的是,质性评价从本质上并不排斥量化的评价,它常常与量化的评价结果整合应用。因此,将定性与定量评价相结合,应用多种评价方法,将有利于更清晰、更准确地描述学习者的发展状况。

（四）强调参与和互动、自评与他评相结合,实现评价主体的多元化

被评价者从被动接受评价逐步转向主动参与评价。一改以往以管理者为主的单一评价主体的现象,目前世界各国的教育评价逐步成为由教师、学习者、家长、管理者,甚至包括专业研究人员共同参与的交互过程,这也是教育过程逐步民主化、人性化发展进程的体现。这样,传统的被评价者成为评价主体中的一员。在评价主体扩展的同时,课程评价重视评价者与被评价者之间的互动,在平等、民主的互动中关注被评价者发展的需要,使他们共同承担促进被评价者发展的职责。

（五）注重过程,终结性评价与形成性评价相结合,实现评价重心的转移

近年来,评价重心逐渐转向更多地关注学习者求知的过程、探究的过程和努力的过程,关注学习者、教师和学校在各个时期的进步状况。只有关注过程,评价才可能深入学习者发展的进程,及时了解学习者在发展中遇到的问题、所做出的努力以及获得的进步,这样才有可能对学习者的持续发展和提高进行有效的指导,评价促进发展的功能才能真正发挥作用。与此同时,也只有在关注过程中,才能有效地帮助学习者形成积极的学习态度、科学的探究

精神，才能注重学习者在学习过程中的情感体验和价值观的形成，实现知识与技能、过程与方法以及情感态度与价值观的全面发展。质性评价方法的发展为这种过程式的形成性评价提供了可能和条件。注重过程，将终结性评价和形成性评价相结合，实现评价重心的转移，成为世界各国评价发展的又一大特点。

四、教学评价的方法

以教为主的评价方法通常有测验、调查和观察三种（详细的操作实施详见第三节的形成性评价）。以学为主的评价重视“以学习者发展为中心”，关注学习过程，倡导多元化、多样性的教学评价方法和工具，如量规、电子学档、概念图、学习契约、范例展示等。

（一）以教为主的评价方法

1. 测验

测验是了解学习者完成认知目标的常用方法。试卷是实现测验这种评价方法的主要工具之一。时代的发展对试卷的形式和内容提出了挑战，什么样的题目才能测试学习者的信息处理能力和高阶思维能力，是广大教育工作者正在思考和实践的问题之一。

2. 调查

调查是了解学习者态度类目标完成情况的常用方法。调查是为获取所需资料，采用预先设计的问题请有关人员进行口述或笔答。调查是常见的教学评价手段，它可以了解学习者的学习兴趣、态度、习惯和意向，了解各方面对教学过程和教学效果的意见，为改进教学提供依据。教学评价中，可以通过问卷调查发现学习资源对学习者的作用，引导学习者有目的地进行反思，还可以让学习者自行制作问卷调查表，以培养他们收集信息、处理信息的能力。

3. 观察

观察是了解学习者技能目标完成情况的常用方法。在自然的教育场景下了解观察对象。与测验、调查不同，被观察者像往常一样地学习和活动，不会产生或感到任何压迫感。收集的所有资料自始至终都是被观察者的常态表现，自然真实。观察一般要在事前确定观察目的、观察范围，明确观察场景的设置，使被观察者在特定条件下进行活动，以获得合乎实际目的的资料。观察在情景化教学中的作用应该引起重视，使用时一般结合量规等评价方法，以使观察更具目的性，结果更具客观性。

（二）以学为主的评价方法

1. 量规评价法

（1）量规定义

量规是根据评价目标从不同维度和等级对评价标准进行具体描述和说明的评价工具，一般表现为二维表格的评分细则形式，可以用来评价学习者的学业绩效（包括学习过程中的行为、认知、态度）和各种学习结果（如作品、口头陈述、调研报告、论文等）。

在过程性评价中，利用量规不仅可以为学习者指明学习方向，同时也可以为不同的评估者提供统一的判断标准。

（2）量规评价的特点

① 量规往往评价学习者在给定作业或任务中产生的成果，适用于研究性学习、协作学习、课堂参与、演示汇报、家庭作业、科学实验等多种学习活动。其评价内容不再仅局限于书

本知识，而更多注重对学习者的实践能力、创新精神、问题解决能力、协作交流能力以及情感态度和习惯等综合素质的考查。

② 量规是一种评价标准的体现。这种可视化的"学习目标"可以帮助学习者和教师了解"什么是高质量的学习"。并且，量规从与评价目标相关的多个方面详细规定评定指标，可以有效降低在评价学习者学习时的主观随意性，不但可以由教师评价学习者的学习，而且可以让学习者自评或同学互评。

③ 量规可以帮助学习者认清自己的学习目标和需要达到的学习标准。当学习者有规则地通过量规来评判他们的学习活动和作业时，他们会不断增强对学习的责任心，而且有效地减少了学习的盲目性，"我还要做什么?"的问题很少再出现了。

④ 使用量规评价的最大好处之一是使标准公开化，这意味着量规将在学习者、父母和社区中开放和共享，这显然有助于对学习者做出客观、公正的评价。而且运用量规评价可以减少为学习者作业评分的时间，并且使教师更容易向学习者解释，为什么他们得到这个成绩和他们做什么可以获得提高。

(3) 量规评价范例

如表 6-1 所示为研究型学习评价量规[①]。在研究型学习中，根据评价内容的目标，可以确定量规的评价元素，即研究问题、信息收集、信息分类、信息分析和最终学习产品，各评价元素等级可以划定为 4、3、2、1(4 为"优"，3 为"良"，2 为"中"，1 为"差")，对学习者不同行为等级(认知或技能表现)在绩效上从好到差进行描述。如在评价"研究问题"这个元素时，绩效最高的是等级 4，充分体现了学习者学习的主动性、积极性和创造性。

表 6-1 研究型学习量规

等级	问题	信息收集	分类	分析	最终产品
4	学生围绕一个主题，自己确定问题	从多种电子和非电子的渠道收集信息，并正确地标明出处	学生为给信息分类，自己开发了基于计算机的结构，如数据库	学生分析了信息，并得出他们自己的结论	学生有效地使用综合媒体以多种方式展示了自己的发现，并发布到网上
3	给出主题后，学生自己确定问题	从多种电子和非电子的渠道收集信息	师生为基于计算机的分类结构共同想办法，学生自己创建了这个分类结构	学生分析了信息，并在教师的指导下得出了他们自己的结论	学生有效地使用综合媒体以多种方式展示了自己的发现
2	学生在老师的帮助下确定问题	从有限的电子和非电子渠道收集信息	师生共同开发了基于计算机的结构	学生在教师的指导下分析了信息，并得出了结论	学生使用综合媒体展示了自己的发现
1	教师给出问题	只是从非电子渠道收集信息	学生使用教师开发的基于计算机的分类结构	学生复述了所收集的信息	学生使用有限媒体展示了自己的发现，如书面报告

① 研究型学习评价量规. http://www.learningspace.org/instruct/lplan/resrubric.htm.

2. 电子学档评价法

(1) 电子学档概述

电子学档(E-Learning Portfolio,ELP 或 ePortfolio,又称为电子文件夹、电子作品或学习文件夹)是指学习者运用信息技术记录和展示其在学习过程中关于学习目的、活动、成果、付出、进步以及对学习过程和结果进行反思的一种集合体。它主要指学习者利用信息化手段呈现学习过程,包括在学习过程中对学习和知识的管理、评价、讨论、反思、设计等。

电子学档把评价看作一种过程,是一种面向过程和绩效的评价,是一种反思性评价。它强调学习者的学习经验和元认知技能的发展。这种评价是多元性评价,是总结性、诊断性、形成性评价相结合。通过这种评价,可以了解学习者是否已经掌握某种课程或项目能力,掌握学习者学业成绩的进展,激励学习者良好的学习方式,有助于学习者自我分析和反思,描述和把握学习曲线,有益于后续的决定和选择,从而提高学习绩效和自信心。

(2) 电子学档评价的内容

① 电子学档内容板块的评价。即电子学档基本信息内容的评价,包括如下几个信息管理板块:个人信息、学业信息、学习活动记录、作品展示、自我反思。

② 学习过程与学习活动的评价。电子学档是一种过程性学习活动记录,包含学习者的自我评价细节(具体的知识、技能或行为的意义、方法、反思)。评价与学习过程相互交融,贯穿于整个学习过程,评价过程就是学习和成长的过程。

③ 作品展示的评价。学习者提供展示作品的详细信息,与他人分享,他人有权利评论展示的作品。这种分享和评价,实际上就是一种交流与探讨。

④ 自我反思报告的评价。通过对电子学档整个制作过程和学习过程进行回顾和反思,总结学习过程中的进步和不足,调节进一步的学习。这种反思性评价内容包括学习策略的运用、学习计划的进展、取得的进步、需要改进的地方。反思时可以通过设计反思表来进行自我反思和自我评价。

⑤ 教师与同伴的评价。通过教师的评价和指导,学习者可以很快确定学习中的不足,提高学习效率。通过学习伙伴的评价,可以互相学习、取长补短。

⑥ 阶段性和总结性评价。虽然电子学档评价的最终目的是对学习者一段时期或整个学期的学习过程和学业成果进行评价,但在学习过程中的某个阶段,对学习者规定要完成的项目或主题进行评价,有助于学习者及时得到教师的反馈指导,调整学习计划或策略。

(3) 电子学档的创建

电子学档是一种内容和结构相结合的集合体,也是信息技术下的产物,电子学档的创建需要考虑到结构与内容的结合。一般来说,电子学档创建过程包括如下几方面。

① 电子学档的内容确定。确定电子学档的类型(记录学习过程、成长历程或展示作品)、确定电子学档内容的呈现形式。

② 信息内容的准备与收集。在创建电子学档之前准备并收集相关的信息内容是必要的,因为电子学档的创建就是在已完成页面的基础上,把相关信息内容不断整合到学习档案中去,这些内容包括文本、图片、声音、视频等。

③ 电子学档开发工具的选择。电子学档创建是内容与结构的结合,结构的创建需要一定的技术支持,但技术只不过是形式,是为内容服务的。

④ 电子学档系统的管理。运用相应的电子学档开发工具,根据电子学档的内容进行总

体设计与界面设计。在这个过程中可以使用自动生成工具来创建电子学档系统模块,如个人信息、学业信息、学习活动记录、作品展示管理、自我反思和自我评价管理板块等。

⑤ 电子学档的充实与完善。电子学档的创建是慢慢积累完成的,有一定的过程性。电子学档的学习是一种过程学习,因此在这一过程中需要不断反思、总结,不断地添加、修改、删除相关信息,不断充实、改进与完善电子学档。

(4) 电子学档评价范例

结合电子学档创建的内容或过程,我们搜集到一个国外学习者所做的电子学档实例①,以供参考:

① 成绩记录(Record of Accomplishments):网上在线记录,学习者填写的一些与教师教育相关的信息内容。

② 专业背景(Professional Affiliations):介绍一些相关的专业背景知识,如志愿者工作、教师联合会、贸易组织、工会成员等。

③ 简历(Resume):点击可以查看作者的在线简历或打印稿。

④ 联系方式(Contact Information):作者的联系方式,如电话、E-mail 等。

⑤ 站内搜索(Search My Website):可以搜索本站内任何文本信息并可链接到相关的信息内容。

⑥ 能力(Competencies):指相关的知识、付出与行为。

⑦ 教育链接(Education Links):教育类相关网站链接。

⑧ 关于我(About Me):作者介绍,作者生活中的一面。

⑨ 网站地图(Site Map):网站的层次结构,类似于目录,通过链接可以进入下一级页面。

⑩ 个人收藏(Personal Storage):个人的收藏品,但需要密码才可以进入。

3. 概念图评价法

(1) 概念图概述

概念图(concept maps)是一种用来帮助表现思维过程或结果的工具,也是一种组织知识的方法,于 20 世纪 60 年代由美国心理学家诺瓦克(J. D. Novak)博士根据奥苏贝尔有意义学习理论而提出。诺瓦克把概念图定义为:用来组织知识和表征知识的实用工具,是一种以科学命题的形式显示概念之间的意义联系,并用具体事例加以说明,从而把所有的基本概念有机联系起来的空间网络结构图。

概念图通常是将有关某一主题不同级别的概念或命题置于方框或圆圈中,再以各种连线将相关的概念和命题连接,这样就形成了关于该主题的概念或命题网络,从而以形象化的方式表征学习者的知识结构以及对某一主题的理解。

概念图评价就是以概念图为工具对学习者掌握知识的情况进行评价的一种方法。很多实践探索表明,概念图能够作为形成性评价的有效工具,而且概念图最初也正是因为其独特的评价功能被引入到教育领域中的。在绘制概念图的过程中,不仅涉及知识的重新建构,还能够反映出学习者的深层理解能力。通过评价学习者绘制的概念图,并根据图中概念的多少、连线的数量、层级结构合理性等情况,教师可以监控学习者基础知识的结构全貌,并诊断

---

① Pat's Sample E-Portfolio. http://chub. uwsuper. edu/Sample.

出思维缺陷及其相关原因。概念图的层级结构可以反映学习者搜索已有概念、把握知识特点、联系和产出新知的能力,从所举具体事例上可获知学习者对概念意义理解的清晰性和广阔性。这些对帮助教师在教学过程中发现学习者的错误或不足(包括连接词语的不当或错误、关键概念的缺失等)是非常有效的。此外,概念图作为一种新型教学评价工具,可以检测出学习者的知识结构及对知识间相互关系的理解,随时使学习者对自己的日常学习进行反思和诊断,及时进行调整和补救学习,引导学习者从系统化、结构化、整体性的高度来关注新旧知识点及其相互联系,促进意义学习的发生。

(2) 概念图评价的特点

① 在制作概念图的过程中体会、观察或发现知识之间的关系,学习者可以对有关知识结构和知识点的掌握与理解程度进行自我评价并及时查漏补缺。

② 概念图制作能激发学习者的学习兴趣,促进积极思考,促进学习能力的提高。

③ 概念图制作帮助学习个体思维可视化、外化,可以促进学习者的反思与完善。

(3) 概念图评价的作用

概念图作为评价概念学习的一种有力工具,有助于评价学习者是否掌握了必要的概念内涵、掌握的概念是否正确、概念之间的联系是否合乎逻辑等。其评价作用主要表现在以下几方面。

① 评估原有知识

主要用于教授新的教学内容之前。从概念图的节点中,可以发现学习者已经掌握的知识,这有助于教师确定新教学内容的重点和难点。

② 实施过程评价

主要用于阶段性教学评价。它有助于发现或明确学习者对学习内容的理解或掌握程度。比如,通过让学习者完成概念图中的一些空白节点,可以检测学习者对有关知识点的理解或掌握程度。

③ 巩固所学知识

主要用于教授新教学内容之后。通过概念图,加强知识的理解和学习,在单个知识点和主题概念的巩固方面均可发挥作用。

④ 促进反思能力

通过概念图的制作、修改、反思和再设计的往复循环,不断完善概念图,促进学习者认知水平的发展,促进学习者学会反思学习过程,学会自主学习。

⑤ 诊断教学问题

通过概念图,可诊断学习者学习中存在的问题,反思原因,调整教学计划或策略。

(4) 概念图的制作

不论采用何种方式制作概念图,一般可遵循如下七个基本步骤。

① 确定中心主题:确定所要学习的问题、知识或概念,用中心主题作导引,找出并罗列与中心主题相关的概念。

② 排序和层级化:将罗列出来的概念排序,把最抽象和最具概括性的概念放在最高位置。在最高层的位置通常只有 2～3 个一般概念,将其余的子概念按层级排放。在选择最高层概念时可能会遇上困难,通过中心主题的引导可以帮助概念排序。这个过程可能需要反复思考、修正乃至重新确定概念图的中心主题。

③ 制作概念图:把最抽象和最具概括性的概念放在最高位置,往下的二、三、四层放置子概念。将概念用画线连上。在连接线上写上合适的连接词。连接词必须清晰表达两个概念之间的关系,使之成为简明有效的命题,由连接生成意义。当大量相关的概念连接起来并形成层次后,就可以看到某一知识、命题、中心主题的意义网络。

④ 重新整理概念图的结构:包括概念的增减或上下层关系的改变等。优秀的概念图可能需要进行多次整理,但也正是这一整理过程才带来新的启示和有意义的学习。

⑤ 寻找横向连接:在不同分支的概念之间寻找有意义的横向连接,并在连线上用连接词标明关系。横向连接能有效地帮助在某一知识范畴内看到新的关系。

⑥ 加标注:详细具体的例子可以用简图或代表符号附在概念上。

⑦ 知识或问题的表达形式是多种多样的,对同一系列的概念,可以运用不同结构的概念地图来表现。

(5) 概念图评价范例

概念图范例如图 6-1 所示。

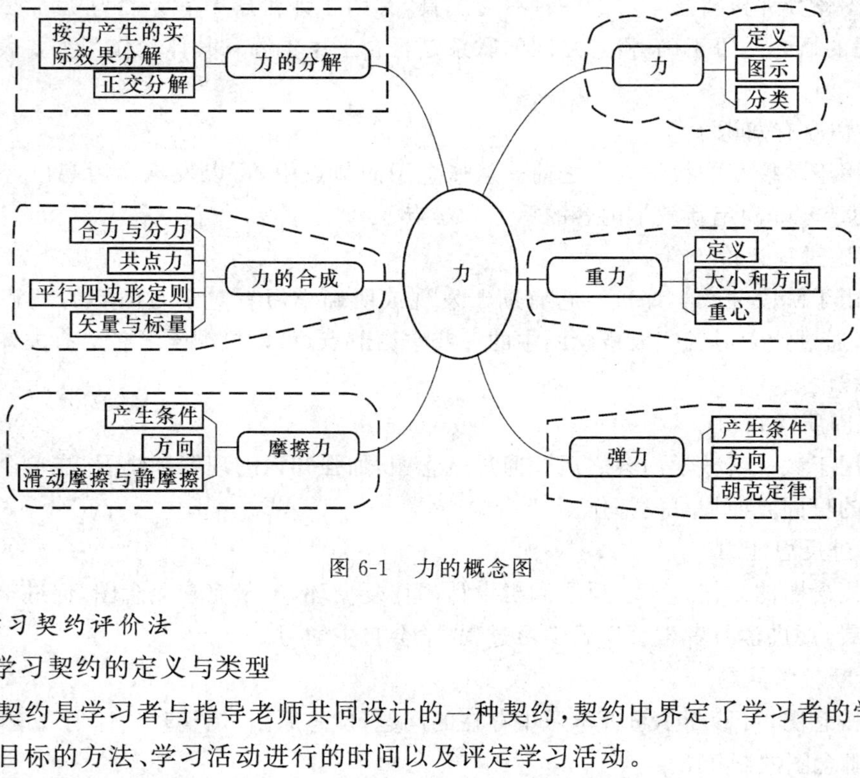

图 6-1 力的概念图

4. 学习契约评价法

(1) 学习契约的定义与类型

学习契约是学习者与指导老师共同设计的一种契约,契约中界定了学习者的学习目标、达成学习目标的方法、学习活动进行的时间以及评定学习活动。

学习契约的主要内容包括学习者的学习需求、学习目标、学习进程、学习资源、学习策略、学习活动日期以及达到目标的依据等。在学习契约中,计划学习过程取代了计划学习内容,是一种动态的学习规划。学习契约规定了学习者将要学习什么、怎样学习以及如何检验/评价是否达到学习目标。根据不同的划分标准,学习契约存在不同的类型。如从时间上,可以分为短期契约、中期契约和长期契约;从学习模式上,可以分为以教师为主的指导模式、以家长为主的指导模式和以自学为主的学习模式;从学习主体上,可以分为小组学习契约、同伴学习契约和自我学习契约等。

(2) 学习契约评价的特点

① 学习契约是由师生共同协商制订的学习计划、学习评价等方面的书面协议，所以学习契约允许学习者控制自己的学习进程，尊重学习者自己的学习个性和风格，让学习者依其喜欢的方式从事学习，可以满足学习者个性化发展的需要和有效培养学习者自主学习的能力。

② 由于学习者自己参与了学习契约的制订，了解自己的学习任务，因而有助于学习者在学习过程中根据契约的内容随时监控和评价自己的学习效果，保持积极的自律，也能激发学习者的学习动机和学习热情。

(3) 制订和实施学习契约的基本原则

在制订和实施学习契约的过程中，学习者与指导者应遵循以下一些基本原则。如表 6-2 所示。

表 6-2　制订与实施学习契约的基本原则

1	在确定目标的过程中，学习者有权利、有责任发表自己的见解
2	目标的设定应当使学习者在完成任务时获得成就感或自豪感
3	学习者可以选择适合自己特点的目标达成方式
4	在达成个人学习目标的过程中，应给予学习者承担学习责任的机会
5	在个别化和独立学习活动中，应强化学习者的个人意识
6	指导教师应避免给予过多指导
7	在提供学习途径时，应考虑学习者不同的学习风格
8	注重在团队合作中展开学习
9	遇到失败时，不应给学习者造成压力
10	对学习者来说，学习任务的设定应具有一定的挑战性
11	应给予学习者总结学习经验的机会
12	课程目标或教学预期中应包含所要完成某项任务的行为动词，如掌握、了解、判断等
13	学习者能通过自我反思工具获得学习过程的反馈

(4) 学习契约的设计

① 学习契约的构成要素与设计要求

一个完整的学习契约应当包括以下几个部分：学习者与帮促者、学习目标（学习者所要掌握的知识、技能、态度和价值观）、学习资源与策略（如何达成目标）、完成目标的预计日期、目标达成的依据以及判断/验证依据的标准、得分标准和等级评定等。学习契约中以下几个元素是必不可少的。如表 6-3 所示。

表 6-3　学习契约的构成要素与设计要求

要素	设计要求
学习者姓名及详细日期	清楚、明晰
课程名称与级别	界定清楚所学课程的级别对于清晰地设置级别标准非常重要

续表

要素	设计要求
学习目标	学习目标不一定要以最后学习结果的形式陈述出来，但一定要与学习者的学习需求相关（包括知识、技能、态度等方面）
确定目标实现依据	依据可以有多种形式：档案袋、项目、影碟、学习者所作作品等。如果指导教师签订此契约，也就表示他同意了此项学习成果的表现形式
得分标准	具体、明晰，可采取量规的形式，突出评价的倾向性
验证依据的标准	不同类型的目标有不同的依据标准
学习资源及策略	学习资源的获得是双向的：学习者既可以通过各种途径查找所需资源，也可以通过教师的帮助获取资源，如教师检查契约初稿、提供图书馆没有的资料或引荐被访问者等。同时，这一部分也可以包括其他更为复杂的方面，如以什么形式完成合作任务（个人作业或小组合作）、在小组合作中任务怎样分配等
时间	包括契约的起始日期、每项学习活动的具体时间、反馈时间。根据具体情况，允许时间有一定的弹性
签名	只有当学习者与指导者双方都签了字，契约才能真正生效。通常，学习者保留副本，教师保留正本。教师签名表示教师认可学习者的学习成果并将给予相应的成绩

② 学习契约设计流程

设计一个好的学习契约，应包含以下几个步骤。如图 6-2 所示。

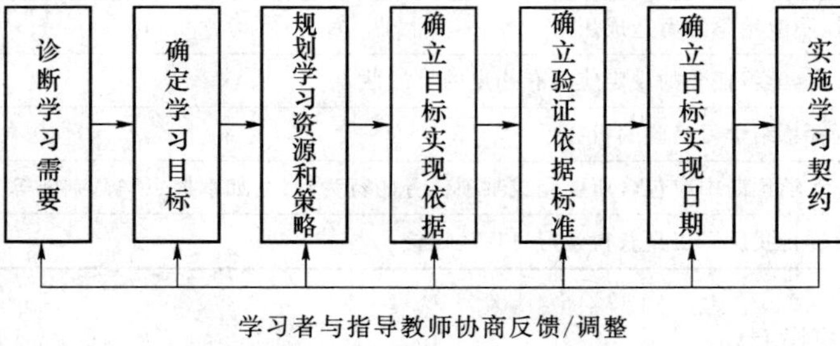

图 6-2　学习契约的设计流程

③ 学习契约设计模版

为了快捷有效地设计学习契约，我们可以借助以下四个设计模板：自学式、提纲式、同伴辅助式、表格式。

a. 自学式学习契约设计模板，如表 6-4 所示。

表 6-4　自学式学习契约设计模版

学习者姓名：________ 学号：________ 课程名称：________ 日期：________
学习主题：________________________________
学习目标：________________________________
• 子学习目标 1：
• 子学习目标 2：

续 表

学习者姓名：________ 学号：________ 课程名称：________ 日期：________
• ……
学习活动：
• 学习活动1：
• 学习活动2：
• ……
学习者签名：________________

b. 提纲式学习契约设计模板，如表6-5所示。

表 6-5　提纲式学习契约设计模板

学习者姓名：________ 教师姓名：________ 契约时间：________ 课程级别：________ 成绩：________
契约目的：____
1. 学习者计划进行的深层次学习：____
2. 学习者决定学习此主题的原因：____
3. 学习者学习的中心：____
4. 学习者想提的问题：____
5. 学习者至少从以下5方面收集信息：____
（专家对话录、实验报告、杂志、百科全书、报纸、幻灯片、报告讲座、图片、影碟、博物馆、社团/组织、调查或其他资源）
6. 学习成果形式：____
7. 实现学习目标，学习者最终拥有的技能有：____
8. 与他人分享学习者的学习，做以下计划：____
分享人员：____
分享时间：____
分享方式：____
9. 结束学习的形式：____
10. 评价学习的形式：____
11. 评价人员看到的最重要的证据：____

c. 同伴辅助式学习契约设计模版，如表6-6所示。

表 6-6　同伴辅助式学习契约设计模版

被辅导者姓名：________ 辅导者姓名：________
辅导专题：____
辅导：____
你期望这次辅导学到什么？打算通过什么方式来学习？
这个假期你想学习什么技能？怎样培养这些技能？
你在怎样的环境下学习最有效？

续 表

被辅导者姓名：________辅导者姓名：________
辅导者：
你打算何时开始辅导，如何辅导？
日期/时间/地点：________________
你打算何时评价被辅导者的作业，如何评价？
日期/时间/地点：________________
你打算何时检查被辅导者的学习状况，如何检查？
日期/时间/地点：________________

d. 表格式学习契约设计模版，如表 6-7 所示。

表 6-7 表格式学习契约设计模版

课程：________学习者：________指导教师：________成绩：________签订时间：________

想学习什么？（学习目标）	计划如何学习？（学习资源/策略）	如何证明你学会了？（达到学习目标依据）	判断依据的标准	实现每个目标的日期

(5) 学习契约范例

为了进一步说明学习契约的设计与使用，我们以《远程教育》课程学习契约为例来说明在实际中如何利用学习契约促进学习[①]。如表 6-8 所示。

表 6-8 《远程教育》课程学习契约

学习者：Jane Smith 课程级别：AED5 220 指导教师：Hiemstra 契约级别：A

想学习什么？（学习目标）	计划如何学习？（学习资源/策略）	实现目标日期	如何证明你学会了？（达到学习目标依据）	判断依据的标准
提高对远程教育概念的理解	1. 积极参与到该课程的学习 2. 完成一份学习契约	1. 本课程结束 2. 六月十二日	1. 能够感受到自己在整个课程的学习中为课程或他人做出了贡献 2. 与同伴之间签订适当的契约	1. 从 Roger 和学习同伴处获得反馈 2. 完成契约中所有任务
获得更多关于远程教育及其运用的信息	至少阅读一本与远程教育有关的书籍及一些专业文章	本课程结束	阅读网络日志中所记载的关于自己在完成学习任务过程中的相关情况	从 Roger 那里得到反馈

① Learning Contract Form. http://home. twcny. IT. com/hiemstra/contract2/html.

续 表

学习者：Jane Smith　课程级别：AED 5220　指导教师：Hiemstra　契约级别：A

想学习什么？（学习目标）	计划如何学习？（学习资源/策略）	实现目标日期	如何证明你学会了？（达到学习目标依据）	判断依据的标准
增强获得数字信息化的能力	1. 参加相关的课堂讨论 2. 练习怎样搜索和下载信息	本学期结束	提供一篇关于搜索信息方法的简单文章，同时附加一些所下载资料的拷贝	向 Roger 和其他同伴询问活动中的表现
增加对 CMC 以及其在员工培训中作用的理解(LA4 a)	1. 至少阅读所列参考书目中的三本书 2. 在网络日志中陈述自己看书后的思考和观点	本学期结束	撰写一篇自己所理解的关于 CMC 意义的文章，并在课堂上发表自己的看法	向 Roger 和其他指导者询问反馈
提高在工作中运用 CMC 的能力	利用在 LA4 a 处所获得的知识，设计一个 CMC 的培训计划，实施并评价相关的 CMC 活动	本课程结束	撰写一篇关于在此过程中如何设计、实施、评价活动的文章	向 Roger 及所有参与者询问他们在此过程中所获得的经验及该活动今后实施所要注意的地方

5. 范例展示评价法

(1) 范例展示概念

所谓范例展示(Example Presentation)，就是在布置学习任务之前，向学习者展示符合学习要求的学习成果范例(范例可以是标准、量规，也可以是实际的作品等)，以便为学习者提供清晰的学习预期。例如，如果学习任务是要求学习者完成一篇小型学术论文，那么教师就可以预先为学习者提供一个学术论文的标准及其样例；如果是要求学习者做一个财务报表，那么教师就可预先提供一个优秀的报表样例。又如，在信息化教学中，常常要求学习者通过制作电子学档来完成某种学习任务，如多媒体演示文稿或网站等，教师就可提供优秀的相关样例来指导学习者完成学习任务。

(2) 范例展示评价法的特点

① 评价主体多元化

采用自我评价、同伴评价、教师评价三者相结合的方式，评价主体包括教师、学习者自身和学习群体，学习者不但是被评价者，而且是主动积极的评价参与者，有助于学习者积极反思学习发展，提高学习的主体意识，全面考察和评价学习者的真实状况。

② 评价内容多维化

范例一般围绕评价目标，从多维度包括了评价内容，详细规定了评价指标，各个评价指标有具体描述和说明，并依据分数划分若干等级，自我评价、同伴评价和教师评价各占一定的权重，这有助于对学习者做出全面、客观和公正的评价。

③ 评价形式多样化

不仅关注学习结果，而且关注学习过程，将形成性评价和总结性评价、自我评价与他人评价、定量评价和定性评价有机结合起来，能全面真实地反映学习者的学习成效。

④ 评价角色自主化

强调自我评价，要求学习者承担评价学习成效的责任。教师的主要角色是引导学习者完成学习任务，辅导其成为熟练的自我评估者。自我评价和反思有助于学习者修改和完善作品/任务，成功实现范例展示的学习预期。自我评价有助于提升学习者的自主性，培养学习者对自己学习负责的态度和情感。

⑤ 评价重心在于过程

以真实任务为中心，重点关注学习过程以及运用知识解决实际问题的能力，强调对学习过程实时监控（以范例的标准为参照），学习者通常利用来自教师的形成性评价、范例参照的自我评价方式来获取反馈并及时调控学习活动。

⑥ 评价教学一体化

教学和评价密不可分，评价自然而然镶嵌于整个教学过程，评价是实施教学目标的手段，而不是目的自身。教师和学习者利用评价反馈信息来调控教学进程。

(3) 范例展示评价法的作用

范例展示作为一种基于过程和绩效的真实性评价方法，始终贯穿于整个教学过程，把学习和评价有机地结合起来，有助于学习者把学习看成一个整体，避免把学习和评价、内容和过程相割裂。其在各个阶段的作用与意义如表6-9所示。

表6-9　范例展示作为评价方法的作用与意义

基本阶段	作用与意义
教学前	在教学开始阶段，教师通过展示相关范例，使学习者对自己要达到的学习结果有一个明确的“预见”，自觉地把范例当作指导学习的参照标准。范例作为优秀学习成果的代表，在目标、内容、方法、动机等方面都会对学习者起到积极的引导作用
教学中	在教学过程中，范例可以作为形成性评价的标准或依据。 ①教师通过观察学习者建构作品的过程，了解其学习进展和思维活动，以便及时诊断，改进学习。 ②学习者对照范例实施及时的自我评价，发现学习中可能存在的目标偏离、绩效差距等问题，以便主动调节学习过程
教学后	教学完成后，范例可作为总结性评价的依据。通过自我评价、同伴评价和教师评价的多元评价方式，结合学习者完成真实任务的过程，有助于衡量学习者的学习结果与范例展示的目标之间的差距，有效地帮助学习者认识自我，完善学习成果，实现教学目标

(4) 范例展示的实施

作为一种评价方法，范例展示在具体的实施过程中，根据教学活动流程大致可分为三个基本阶段。如表6-10所示。

表 6-10　范例展示作为评价方法实施的基本步骤

教学前——期望和引导	教师根据教学目标，针对学习者的条件和任务： ①选择恰当的范例，教师一般可选择优秀的学习者作品范例(使学习者具有亲同感)，也可以从学习者的角度出发自己制作范例，但无论如何，范例的选择应当与学习目标/任务有密切的相关性，应当充分考虑学习者已有的知识经验和能力水平，考虑学习者通过努力能否达到范例展示的目标。 ②解释范例的内容结构和标准参照意义，展示明确的学习期望。 ③说明范例和时下学习任务的关系，引导学习者的学习指向以及根据范例反思调控学习的方法。 ④对范例进行适当的讲解，引导学习者通过分析提炼出范例的特征，突出重点和难点内容，使学习者对实现预期学习成果有清晰的了解，对学习过程中可能遇到的问题有充分的准备，必要时还可向学习者呈现/解释事先制订好的量规
教学中——行动中反思	①学习者：明确范例的基本内容结构和标准后，通过各种途径搜集完成学习任务所需要的相关资源，从范例中获得相关的知识和技能启示，随时根据范例的标准来引导、反思和修正学习过程中出现的偏差，尽量缩小作品与范例之间的差距。 ②教师：观察学习者在完成学习任务中所运用的知识和技能的方法，诊断学习者所需要的帮助，适时为学习者提供各种支架，如概念、策略、动机、资源等，引导学习者学会行动中的反思，记录学习者的学习表现，为总结性评价提供依据
教学后——行动后反思	①自我评价：任务或作品完成后，学习者可以根据预先提供的范例标准或量规进行自我评价。 ②同伴评价：同学之间运用范例标准或量规进行相互评价。 ③教师评价：根据自我评价或同伴评价，教师根据学习目标、任务、学习者本人条件等，对学习者的学习绩效做出总结性评价。 ④反思：学习者根据各种评价结果，总结自己的学习表现，反思存在的问题和改进方法

(5) 应用实例：培养批判性思维能力[①]

批判性思维是教育和学习者发展的核心目标之一。批判性思维能力培养的最佳方式是将其融合于每门学科或课程教学任务中。因此，在学科教学中，教师可以结合学习者完成相关学习任务的要求(如口头演说、论文、调查报告等)，有意识地融合批判性思维训练，促进学习者批判性思维能力的发展。

① 展示清晰的批判性思维标准

一个富有批判性思维素质的人，其思维特点(观点、过程和结论)具有九大标准：清楚、准确、精确、切题、深度、广度、有逻辑性、有意义和公正。如表 6-11 所示。

① 钟志贤编著. 大学教学模式革新：教学设计视域. 北京：教育科学出版社，2008 年。

表 6-11 培养批判性思维素质的九大标准

标准	内涵
1.清楚	如果一个论述不清楚,无法判定它是否正确或切题
2.准确	正确意味着以真实的方式表述某事某物。一个命题可能很清楚却不正确
3.精确	精确意味着给出一些必要的细节,以使别人更确切地理解说话人的意思
4.切题	一个论述可能是清楚、准确、精确的,却可能与当前的问题无关
5.深度	一个论述可能是清楚、准确、精确并且切题的,却可能是肤浅和没有深度的
6.广度	推理的思路可能是清楚、准确、精确并且切题的,却可能缺乏广度
7.逻辑	逻辑是将很多不同的想法以某种次序组合在一起。当各种组合在一起的想法相匹配并互相支持时,产生的思想才有逻辑性
8.意义	对问题进行推理思考时,应该集中考虑与问题相关的最主要的信息、想法和看法
9.公正	即合乎理性的思考

② 根据批判性思维标准进行自我提问或反思

根据上述批判性思维标准,学习者可以利用自我提问来反思自己的思维状态,教师可以引导学习者在完成相关学习任务的过程中或对已经完成的学习成果进行评价。如表 6-12 所示。

表 6-12 根据批判性思维标准进行自我提问或反思

标准	自我提问或反思
1.清楚	(1)我能清楚解释这一点吗?(2)我能用另一种方法来表达这个观点吗?(3)我能给出图例吗?(4)我能给出例子吗?(5)我用自己的话来表达你的观点,请确认我的理解是否正确。
2.准确	(1)那的确是真的吗?(2)如何检验那是正确的?(3)如何证明那是真的?
3.精确	(1)我能再多给点细节吗?(2)我能再详细点吗?
4.切题	(1)这个想法和问题有什么联系?(2)它如何影响论点?(3)这一点想法和其他想法有什么联系?(4)我的问题和正在讨论的观点有什么联系?
5.深度	(1)我的答案如何解决这个复杂的问题?(2)我怎么考虑问题的难点?(3)我如何处理问题中最主要的因素?
6.广度	(1)我们是否需要考虑另外一种观点?(2)有没有看待这个问题的另外一种方式呢?(3)如果从保守的观点来看,问题会是什么样?(4)如果从……观点来看,问题会是什么样?
7.逻辑	(1)这些观点可以严密结合在一起吗?(2)这讲得通吗?这和你所说的一致吗?(3)这和论据是如何一致的?前后之间有矛盾吗?
8.意义	(1)要解决这个问题,最有意义的信息是什么?(2)为什么这个事实在情景中很重要?(3)哪一个问题最有意义?哪一种想法或看法最重要?
9.公正	(1)我们经常认为自己的想法公正合理而拒绝改变自己的想法,拒绝考虑其他一些重要的相关信息吗?(2)我们的思维中存在较强大的自我中心、自欺欺人、一己私利的一面吗?(3)为了操纵他人而不合理地使用概念吗?(4)做出不合理的、没有事实依据的假设前提,导致错误的推论吗?

③ 展示A级批判性思维发展标准

在要求学习者理解和掌握基本批判性思维发展标准的基础上,给学习者展示优秀批判性思维发展标准,并引导学习者运用自我提问和反思的方法尽量达到这些标准。如表6-13所示。

表6-13　A级批判性思维发展标准

批判性思维发展A级评估标准:A级学习者总能提出重要问题并清楚、准确地分析关键问题,找到可疑假设前提,阐明基本概念,使用专业术语,找出不同争鸣流派的观点,根据已知前提来谨慎认真地推理,并清楚地意识到结论会产生的含义和后果。
用以上标准提问:(1)我有没有提出重要问题?(2)是否正确地分析问题?(3)有没有找到关键假设前提?(4)是否阐明基本概念?(5)有没有使用专业术语?(6)是否找出不同争鸣流派的观点?(7)是否根据已知前提来谨慎推理?(8)是否意识到含义和结果?

范例展示作为一种评价方法,固然有多方面的优点,但也存在一定的局限,需要在具体的应用过程中予以注意,如范例的正确选择、范例的有效运用、量规的合理设计和应用等,尤其容易阻碍创新思维,可能造成学习者的思维定式,这点需要教师在展示时予以必要的说明和引导,以使范例展示发挥促进学习者创新思维的积极作用。

第二节　形成性评价

教学评价是指以较小目标为依据,制订科学的标准,运用一切有效的技术手段,对教学活动的过程与结果进行测定、衡量,并给以价值判断。教学设计成果的评价属于教学评价范畴。教学设计成果的评价实质是从结果和影响两方面对教学活动给予价值上的确认,并引导教学设计工作沿着实现预定目标方向进展。教学设计成果的评价既有一般教学评价的共性,也有其自身的特点。对教学设计成果的评价也有形成性评价和总结性评价,但一般都以前者为主。虽然在一般的教学设计模式中,都将评价放在模式的最后环节,但这并不意味着评价是在教学之后才进行的。实际上,教学设计的评价从确定教学目标时已经开始,并贯穿在整个设计过程中。

一、形成性评价的原则

为了做好各种教学评价工作,必须根据教学的规律和特点,确立一些基本的要求,作为评价的指导思想和实施准则,具体包括以下内容。

(一)整体全面性

在进行课堂教学评价时,要对组成教学活动的各个方面做多角度、全方位的评价,而不能以点代面,以偏概全。由于教学系统的复杂性和教学任务的多样化,使得教学质量往往从不同的侧面反映出来,表现为一个由多因素组成的综合体,因此要真实地反映教学效果,必须对教学活动从整体上进行全面的评价。一个完整的课堂教学设计成果至少应该包含两部分内容,即一份完整规范的教学设计方案和一份媒体素材清单及多媒体资源。

(二)科学规范性

在进行课堂教学评价时,要从教与学统一的角度出发,以教学目标体系为依据,确定合理统一的评价标准，认真编制、预试、修订评价工具。在此基础上，使用先进的测量手段和统计方法，依据科学的评价程序和方法，对获得的各种数据和资料进行严谨的处理，而不是靠经验和直觉进行主观判断。科学规范性原则不仅要求评价标准科学、符合客观规律，而且要遵循一定的规范，要求评价程序和评价方法科学。

（三）客观指导性

在进行课堂教学评价时，从测量的标准和方法到评价者所持的态度，特别是最终的评价结果，都要符合客观实际，不能主观臆断或掺杂个人情感，应把评价和指导结合起来，要对评价的结果进行认真分析，从不同角度查找因果关系，确认产生的原因，并通过及时的、具有启发性的信息反馈，使被评价者明确今后的努力方向。

（四）简单可行性

在进行课堂教学评价时，还应该从时间、环境、师生条件等方面来考虑其是否具有较强的可操作性，在保证正确导向、科学合理的前提下，尽量简单易行，以保证评价有效的开展。设计的评价方案对教师来说简单可实施，能够体现教师的教学风格、特点及其预备技能，对学生来说，能够针对学生的情况，对学生的预备知识、技能以及学习方法等方面的要求比较合理。另外，在时间方面，进行评价时教师的教学时间、学生的学习时间、教师布置作业的时间、教学占用学生课外时间等安排是否合理。在环境因素方面还要考虑到对教学环境和技术的要求不应过高，具备较强的可复制性。

（五）创新多样性

在进行课堂教学评价时，要既能发挥教师的主导作用，又能体现学生的主体地位，教法上要有创新，能够激发学生的兴趣，有利于促进学生高级思维能力的培养，体现出新理念、新方法和新技术的有效应用。尤其在媒体资源方面的评价，我国教育技术界资源建设委员会专门对资源的编制制订了一系列标准，对媒体技术的应用既要体现出它的技术性，又能够在符合课堂教学特点的基础上表现出一定的艺术性，并能够以较小的代价获得较大经济利益。

（六）有效开放性

在进行课堂教学评价时，一方面要体现教学的内在要求；另一方面又能够得到多方人员的认可，评价结果既能够反映教学目的，又能体现教学的内在规律，还能够体现教学自身的丰富多彩性。教学本身是复杂的系统，具有极为丰富的内涵，一个标准不能覆盖众多复杂的教学行为。

二、形成性评价的设计

评价是教学设计活动的有机组成部分，它能够使教学设计及其成果更趋有效，能够调节教学设计人员的心理因素。课堂教学评价主要从学生、教师、教学内容和媒体四个要素进行。形成性评价既包括对教学过程的评价，也涵盖对教学设计成果的评价。教学设计成果可以是一种新的教学方案，也可以是一套新的教学材料，如教科书、教学媒体课件等的运用，课堂教学设计中的形成性评价主要是针对教学方案所描述的教学过程的评价。

目前的课堂教学设计中的评价一般包括以教为主的形成性评价和以学为主的形成性评价两种主要形式。以教为主的形成性评价可以从教学目标和内容、教学活动组织、学习资源的提供和学生成绩等方面进行设计；以学为主的形成性评价可以从学生学习过程、学生参与学习活动情况、学生学习态度和学生学习结果等方面进行设计。

形成性评价是课堂教学设计人员用来获取数据，并通过这些数据修正教学、提高教学效率效果的过程，重点是搜集数据、分析数据，用来改进课堂教学设计。形成性评价开始于分析阶段，持续于选择和设计阶段，如果计划中还有试用阶段，则会持续到实施过程的前期。

形成性评价通常包括六个阶段，即自我评价、专家评议、一对一评价、小组评价、实地实验以及进行中的评价。

（一）自我评价(Design Review)

设计者、开发者或设计团队中的一些成员在将方案呈现给专家或者使用者评价之前对其进行评价，也叫内部评议，一般是在外部评价之前进行的。为了增加自评有效性，在遵循评价标准的前提下采取搁置后形成结果与意图的距离后的方法，可以以准执行者试行方案并记录各种积极和消极的反馈。

学习者每一次的自我评价实现了对原有认知结构的改造与重组，也就是完成了一次自我的肯定、否定、再否定的辩证评价过程。这种自我评价有利于学习者成就感的形成、目标的明确、个性化的培养，使学员由评价客体成为评价主体，提高学员的参与性，增强学员的自我评价能力。具有独立意识的学生一般具备选择、获取新技能和新知识等的能力，他们能够进行自我反思并确定下一步学习方案，教师可以通过发展学生的自我评价技能，使学生具备反思和自我管理能力。引导学生自评是对学生的尊重和信任，有利于调动学生参与评价的积极性，有利于培养学生的自我评价能力和自我教育能力，也有利于增强学生的主体意识和评价的客观程度，具体案例如表 6-14 所示。

表 6-14　小学英语口语评价表

评价内容	评价等级			
	优	良	合格	待合格
1. 我能吟诵简单的英语歌谣，演唱英语歌曲				
2. 我能借助图片或提示编小对话，讲述英语小故事				
3. 我能用英语就自己、家庭和朋友等话题，进行简单交流和描绘				
4. 我能在情景中、游戏中扮演角色，进行有感情的交流				
5. 我能运用英语进行简单的日常对话（如问候、告别、致谢、致歉等）				

（二）专家评议(Expert Review)

专家评议是指邀请一些内容专家、课堂教学设计专家或相关领域的专家，针对课堂教学设计各要素的选择或设计提供建设信息，并在方案实施前对其中的各个要素进行评议，具体包括以下内容。

(1) 方案中设计的教学内容是否正确、是否反映最新发展动态。

(2) 方案中所有的观点是否一致。

(3) 提供的案例、实践练习、反馈是否真实准确。

(4) 教学方法是否符合并反映现代教育观念和教育理论。

(5) 教学内容、方法以及所用的教学资源和工具是否适用于教学对象。

对于课堂教学这一层次设计成果的专家评议往往采用说课方式，对产品和系统层次的专家评议通常采用专家评议会方式，教学设计人员认真记录专家意见有助于找出存在问题以便修改。

（三）一对一评价(One-to-one Review)

一对一评价有时也被称为诊断性评价，设计人员需要和多名具有代表性的学习者一起工作，从单个的学习者身上采集数据并修正教学材料，目的是确定并改正教学中存在的明显错误，并从学习者那里获得对教学内容最初的使用数据和反馈。这个阶段的评价可以从明晰度、影响力和可行性三方面进行。

(1) 明晰度。对学习者个体而言信息或者呈现的教学内容是否明了清晰。

(2) 影响力。教学对学习者个体的态度和教学目标的实现是否有影响。

(3) 可行性。如果得到所需资源如时间、教学情境等，教学的可行性有多大。

一对一评价的关键在于它是一个交互的过程，设计人员要参与到学习者的学习过程中去，观察学习者的参与情况并按照预先设定好的时机与学习者讨论材料中呈现的内容，需要设计人员做好前期准备工作和较强的协作沟通交流能力，能够进行有效的交流。

在一对一评价中可以通过观察记录、学习者讨论的记录、教学完成后的问卷和测验等途径收集数据，不需要随机抽取样本，只需要挑选几个具有代表性的学习者即可。通过一对一评价可以看到教学中存在的错误和不足，并及时采取措施进行修改从而促进教学。

（四）小组评价(Small-Group Review)

小组评价阶段往往是由4～6人组成学习小组，利用教学材料进行自学，然后通过对他们的测试来采集所需数据。小组评价主要是确定在一对一评价之后所做的改动是否有效，确定教学中还存在着哪些问题，是否能适用真实的目标群。小组评价需要收集两方面的内容，一个是教学有效性方面，主要包括学习者前测和后测的成绩以及对教学的态度，前测一般包括入门技术和教学目标，后测测定学习者在教学目标上的表现，可以通过测验或者练习获得，对教学的态度信息可以通过态度问卷调查和后续访谈来获取；另一个是教学可行性方面，一般包括学习者完成教学和所要求的绩效评测所需的时间以及在特定条件下实施教学的成本及可行性以及实施或管理者的态度等。下面是一个学习小组内成员评价标准和要求的实例。

(1) 小组交流时是否能积极参与，大胆发表自己的见解(+1分)。

(2) 学习小组成员能积极主动地回答问题(+1分)。

(3) 能主动提出问题、敢于质疑辩论(+2分)。

(4) 交流时能对同学发言，敢提出疑问和不同见解并能进行正确解答和评析。

(5) 课堂展示是获得优秀学生展示(+1分)，是小组同学轮流展示(+1分)，是由学习成绩落后学生展示(+1分)。

(6) 课堂学习过程中小组成员做与学习无关的事情、说与学习无关的话等影响课堂学习(−1分)。

(7) 平时学习中有违纪行为如预习严重拖拉，没做或抄袭(−1分)，平时测验成绩极差被老师批评(−1分)，课堂违纪被老师批评(−1分)，小组上课纪律差等被老师批评(−1分)。

（五）实地试验(Field Trial)

实地试验是课堂教学设计结果实施前形成性评价的最后一个阶段，执行人员要在一个与教学材料最终使用环境尽可能相像的学习环境中进行评价。实地试验的目的是确定在小组评价之后所做出的改动是否有效，并确认教学方案在预设的环境中是否能够使用，主要目的就是要找出并消除教学中尚存的问题。

实地试验的关键是创设一个与“真实世界”尽可能接近的教学情境，不仅要求教学环境、条件与最终的使用环境、条件尽可能相像，而且执行教学的人员尽可能是教师，而不是教学设计人员，实地试验对学习者的要求也比较高。在实地试验阶段，数据收集、分析的过程和方法与小组评价类似，只是问题会依据小组评价的经验，更加集中于教学在预期学习环境下的可行性，重点了解影响教学成功的各种因素。

（六）进行中的评价（Ongoing Evaluation）

进行中的评价是指在教学实施之后，就教学对学习者的学习、工作和应用知识解决问题的效果进行的评价。无论是知识技能还是方法，教学的最终目的并不只是为了学生能够掌握或者在学习过程中的应用，而是在最终需要运用这些知识技能和方法的环境中进行创造性地运用。进行中的评价可以帮助设计人员了解学习者是否意识到在实际生活中应用所学的新知识和技能、学生应用的效果如何以及学习者对改进教学的意见和建议。

进行中的评价在课堂教学中很常见，现在也越来越受到重视，很多教师都会自觉地运用，只是并不是以一种很明显的评价行为表现出来，比如数学学科中计算能力、语文学科中的朗读能力与写作能力等，尽管没有专门的评价，教师会在其后的相关内容教学中观察学生应用已学知识的情况，并根据学生的具体情况采取相应补救措施。

三、形成性评价的实施

形成性评价是指通过观察、活动记录、学生评价表、测验、问卷调查、咨询等形式对学生学习进行的持续评价。它是伴随学习过程进行的，目的是向师生提供学习状态和进程反馈信息，从而有助于他们调节教与学的活动。形成性评价关注学习过程，试图通过改进学习过程来提高学习效果。除了可用于评价知识、技能等可以量化的方面外，形成性评价更适合于评价学习兴趣、学习态度、学习习惯、学习策略、合作精神等不易量化的内容。形成性评价往往是在开放的、宽松的、友好的、师生互动的环境中进行的。形成性评价既是一种评价手段，也是一种学习方法。、

教学设计成果的形成性评价通常包括制订计划、选择评价方法、试用设计成果和收集资料、归纳和分析资料、报告结果等几项工作。分析评价是审核教学目标与教学对象和环境是否适应，内容分解是否反映了教学目标，技术是否发挥了优势，学生是否得到了进步和发展。设计评价是判断设计是否能达到预期的教学目标，能否适应学生的学习活动要求等。实现评价是通过实施检查教学目标是否实现，教学活动和学习活动开展情况等。每个阶段的评价都需要做出评价报告，并总结不足，找到改进的方法和措施。

课堂教学的一般方法关注以教为主的形成性评价和以学为主的形成性评价。以教为主的形成性评价通常包括两个环节，一是收集反映课堂教学效果的有关信息资料，二是根据信息资料所反映的教学状况做出即时反馈。在收集反映课堂教学信息时一般采用测验、调查和观察的方法，其实它们也是课堂教学设计和教学活动中其他评价类型的主要工具，了解其特点、掌握其编制原理和方法是教学设计人员应该具备的基本功之一。这三种方法各有所长，测验适宜于收集认知类目标的学习成绩资料，调查适宜于收集情感类目标的资料，观察适宜于收集技能类目标的学习成绩资料。测验是最重要的教学评价手段，是在心理智力测验的基础上推广而来的，有常模参照测验、标准参照测验、客观性测验、主观性测验、标准化测验等提法和做法（见表 6-15）。

表 6-15 学习目标与相应评价方法

学习目标	评价方法
知道	各种客观测验、标准测验
理解	论文测验、选择测验、面谈调查
创造力	论文测验、问题情境测验、面谈调查
鉴赏力	论文测验、问卷调查、面谈调查
读、写、算能力	各种客观测验、标准测验、观察
会话、交流能力	各种客观测验、人际交往能力测验
操作、实验技能	观察、客观测验
态度、习惯、适应性	观察、面谈调查、问卷调查
职业能力倾向	能力测验、观察、面谈调查

在根据信息资料所反映的教学状况做出的即时反馈一般有校正性反馈、鼓励性反馈和帮助性反馈三种。当大多数学生对当前教学内容的学习未能达到教学目标要求时，反馈应是校正性的，即教师及时调整当前的教学内容与教学策略以适应大多数学生的情况和需求。当大多数学生对当前教学内容的学习能较好地达到教学目标的要求，只有少数或个别学生未能达到时，则区分两种情况做出不同反馈，对大多数能达到教学目标的学生给予鼓励性反馈，即根据程度给予相应的、恰如其分的肯定和鼓励，对表现突出的给予更大的表扬。对少数或个别没有达到教学目标的学生给予帮助性的反馈，即教师应尽力提供帮助，可以在课堂上进行，也可以在课后进行辅导。

以学为主的形成性评价的实施考虑到此类教学过程一般采用自主学习策略，即主要依靠学生的自主探索、自主发现，它通常包括小组对个人的评价和学生个人的自我评价，评价主要围绕自主学习能力、协作学习过程做出的贡献和是否达到意义建构的要求三个方面。评价实施过程中，尽量保持学生轻松愉快，从而客观确切地反映出每个学生学习的实际效果。根据小组评价和自我评价的结果，可以为学生设计出一套可供选择并有一定针对性的补充学习资料和强化练习，使之既能反映基本概念、基本原理，又能适应不同学生要求，通过强化练习纠正原有的理解错误或片面认识，最终达到符合要求的意义建构。

第三节 总结性评价

一、总结性评价的定义

总结性评价一般是指某一个阶段的教学完成之后评定这一阶段的学习结果，目的在于评定教学目标的达到程度，检查教学工作的优劣，考核学生的最终成绩，把握教学活动的最终效果，给出教学与学习的最终评价结论。总结性评价又称事后评价，它注重的是教与学的结果，借以对被评价者所取得的较大成果做出全面鉴定、区分等级并对整个教学方案的有效性做出评定。

总结性评价是以预先设定的教学目标为基准，对评价对象达成目标的程度，即最终取得的成就或成绩进行评价，对学习者的学习活动和教师的教学状况给出最终的评价与结论，是为了了解教学活动的最终效果而进行的评价，涉及学生最终的成绩和教师的评定，为各级决策人员提供参考依据。学期末或学年末进行的各科考试、考核都属于这种评价，其目的是检验学生的学业是否最终达到了各科教学目标的要求。

二、总结性评价的原则

（一）整体性

在进行教学评价时，要对组成教学活动的各个方面做多角度、全方位的评价，而不能以点代面，以偏概全。

（二）科学性

在进行教学评价时，要从教与学统一的角度出发，以教学目标体系为依据，确定合理统一的评价标准，使用先进的测量手段和统计方法，依据科学的评价程序和方法，对获得的各种数据和资料进行严谨的处理，而不是靠经验和直觉进行主观判断。

（三）客观性

在进行教学评价时，从测量的标准和方法到评价者所持的态度，特别是最终的评价结果，都应符合客观实际，不能主观臆断或掺入个人情感。

（四）开放性

整个教学系统的评价应该是开放民主的，不仅能够为评价者在评价过程中具体掌握标准留有一定余地，更需要具体问题具体分析，为教师和学生提供广阔的创造空间。

三、总结性评价的设计

总结性评价是整个评价过程逻辑中的第二步，它是证明课堂教学设计有效性或显示其不足的最客观的方法，包括充分收集信息并利用这些信息做出是否利用的决策，它关注的是结果，关注课堂教学设计是否真正解决了教学问题，关注课堂教学设计是否优化了教学，是否获得了比较理想的教学效果。

在总结性评价阶段中，对数据的收集和分析都比形成性评价更正规，它可能采用形成性评价用过的工具，如考试、访谈、观察、调查、小组过程以及档案袋评价等。其中考试环节可以具体包括笔试、口试和操作等方式。

(1) 笔试是采用书面形式进行测试的一种考试方式。

(2) 口试是让学生用口头语言回答接受测试的一种考试方式。

(3) 操作是让学生动手进行实地操作，以考查学生的动手能力和对知识的实际应用能力。

但不同的是，总结性评价在很大程度上依赖测试与测量的策略和统计分析来评价课堂教学效果，并为最后的决策提供客观依据。基于信息技术支持的课堂教学评价可以利用现场课、录像课以及包括录像课、教学设计方案、教学资源等在内的综合课例等多种形式展开。

四、总结性评价的实施

总结性评价的实施一般包括准备阶段、信息采集及评价报告三个阶段。准备阶段主要任务是收集各类信息，进行初步筛选，形成评价方案，制订出能够全面评价的要求和文档等材料。信息采集阶段是开展评价的基础性工作，评价信息越全面充分，评价的标准性越高，一般包括问卷法、成绩测验法、各种形式的现场观察等。评价结束阶段，教师有必要就评价过程和结论进行全面的叙述，提出相关建议，并将结果以评价报告形式反馈给决策者和被评价者。

对整个课堂教学效果的总结性评价可以从教学结构、学生学习方式和效果、教师教学方式和效果等维度进行，在“主导-主体”教学结构中，教师通过对教学内容、教学媒体、学习活动等的设计，使学生在学习过程中既有很大的自主权，也会得到教师、专家或者同伴的指导，开放式的学习环境有利于学生创新精神和实践能力的培养；总结性评价应充分考虑到是否从学生出发，学生的积极性和主动性是否得到了发挥等；总结性评价还应关注教师的教学方式和效果，看教师在角色转变、教学设计的落实和实施情况、教学方法和手段的有效性、学习资源与工具的应用性及教学组织的掌控性等进行多方位全面的评价。

【自我评价】

1. 简述教学评价的功能及教学评价的分类。
2. 分析形成性评价案例，找出其中的优点与不足。
3. 结合新课程理念，设计课堂中形成性评价的过程和活动。
4. 列举总结性评价的几种形式。
5. 假如你是一名英语老师，请设计一套测试题测量学生是否已经掌握“动词不定式”的用法。

【资源链接】

[1] 高铁刚，王馨等. 信息技术环境下教学评价的理论与方法[M]. 北京：清华大学出版社，2011.
[2] 刘志军. 走向理解的课程评价[M]. 北京：中国社会科学出版社，2004.
[3] 沈玉顺. 现代教育评价[M]. 上海：华东师范大学出版社，2002.
[4] 张海燕，王焕景. 网络学习评价型电子学档的设计与开发[J]. 现代远程教育研究，2005(2).
[5] 王佑镁. 电子学档：信息化教学的新思路[J]. 中国电化教育，2002(10).
[6] 陈国强. E-Portfolio 与评语管理模块的有机结合[J]. 现代远距离教育，2006(04).

参考文献

[1] 乌美娜.教学设计.北京:高等教育出版社,1994.

[2] 加涅,等.教学设计原理.皮连生,等,译.上海:华东师范大学出版社,1999.

[3] 何克抗,郑永柏,谢幼如.教学系统设计.北京:北京师范大学出版社,2002.

[4] 何克抗,林君芬,张文兰.教学系统设计.北京:高等教育出版社,2006.

[5] 杨九民,范官军.教学系统设计原理.武汉:湖北科学技术出版社,2005.

[6] 鲁子问,康淑敏.英语教学设计.上海:华东师范大学出版社,2008.

[7] 李龙.教学设计.北京:高等教育出版社,2010.

[8] 戴克斯特拉,西尔,肖特,等.教学设计的国际观(第二册).北京:教育科学出版社,2007.

[9] 皮连生.教学设计——心理学的理论与技术.北京:高等教育出版社,2000.

[10] 曾文婕.课堂教学设计.北京:北京师范大学出版社,2011.

[11] 徐英俊.曲艺教学设计.北京:教育科学出版社,2011.

[12] 钟志贤.大学教学模式革新:教学设计视域.北京:教育科学出版社,2008.

[13] 张祖忻,章伟民,刘美凤.教学设计原理与应用.北京:高等教育出版社,2011.

[14] 汪基德.现代教育技术.北京:高等教育出版社,2011.

[15] 祝智庭,钟志贤.现代教育技术——促进多元智能发展.上海:华东师范大学出版社,2005.

[16] 桑新民.学习科学与技术.北京:高等教育出版社,2006.

[17] 张琴珠.计算机辅助教育.北京:高等教育出版社,2003.

[18] 李克东.教育技术学研究方法.北京:北京师范大学出版社,2003.

[19] [苏]苏霍姆林斯基.给教师的建议(上册).杜殿坤,译.北京:教育科学出版社,1980.

[20] 张晓鹏.新编教学论.大连:辽宁师范大学出版社,1996.

[21] 中华人民共和国教育部.基础教育课程改革纲要(试行),2001-6-8.

[22] 中华人民共和国教育部.义务教育阶段各学科国家课程标准.北京:人民教育出版社,2001.

[23] 钟启泉.基础教育课程改革纲要(试行)解读.上海:华东师范大学出版社,2001.

[24] 朱慕菊.走进新课程——与课程实施者对话.北京:高等教育出版社,2002.

[25] 李晓文,王莹.教学策略.北京:高等教育出版社,2002.

[26] 王道俊,王汉澜.教育学.北京:人民教育出版社,1989.

[27] 黄甫全.现代课程与教学论学程(下册).北京:人民教育出版社,2006.

[28] 高铁刚,王馨,等.信息技术环境下教学评价的理论与方法.北京:清华大学出版

社,2011.

[29] 刘志军.走向理解的课程评价.北京:中国社会科学出版社,2004.

[30] 沈玉顺.现代教育评价.上海:华东师范大学出版社,2002.

[31] 孔凡哲.上好课有效新技能.长春:东北师范大学出版社,2009.

[32] 沈莉.信息技术微格教学.北京:科学出版社,2012.

[33] 彭小明,郑东辉.课堂教学技能训练.北京:高等教育出版社,2012.

[34] 彭保发,齐恒,等.微格教学与教学技能.南京:南京大学出版社,2011.

[35] 林娜.课堂教学中的技能指导.桂林:漓江出版社,2011.

[36] 何克抗.建构主义—革新传统教学的理论基础[J].电化教育研究,1997,(3),(4).

[37] 黄甫全.试论信息技术与课程整合的基本策略[J].电化教育研究,2002,(7).

[38] 解月光.基于整合理念的信息技术教学应用模式[J].中小学信息技术教育,2002,(9).

[39] 何克抗.信息技术与课程深层次整合的理论与方法[J].中国大学教学,2005,(5).

[40] 李克东.数字化学习[J].电化教育研究,2001,(2).

[41] 孟红娟,郑旭东.AECT 2005 教育技术定义的批判分析与思考[J].电化教育研究,2005,(6).

[42] 彭绍东.解读教育技术领域的新界定[J].电化教育研究,2004,(10).

[43] 刘志波,李阿琴.AECT 2004 定义解读[J].电化教育研究,2004,(12).

[44] 何荣杰.浅析中学信息技术课堂教学设计中的伦理道德观[J].华东师范大学出版社,应用教育技术促进教育创新.教育技术国际论坛论文集.2008,(9).

[45] 马立新,应国良.AECT 教育技术新界定中伦理的背景探究[J].沿海企业与科技,2006,(2).

[46] 张莉.教育技术新定义中的伦理道德实践[J].教育技术导刊,2005,(1).

[47] 崔允漷.课程实施的新取向:基于课程标准的教学[J].教育研究,2009,(1).

[48] 刘谦.国家课程标准的框架和特点分析[J].人民教育,2001,(11).

[49] 张海燕,王焕景.网络学习评价型电子学档的设计与开发.现代远程教育研究,2005,(2).

[50] 王佑镁.电子学档:信息化教学的新思路.中国电化教育,2002,(10).

[51] 陈国强.E-Portfolio 与评语管理模块的有机结合.现代远距离教育,2006,(4).

[52] 钟志贤,陈春生.作为学习工具的概念地图.中国电化教育,2004,(1).